学校治理悟与行

李惠琴 著

文匯出版社

目　录

绪　言

教育发展到今天，许多问题有待于我们去做具有时代特点的探讨。现代学校管理，也在许多方面需要我们面对诸多挑战。中国教育在面向现代化、面向世界、面向未来的伟大实践中，在全球教育改革的澎湃大潮中，如何建构并完善具有中国特色的学校管理体系与机制，是广大教育工作者特别是学校管理者应该倾心关注和着力解决的问题，因为它直接关系到学校的发展，关系到教育的百年大计。

一、从国家治理联想学校治理

中国古代的国家治理思想中，蕴含着不少形象而经典的比喻，如将治国理政比作驾车，便是其中之一。“御”作为古代“六艺”之一，古往今来都是一项普及性较强的技能，以驾车喻治国，形象、生动且贴切，可以通俗易懂地表达政治寄托或者宣扬政治治理思想，也可以使人们从中明白治国理政的许多道理。以驾车论治国，广见于先秦两汉典籍，成为中华民族传统文化的灿烂篇章。

随着历史发展的进程，驾车已经从早期的以贵族阶层为主逐渐普及到了平民大众。通晓驾车之术，从中参悟为人、治国之道，并积极身体力行，乃是上述比喻教给我们的深刻道理。今天，在实现中华民族伟大复兴的生动实践中，把握好手中的“方向盘”，让个人价值的提升与国家的发展血肉相连，励精图治，行稳致远，是我们每一个中华儿女神圣的目标和永恒的追求。

（一）国家治理——“治大国若烹小鲜”

治理国家，掌理政务，是一国首脑的重要职责。古今中外关于治国理政的探索和实践一直没有停止过。我国西汉时期，淮南王刘安（前179—前122年，汉高祖刘邦之孙、淮南厉王刘长之子），在其《淮南子·氾论训》中有言：“治国有常，而利民为本；政教有经，而令行为上。”这句话的意思是：治理国家有不变的法则，但最根本的是让人民获利；政治教化也有固定的模式，但最紧要的是让政令畅通无阻。可以认为，这是从大方向、大原则上论述了治国理政的内涵和要义。

如果要问中华民族独有的治国理政经验是什么，那么，最早可以追溯到2 500多年前的春秋晚期，中国古代思想家、文学家和史学家老子（老聃，即李耳）在其传世哲学作品《道德经》第六十章中说过的：“治大国，若烹小鲜。”

老子怎么会把“治大国”与“烹小鲜”联系起来的呢？据考证，这是有典故的：商汤时期，商汤向臣子伊尹询问饭菜的事，于是伊尹建言，其大意为：做菜既不能太咸，也不能太淡，要调好作料才行；治国如同做菜，既不能操之过急，也不能松弛懈怠，只有恰到好处，才能把事情办好。商汤听了，很受启发，遂重用伊尹。从此，历朝历代有作为的执政者，无不从“治大国若烹小鲜”中汲取治国理政的营养。

如何理解“治大国若烹小鲜”？鲜，本意是味美的食物，也指鱼虾；“治大国若烹小鲜”，基本的意思是：治理大国、管理团队，就像烹调美味的小菜一样，只要掌握规律，就可以驾轻就熟。

至于掌握什么规律？如何去掌握？这需要因人而论，因事而异，因势而为，因地制宜，不能刻意死板，不能千篇一律。按照通常的理解，所谓掌握规律，即依据客观需求而不是依据某某人的臆想或好恶去采取行动。换言之，主观诉求不能左右客观需求。比方说，你很喜欢吃辣的，但不能用麻辣口味来招待所有的人，毕竟有人喜欢吃清淡的，也有人喜欢五香的。调和五味需要作料，治理天下，需要依据。只有用“大道”（规律）来治理天下，规范自身，才可以从根本上解决所有人的本质需求，各种力量相安无事，天地万物井然有序，世间众生和谐发展。

改革开放以来，“治国理政”之道日益成为国家领导者极为关注的根本大计，成为新时代中国特色社会主义建设的重要课题。毫无疑问，“治”“理”问题也是各级领导干部必须认真面对并慎重思考的重大命题。

2013年3月，国家主席习近平在接受金砖国家媒体联合采访时表示，这样一个大国，这样多的人民，这么复杂的国情，领导者要深入了解国情，了解人民所思所盼，要有“如履薄冰，如临深渊”的自觉，要有“治大国若烹小鲜”的态度，丝毫不敢懈怠，丝毫不敢马虎，必须夙夜在公，勤勉工作。“烹小鲜”，最为讲究的是拿捏分寸，掌握火候；不能操之过急，也不能松弛懈怠。

怎样才能掌握“烹小鲜”的本领？习近平主席讲得很明白：深入了解国情，了解人民所思所盼；只要与人民同甘共苦，与人民团结奋斗，就没有克服不了的困难，就没有完成不了的任务。这是每个领导干部必备的“硬功夫”。

习近平主席引用“治大国若烹小鲜”来表明自己的治国理念，体现了中华优秀传统文化对他执政思想的影响。事实上，除了“治大国若烹小鲜”，习近平主席的很多治国理念，都体现了中华传统文化的精华，并紧密结合当前的现实情况，赋予其新的意义，既让中国的社会发展实践从中华传统文化中获取正能量，又反过来使中华传统文化精华在新的实践中获得新的生命力。

习近平主席在各种场合大量引用中华传统文化典籍的经典名句，也是在向国内外展示中华传统文化精华的非凡魅力，激发人们对中华传统文化的兴趣与关注。

（二）学校治理——校长作为引航员

由国家治理联想到学校治理，我感到，“治大国若烹小鲜”，也同样为我们提供了学校运筹的大智慧。

学校之“治”、教育之“理”，是每一个校长都要反复探索的理论和实践问题。

领导管理一个国家与领导管理一所学校，两者完全不是一个量级，不可同日而语，但其中一些基本道理是相通的。由此及彼，见微知著，让我们很自然地从“治国”想到了“治校”。比照刘安的思路，我们是不是也可以这么说：治校有常，而育人为本；为教有经，而循道为上。循，即遵循，道，是指人的发展规律、认知规律，以及教育本身的客观规律。

站在一校之长的角度，我常常在想：政府将一所学校交给你，代表了国家的重托、人民的信任，责任何其重大?！打一个比方，犹如远洋公司将一艘巨轮托付与你，从此，你必须面对一望无际的茫茫大海，把握巨轮的航向；应对层出不穷的各种可能，战胜一切艰难险阻；执行公司下达的每一项决策，完成每一次航行使命；带领全体船员职工，创造足以自豪的工作业绩。

所有这些，都意味着：校长，就是引航员、责任人、行进者！

治校，也要有“若烹小鲜”般的境界和智慧，自信而不失谨慎、从容而不失精细，掌握规律，驾驭形势。作为引航员，校长要指挥航船避开暗礁险滩，冲破惊涛骇浪，平安前行；作为责任人，校长要带领大家尽职尽责、尽心尽力，完成肩负的使命；作为行进者，校长要以身作则，率先垂范，与全体师生员工携手共进，直至抵达目的地。

以“若烹小鲜”的心态办培养人的大事，这是学校治理策略的灵性之所在，也是校长生命价值的生动体现。世间万象、人间百态，都会或多或少地反映到学校这个小社会中来；学校的潮起潮落、云卷云舒，也会直接或间接地投射到社会的各个角落。这就是“治国”与“治校”的内在联系。在日常工作中，学校治理也须增强“若烹小鲜”的意识，思想上不可粗心大意，行动上不可粗枝大叶，有时候还需要有一点“临深履薄”的谨慎，如校园安全、饮食卫生、疫情防控，以及突发事件应急处置等。

二、从传统管理走向现代治理

传统管理是以“管”为主要特征的，通常以“管”代“治”。这样的管理，往往太过宽泛，太过粗糙，导致“管”不到位，“治”不彻底，自然遑论“精细化”了。我们日常也接触到一些关于“精细化”、“精致化”、“精品化”管理的话题，大多数不过是停留在局部或具体环节上，与现代管理在方法论、全程性、整体性意义上的管理精细化不可同日而语。

（一）“管”、“治”与“理”

讲到治理，我不由想到了中西医结合。西医讲“治”（治疗、医治），针对现象迅速采取措施，对症下药或手术，很快控制病情；中医讲“调”（理，调理、调养），针对本质分析致病根源，运用药物调理或体质锻炼，增强机体抗病能力。中西医结合，往远处着眼，从近处着手，而收治病健体之效。将中西医结合进行“调治”的道理、策略、方法运用到社会、学校管理领域，就是我们通常所讲的“治理”，其中最重要的，是“治理能力”。

考察当今的管理工作，人们常常游走于“管”、“治”、“理”三者之间。这三者各自适应、适用于怎样的问题或情境，对此做过深入、细致、系统思考的人恐怕不是很多。

“管”、“理”，都是手段。“治”，既是手段，也是目的，作为过程，是手段；作为结果，是目的。管理学意义上所强调的，在于千万不能将“管”、“理”当目的，而忽视了“治”的目的性取向。事实上，人们在管理实践中往往满足于一“管”了事，对一些事情或问题，常常是“管”了就算“治”了，也就“大功告成”了，自觉或不自觉地将手段当成了目的，以致半途而废、功亏一篑甚至劳而无功，更大的问题在于人们乐此不疲而终不自察。

“管”也好，“治”也罢，其实都离不开“理”，因而有“管理”、“治理”一说。

传统管理重“管”轻“理”，且多是为“管”而管，而非“管”“治”相通、“管”“理”相融。为了在实践中能够正确认识和处理好“管”、“治”与“理”的关系，我们来分析一下它们各有怎样的特点。

管，常与纪律、制度挂钩，立足制度导向，因而必须确立制度体系，通过一系列规章制度来进行日常管理。这是一种基本的管理手段，属于常规管理的范畴。

治，常与法律、法度挂钩，立足问题导向，因而必须有计划地对工作过程进行检查、反思，对照有关法律、法规，处置暴露出来的问题，规范工作方向，制约团体中全体成员的行为，使综合治理达到一定成效。

理，常与方法、规律挂钩，主要立足方法、策略导向，因而必须经常性地对各项工作、事务进行整理、梳理、料理、处理，使之更为流畅、顺利、有条不紊地进行，提高运行效率。

由此看来，实践中三者各有特点，也都非常需要，只是现代管理更强调治、理。治理的要义，大概主要在于以下三个方面：

一是从“人治”走向“法治”。治理的成效如何，与治理者如何实行治理有关。“长官意志”、“家长作风”、“‘一把手’说了算”，这是典型的“人治”。“一手遮天”是“人治”，脱离群众的“多手遮天”也是“人治”，后者只不过是前者的量的扩大，并非质的改变。

二是“制度管理”融合“文化引领”。管理科学认为：制度管理、行政手段管理是最基础、最一般化的管理，属于表层化、浅层化的管理行为；文化熏陶、文化引领、用文化的力量来影响人们的思想、情感、意志、行为，才是管理的至高境界。这应该成为人们的共识。

三是“经验管理”融合“技术管理”。生活在信息时代，“互联网＋”、“数据库＋”、“人工智能＋”影响人们生活的方方面面，遍布生活空间的每一个角落。这为人们通过“E 工厂”、“数字化园区”、“智能广场”等实现管理的科学化、现代化，提供了很好的条件和极大的便利。因此，现代治理必须使“经验管理”与“技术管理”相融合，互通、互补、互动，从而实现管理效率和管理效益的最大化。

（二）“学校管理”与“学校治理”

2013 年 11 月，党的十八届三中全会审议通过的《中共中央关于全面深化改革若干重大问题的决定》提出：“全面深化改革的总目标是完善和发展中国特色社会主义制度，推进国家治理体系和治理能力现代化。”2014 年 1 月，在教育部召开的全国教育工作会议上，“加快推进教育治理体系和治理能力现代化”被确定为深化教育领域综合改革的战略目标，提出要“以构建政府、学校、社会新型关系为核心，以推进管办评分离为基本要求，以转变政府职能为突破口，建立系统完备、科学规范、运行有效的制度体系，形成政府宏观管理、学校自主办学、社会广泛参与、职能边界清晰、多元主体‘共治’的格局”。由此可知，推进国家治理体系和治理能力现代化是国家层面的宏观战略决策。

学校治理与国家治理虽然不可同日而语，不过，在我看来，教育治理体系和治理能力应该是国家治理体系和治理能力的组成部分之一，而学校治理体系和治理能力又当然是教育治理体系和治理能力的题中应有之义。所以，讲到国家治理体系和治理能力，作为教育工作者，特别是校长，自然会联想到学校的治理体系和治理能力问题。

国家治理体系和治理能力现代化、教育治理体系和治理能力现代化战略目标的提出，奏响了“学校管理”走向“学校治理”的进行曲。我们必须深刻领会这一转变的现实意义和长远影响，观念上主动适应，行为上积极跟进，措施上有效落实。

1. 学校治理体系与治理能力的内涵

所谓学校治理体系，就是在党的领导下，管理学校的制度体系；学校治理能力，则是指运用制度管理学校各方面工作的能力。治理体系是制度建设，治理能力是制度执行，二者密切相关，相辅相成。

这里，有必要进一步认识一下学校管理与学校治理的区别：学校管理采取自上而下的方式，由领导层决策，教职工实施，这是教育管理的传统形态；学校治理采取自上而下与自下而上相结合的方式，在学校领导层组织下，由广大教职工民主参与协商与决策，教职工组织实施，这是教育管理的现代形态。在我看来，学校“管理”进化到学校“治理”，主要表现为从人治走向法治、从封闭走向开放、从控制走向协调、从单一走向系统、从约束走向自主的理论与实践创新。概而言之，学校治理是对传统教育管理的一种超越，是教育管理民主化的集中体现，是学校管理的一种高级形态。

因此，学校教育从传统管理走向现代治理，校长在思想观念上要吸取学校管理的合理内核，借鉴以往的经验和教训，不断强化学校治理的意识；在实践中要凸显学校治理的基本内核，积极探索学校治理的路径、策略和方法，不断优化学校治理的行为。

2. 加快推进学校治理体系和治理能力现代化的重大意义

在现代学校管理体制建设过程中，创新学校管理方式，构建现代学校制度，以期实现学校从“管理”走向“治理”的转变，对于建立适应当下经济社会发展和满足教育自身发展需求的现代学校制度具有重要意义。

(1) 推进学校治理体系和治理能力现代化，是落实十八届三中全会决策部署的需要

党的十八届三中全会把推进国家治理体系和治理能力现代化作为全面深化改革的总目标，明确了改革的奋斗方向、聚焦角度、着力环节。从讲管理到强调治理，从讲四个现代化到强调治理现代化，这反映了我党对治国理念认识的深化。加快推进学校治理体系和治理能力现代化，是在教育领域全面落实十八届三中全会的决策部署，是“全国一盘棋”中举足轻重的一步，不仅关系教育事业的现实发展，更关系到国家民族的长远未来。“百年大计，教育为本”，一个国家的教育治理能力，事关这个国家的综合国力。因此，推进学校治理体系和治理能力现代化，作为校长，我们要有强烈的责任感、使命感。

(2) 推进学校治理体系和治理能力现代化，是破解当前教育热点难点问题的需要

当前，在基础教育领域，存在管理理念与管理体制相对滞后的问题，突出表现在：依然习惯用升学率与分数管理师生，制约了师生创新能力的发展；满足于表面上的平安、稳定，学校生气、灵气不足，潜力、活力难以发挥；现行管理体制导致教师身心疲惫，师资队伍建设遭遇多种瓶颈……如此现状倘若不能迅速改变，学校将缺乏可持续发展的后劲。只有推进学校治理体系与治理能力的现代化，问题才能迎刃而解。对此，作为一校之长，我们责无旁贷，任重道远。

(三) 从“学校管理”走向“学校治理”的基本思路

面对当前实际，如何推进学校治理体系与治理能力的现代化，实现从“学校管理”走向“学校治理”，根据我所在学校的实践，我觉得可以从以下三方面理清思路。

1. 确立共同愿景，凝聚发展动力

认为学校治理就是学校自身的事情，这是认识上的“短视”、“近视”。学校与社会各方面在很多情况下是“同呼吸、共命运”的。因此，就学校外部而言，学校要始终保持与社会的广泛密切联系，特别要注重与上级教育主管部门的重大决策保持一致；就学校内部而言，学校治理要与学校发展愿景保持一致，守好教育

工作的底线。首先，要引导广大教职工努力提升自己的综合素养：升华思想理念，践行社会主义核心价值观；立足本职工作，落实“立德树人”核心任务；增强学习动力，提高政策解读能力。其次，要倡导“求学校发展之同，存个人理解之异”，努力以学校创新发展的共同愿景为基础，确立学校发展的共同价值观，以学校精神和文化认同凝心聚力，勉励广大教职工为学校发展建功立业。

2. 净化学校风气，追求卓越品质

学校发展过程中，一些教职工可能不同程度地存在着这样一些现象：在工作上，轻视规则、忽视不良行为、漠视公共事务；在人际关系上，彼此交往有疑心，团队合作有戒心，对学校发展有异心，等等。我们可以通过多种渠道，开展各种丰富多彩、潜移默化的自我教育活动，提升学校全体成员的思想政治觉悟，自觉纠正懒散、抱怨、不思进取等弊病，净化学校风气，弘扬正能量，避免负效应，激发教职工不断前进的内驱力，让学校发展建立在广大师生员工良好精神风貌、心理氛围和工作状态的基础上，使学校发展品质更卓越、成效更优秀。

3. 完善制度建设，提高作风效能

一是加强制度建设的顶层设计。科学制订学校中长期发展规划，确定学校治理的依据和师生的基本行为规范；充分反映广大教职员工、学生的意愿，凝练共同的理念，体现学校的办学特色和发展目标；着力解决学校办学中的重大问题，使之成为学校依法办学、民主管理的基本规则。

二是健全科学合理的规章制度。遵循公开、民主的程序，在学校内公开征求意见，充分讨论，重大问题如学校发展规划、课程建设方案等采取听证方式听取意见，保证师生的意见得到充分表达，师生的合理诉求和合法利益得到充分体现。制度内容要体现时代性、可行性和操作性，在师生员工中具有较强的执行力。

三是深化问题导向的教育改革。学校治理中，要坚持以问题为导向，学会发现问题、分析问题和解决问题。例如：学校发展的核心问题——如何以教学为中心提高教育质量；学校发展的重大问题——如何加强教师队伍建设以储备后劲；学校发展的长远问题——如何适应教改趋势为未来奠基，等等。要努力探寻问题解决的路径，构建问题解决的模型，确定问题解决的策略，在问题解决的过程中增强教职员工的“四个意识”，即服务师生的意识、敬业奉献的意识、进取创新的意识、精益求精的意识。

4. 鼓励机制创新，提高执行能力

一是健全科学民主的决策机制。依法明确、合理界定学校内部不同部门的决策权，健全决策机构的职权和议事规则，完善校内重大事项集体决策规则。比方说，学校人事每年甚至每学期都有变化，越是人事变动频繁，越要依法治校。人事调配不能只靠校长一人“拍脑袋”，而是要相关部门、人员坐下来认真商量决定。

二是加强上下沟通，建立科学有效的师生利益诉求表达机制。学校每有重大决策，均须征求相关利益关联方的意见。决策执行过程中，要充分兼顾学校和师生员工各方的利益，畅通表达渠道，及时反馈信息，增强执行工作的透明度。

（四）推进学校治理体系和治理能力现代化的主要举措

推进学校治理体系和治理能力现代化，是一项长期的、涉及面广泛的工作，既不可能一蹴而就，也不可能只凭校长一个人的愿望和热情就能实现目标。“一班人”的智慧、集体的力量、学校内外部的环境氛围，都有至关重要的作用。

1. 坚持立德树人，把培育和践行社会主义核心价值观融入学校教育的全过程

要坚持社会主义办学方向，全面贯彻党的教育方针，把社会主义核心价值观转化为学生的核心素养；充分利用社会实践基地，积极开展针对性强和实效性强的实践育人活动；建立“三位一体”立体教育网络，形成学校、家庭、社会协同育人体系；有针对性地开展心理咨询、辅导、调查、研究，建立心理危机干预机制。

2. 发挥师生在学校治理中的主体作用，加快现代学校制度建设

推进教育治理体系和治理能力现代化，必须立足学校这个基础，建立工作机制促进学校的健康发展，最有效地激发学校内在活力。在新形势下，要加强现代学校制度建设，形成自我约束、自我规范的内部管理体制和监督制约机制。不仅学校所有重大决策都应经教代会无记名表决通过，而且要明确制定依法治校的指标体系，建立与完善教师申诉与学生申诉制度，让全体师生在学校治理中都能直接感受到制度的力量。

3. 发挥社会的监督作用，保证学校的教育权力在阳光下运行

社会监督是学校治理体系和治理能力现代化的重要组成部分。学校要主动加强信息公开，主动让社会了解，从而提高校务公开的水平与学校的公信力。要按照上级主管部门关于推进政务公开的要求，坚持“主动公开、全面公开”的原则，进一步加强处室职能公开、决策依据公开、办事程序公开。对学校的重大决策要及时宣传，赢得社会与学生家长的理解与支持。

4. 打造和谐的校园文化,促进学校综合实力的提升

学校的校园文化建设要走内涵发展的道路,要以校训、校风、校纪为载体,对办学理念和学校精神加以提炼,赋予新的内涵,把对师生的要求纳入其中并促其自觉践行,让全体师生产生自豪感、自信心。校园文化建设要做到四个凸显:一要凸显本土性,即立足学校所处的区域环境的优势,深入挖掘文化内涵,让师生在乡土文化的滋润下成长;二要凸显系统性,即充分考虑学校物质文化、精神文化和制度文化的和谐统一;三要凸显继承性,即发掘学校文化的历史内涵,并在传承中不断丰富;四要凸显创新性,即要体现时代特色,与时俱进。总之,要促进生命与自然的和谐,激励领导与群众的和谐,提升教师与学生的和谐,延伸学校与社会的和谐。

三、从理念视界着陆现实平台

学校"治理"区别于学校"管理",主要表现为从人治走向法治、从封闭走向开放、从控制走向协调、从单一走向系统、从约束走向自主的理论与实践创新。相对"管理"而言,"治理"更强调主体的多元性、参与性、协同性,它要求学校建立从人治走向法治、从封闭走向开放、从控制走向协调的治理体系,优化内部组织结构,完善制度体系建设,不断提升治理能力,推动学校转型。学校治理重在处理好学校与政府、学校与教师、学校与学生、学校与家长、学校与社会五种关系,这也是我们变学校管理为学校治理的理论基础。

治校理教,虽然我们一直在做,但是真正从"治理"的角度去审视学校的办学工作,目前更多的还是徘徊于理念层面。当务之急,是要将推进学校治理体系和治理能力现代化从理念视界着陆现实平台。

(一)学校治理的三大关键

关于学校治理,综合政府教育行政官员和专家、学者以及教育一线实践工作者的观念,主要应做好以下三点:

1. 认清学校的角色地位

我们经常使用这样一个概念,即"人民教育"。"人民教育"的根本点,在于是为人民服务、造福人民的教育。"人民教育人民办,办好教育为人民",这是对"人民教育"深刻内涵的最精练的诠释。依据这样的理解,各级各类学校都是为人民、为国家培养新一代人才的专门教育机构。

经济学博士、现任北京大学考试研究院院长、北京大学教育学院研究员秦春华在谈到“学校是什么”这一问题时明确地提出：学校不是政府，不是企业，也不是医院。[①] 作为一线校长，我非常认同这样的观点。各级各类学校要淡化行政色彩，与政府部门相区别；要强调人文精神，将人才培养与物质资料生产区别开来；要倡导积极心理学意义上的教育功能，将学校育人与医院治病区别开来。

2. 认清法律的规制作用

法律规制即法律规则，是指那些经过国家制定或认可的关于人们行为或活动的命令、允许和禁止的一种规范。法律规则的上位概念是法律规范（法律规范可以分为法律规则和法律原则）。中国法学对法律规范和法律规则一般不做区分，可以通用。在中国法学中，法律规范通常有两种用法：一是广义的法律规范，指称法律，它包括法律原则、法律概念、法律技术性规定和法律规范四个要素；一是狭义的法律规范，指称法律上具有严密逻辑结构的行为规则，因此它排除了非规范性法律要素。在实践中，规制就是设置（出台）规定进行限制。教育规制作为具体的制度安排，是政府对教育行为的管理或制约，它以矫正和改善教育机制内在的问题为目的，政府干预教育主体（特别是学校）活动的行为，包容了政府几乎所有的旨在克服广义教育失败现象的法律制度以及以法律为基础的对微观教育活动进行某种干预、限制或约束的行为。

学校治理从根本上讲是法律规制，即用教育法律法规来规范、制约学校的一切管理思想、方法和行为。这是每一位校长都必须牢固确立的意识，也是我们治理学校的“底线”、“红线”。“底线”作为规范，告诉我们应该怎样做；“红线”作为制约，告诉我们什么不可以做。

3. 要认清三对辩证关系

一是教育与政治的关系。主要体现为社会政治制度对教育的制约作用和教育对政治的促进作用。前者表现在：社会政治制度的性质制约教育的性质；政治制度本身制约着教育的宗旨和目的、教育的领导权、公民的受教育权，以及教育内容、教育结构和教育管理体制。后者表现在：教育通过传播一定社会的政治意识形态，完成年轻一代的政治社会化；教育通过造就政治管理人才，促进政

---

① 秦春华.教育系统的奇葩逻辑[EB/OL].2020-04-06[2020-04-08].https://www.sohu.com/a/385934528_112404.

治体制的变革与完善;教育通过提高全民文化素质,推动国家的民主政治建设;教育形成社会舆论,影响政治时局。

二是教育与经济(生产力)的关系。主要体现为经济(生产力)对教育的制约作用和教育对经济的促进作用。前者表现在:生产力的发展进程,制约着教育事业发展的规模和速度;生产力的发展水平,制约着教育结构和人才的培养规格;生产力的发展状态,影响着教学内容、教学方法和教学组织形式的变革。后者表现在:教育是使可能的劳动力转变为现实的劳动力的基本途径,是使知识形态的生产力转化为直接的生产力的重要途径;同时,现代教育可以生产新的科学知识。

三是教育与文化的关系。主要体现为文化对教育的制约作用和教育对文化的促进作用。前者表现在:文化知识制约教育的内容与水平,文化模式制约教育环境和教育模式,文化传统制约教育的传统与变革。后者主要表现在:教育推动先进文化的传递、选择、发展和创新。

(二)学校治理的"上层建筑"

教育是否属于上层建筑,多数人是持肯定态度的;学校是否属于上层建筑,还需要具体情况具体分析。"治理体系"本身属于上层建筑范畴,似乎已是多数人的共识。此处所讲"学校治理的'上层建筑'",只是一个比喻的说法,是指关于学校治理的思想、观念、策略、方法层面的东西。

搞教育、办学校,以下三个方面是不可或缺的:

1. 未来意识——思路要深远

我们知道,教育具有"滞后性"特征,因为学校培养的人才是要若干年后才真正派上用场的。若干年后的人才能否恰到好处地适应当时社会发展的需要,取决于今天学校在人才培养方面是否打下了坚实的基础。实际上,我们的学校做的是现在的事,培养的是将来的人,这就需要学校全体成员思想上要牢固地确立一种意识——未来意识。

未来意识,是指将我们思考的立足点定位在事物发展时间线的未来那一端,所思所想、所作所为,都要与明天挂钩、与未来挂钩,它意味着:学校办学的思路要更深一些、更远一些。

世间的事物是纷繁复杂的,常常使人有"过去未去、现在尚在、未来已来"的感慨。说是时过境迁,可还是有之前的影子、影响;说是不要被现实所左右,可偏偏总是避不了、绕不开;说是时间还早着呢,然而许多新事物、新问题已经登堂入室。

其实，我们已经处在各种挑战、竞争之中，不管世界如何风起云涌、变幻莫测，不管事物如何潜生暗长、此起彼落，在前进的道路上，我们只需始终认准一个方向、抱定一个信念：行在当下，赢在未来！正因如此，我们的学校才必须从“管理”走向“治理”。

2. 前瞻眼光——视野要宽广

仅仅“意识”到了还不够，还要能看到更远、更深。一方面，教育具有滞后性，正是因为这一特征，才需要具有前瞻的眼光；另一方面，教育是为未来培养人才，而满足于用当前的知识教给学生，那将很难实现这一教育目标。

“前瞻”，也是因格局、境界而异的，在低处前瞻和在高处前瞻，目之所及是完全不一样的。“望远能知风浪小，凌空始觉海波平”，视角、格局不一样，感受也大不同。“山高人为峰”，这是何等的气势、何等的境界！“山”已高，“人”在山的最高处，唯有如此，才有更宽广的视野，才能领略更旖旎的风光。“百年大计，教育为本”，教育作为面向未来的事业，需要我们教育工作者坚持站在更高处去“前瞻”。

3. 超前思维——观念要领先

仅仅能“前瞻”还不够，关键是思想要跟得上形势的发展、事物的变化。大家都知道，如果一件事周期太长，可能等到终于做成时，完成这件事本身也许并无意义了，所以要超前思考，理念先行。

以人工智能为例，现在人们广泛关注的脑机接口（Brain-Computer Interface, BCI）技术，即在人或动物脑（或者脑细胞的培养物）与计算机或其他电子设备之间建立的不依赖于常规大脑信息输出通路（外周神经和肌肉组织）的一种全新通信和控制技术，作为当前神经工程领域中最活跃的研究方向之一，在生物医学、神经康复和智能机器人等领域具有重要的研究意义和巨大的应用潜力。近10年来，脑机接口技术得到了长足的进步和飞速的发展，应用领域也在逐渐扩大。也许，在不远的将来，生活中真的会像1999年上映的经典科幻片《黑客帝国》中所描绘的画面那样：通过在脑后插入一根线缆，我们就能够畅游计算机世界；只需一个意念我们就能改变“现实”；学习知识不再需要通过书本、视频等媒介，也不需要再花费大量的时间，只需直接将知识传输到大脑中即可。所有这些，不可能不影响我们的学校教育，或者是直接影响，或者是间接影响。因此，教育必须提前反应，超前谋划，否则，当这一天真的来临时，所谓教育，也就失去了它本来的意义和魅力。

对此，我的切身体会是：身处现代社会，作为教育人特别是校长，境界要高，格局要大，做事要实，即所谓“眼望星空，脚踏实地”；在日常工作中，校长要放开眼光，放下身段，先抬头看路，再埋头拉车。正是出于这样的思考，我将“登高望远，远志近实”作为自己的座右铭。

以上三个方面，可以认为是学校治理的“上层建筑”。

（三）让学校成其为“学校”

学校治理要考虑治理体系和治理能力现代化问题，前者涉及教育内部诸因素间的关系，以及教育与外部的关系，需要政府统筹兼顾，后者涉及各级教育管理者的能力素养。其中，校长的能力至关重要。

学校到底是什么？这个问题连一些资深的专家也感到很难回答。通常我们会认为学校是教育学生的地方，但学校要教给学生什么，怎样教育学生才能收到最好的效果，人们的认识并不统一。事实上，在许多情况下，我们并没有遵循教育规律，根据教育目标和学校特征去办学，而是把学校办成了政府机关、企业或医院。

这里，有几个问题需要澄清：

1. 学校与政府机构

比较学校与政府机构，我最朴素的感觉是：政府部门是行政机构。行政，顾名思义，在于行使政令。而行使政令，需要逐层、逐级下达执行，因而具有层级分明、部门众多的结构体系，是以行政命令为主要方式的领导、执行体系；而学校的性质、功能和特点，决定了它不必有那么多的部门设置，不能简单地用行政命令的方式指挥日常运行。

关于学校与政府的关系，秦春华博士做了这样的论述：“可以肯定地说，学校不是也不应该是政府。从使命到组织再到运行，学校和政府都有着本质的区别。但是，现在的学校看上去越来越像一个政府机构，尤其像教育行政机关下辖的一个具体部门。我说的还不完全是‘行政化’的问题。‘行政化’只是表象，现在的问题是，整个学校没有或很少体现出教育的文化，更多地体现为官僚机构的文化。”[①]他从校长的任命、干部和级别、教师的发展等方面提出了一些问题，阐述

① 秦春华.教育系统的奇葩逻辑[EB/OL].(2020-04-06)[2020-04-08] https://www.sohu.com/a/385934528_112404.

了三个鲜明观点：学校不是政府机构、校长不是行政官员、当官不应该成为教师职业发展的目标。

我非常赞同这些观点！

首先，谈一下关于校长任命问题。

的确，目前，所有公立学校的校长基本上都是上级教育行政主管部门任命的，而且普遍存在三种现象：任期不长、定期轮岗、提拔转岗。其弊端有以下几点：

任期不长，导致校长往往“急功近利”，缺乏长远眼光，或者满足于“小打小闹”，或者做做“表面文章”。事实上，校长是一个学校的灵魂，凡是一所好学校，必然有一个可能产生历史意义的好校长，发展的时间至少在 10 年以上。校长任期如果太短，是不可能有足够时间办好一所学校的。

定期轮岗，是行政管理那一套的“依样葫芦”，有些地方甚至规定了校长的具体任职年限，两三年后辖区内的所有校长都要进行异地交流。最终同样会形成上述那种由于校长任期不长所造成的负面影响。

提拔转岗，是上级部门往往特别喜欢把一个好学校的好校长提拔为教育局的副局长甚至是局长，以示重用。其实，对教育重视的方式有很多种，为什么一定要让校长当官呢？不是说校长不能当官，而是说，让一个好校长当官既可能终止了他(她)的职业生涯，也未必会对学校和教育有利。校长之所以成为好校长，是因为他(她)办好了一所学校，但办好一所学校并不意味着他(她)就一定可以同样成功地管理好一个地区的教育，办学和行政管理是两码事。

总之一句话，校长就是校长，是办学的教育家。学校是教育机构，不是政府机关，二者的管理在本质上是不同的。如今，中国早已是一个高度专业化的社会，需要由专业的人去专注地做专业的事，教育尤其应如此。

其次，谈一谈干部和级别问题

学校和政府机关最大的不同在于：在学校里，人和人之间在任何意义上都是平等的。开展工作主要依靠协商和说服，虽然也依靠行政命令，但效果通常很差；在政府机关，人和人之间虽然在人格上是平等的，但在工作中有上级和下级的严格界线。政策的推行主要依靠命令和服从，虽然也有协商和沟通，但通常不起决定性作用。

混淆了政府机关和学校之间的差异就会给工作带来麻烦、困难和混乱。如果在学校里，在缺乏有效的民主协商的情况下强行通过行政命令来推行某一政策，不但会引起师生员工相当大的反感，更多出现的情况是，也许大家表面上是服从了，但实际上"阳奉阴违"，收不到效果，最终不了了之。

不是说学校不需要有行政系统和行政管理，而是说，学校行政管理系统的运行必须建立在平等、民主和协商的基础上。

现在对学校平等文化侵蚀最严重的就是干部和级别，其对学校教育产生的最致命的伤害在于：由此形成的官场文化和教育文化不相容，会腐蚀人心。令人困惑的是，如果在学校里有高层干部和中层干部的话，那谁是底层干部？对学校而言最重要的教师又处于哪一个层次？坦率地说，学校里可以有行政管理人员，但不应当有干部，更不应当区分出高层和中层等各种级别。行政人员的工作不是管理教师，而应该是为教师提供服务；不是教师围着干部转，而应该是行政人员围着教师转。

解决这个问题的根本之道是取消学校中现存的各种级别以及和级别相挂钩的各种福利和待遇。学校里的所有资源都应当向教学一线倾斜，都要投入教学和帮助学生成长的事情上。教师工资、待遇和福利的分配原则是工作内容、工作性质和工作质量，而不是级别。只有让每一位教师从内心深处感受到了平等和尊重，他们才会全身心地投入对学生的教育中。

再次，谈一谈关于教师职业发展目标的问题。

教师通常都有自己的职业发展目标。这些目标包括：成为更好的教师、成为具有更高职称的教师、成为更有名的教师、到更好的学校教书，等等。这些目标丰富而多元，可以激励帮助教师在专业和职业道路上发展得更好。学校应当积极创造条件帮助教师心无旁骛地实现自己的职业发展目标。

然而，如果学校更像是政府机关的话，当官就会成为教师的首要目标，并且会冲击其他的目标。问题是，领导的职数总是有限的，级别越高，职数就越少，从而呈现出一个金字塔式的结构，由此至少产生了三方面的后果。

一是教师之间会围绕职务晋升而展开激烈的竞争，所有在官场竞争中出现的现象都有可能在学校里出现，会败坏学校的风气；

二是教师的主要精力将会集中在如何获得领导的赏识实现晋升，而不是如何提高教学质量，为学生提供更好的教育；

三是一些专业能力很强的教师被"提拔"到领导岗位之后，不得不花费大量时间从事一些接待性的事务性的工作，例如办公室工作，等等。不少人因此荒废了专业，至少不能像以前那样集中精力于教学。

每个人都需要进步。教师也是凡人，也需要目标的激励。个人认为，关于教师的职业发展，在学校里最好不要形成金字塔式的竞争结构，而要形成丛林式的共生结构。

学校更像一个村庄。在村庄里，不是每一个农民都想当村主任，他(她)们更关注的是如何种好自己的一亩三分地，获得一个好收成。学校也是一样。每一位教师都可以从专业能力、教学方法、教育质量等方面不断精进，为学生提供更好的教育。学校的任务是了解每一位教师的需求，为他们提供必要或更好的条件，让富有经验的老教师帮助年轻教师更快地成长，最终使每一位教师都能实现自己的职业目标和人生价值。

2015 年 5 月颁布的《教育部关于深入推进教育管办评分离促进政府职能转变的若干意见》，标志着我国的教育进入了深层改革阶段。在教育领域实行管、办、评分离，这是推进教育治理体系与治理能力现代化的重要举措，有利于建立政府与学校的新型关系，落实和扩大学校的自主权，实现教育家办学。这样，我们的学校工作就可以回归教学主阵地，校长就可以集中精力治校理教，教师就可以沉心静气教书育人。

2. 学校与工厂企业

有一个关于学校的说法流传很广：学校就像一个来料加工企业，作为原材料的学生被送进工厂，经过几年的培养训练，成为具有一定知识能力或专业技能的人才，再被输送到社会。那些学习成绩好，能够达到毕业要求的优秀学生是优等品；那些学习成绩不好，达不到毕业要求的差学生就是次品。

还有人说，判定学校好坏的标准是毕业生的质量，就像衡量企业好坏的标准是产品的质量一样。

“这些比喻很形象，却是错误的，它会误导我们对学校的认识”，秦春华博士如是说，“学校不是也不应该是企业。学校和企业是性质完全不同的两类机构。如果我们把学校办成了企业，也许会取得经济效益上的成功，却可能意味着教育的失败。遗憾的是，在现实生活中，我们似乎的确是按照办企业的方式去办学校的。学校看上去也越来越像一个企业，而且是一个缺乏远大理想的企业。”①

---

① 秦春华.教育系统的奇葩逻辑[EB/OL].(2020-04-06)[2020-04-08] https://www.sohu.com/a/385934528_112404.

的确，如果视学校为企业，则产品就是学生。对企业而言，衡量产品质量既有客观标准也有主观标准。客观标准是指对产品的一些主要技术参数做出统一规定的国际或国家质量标准；主观标准是指顾客可感受到的相对质量。在现实生活中，人们主要是根据主观标准而不是客观标准进行消费的。从某种角度来说，学校和学生也有类似特点：学生质量越高，更高一级的学校或用人单位就越愿意接收或聘用；学生质量越低，更高一级的学校或用人单位就越不愿意接收或聘用。但是，对学生质量的评价要远比市场上对产品质量的评价复杂得多，它们是如何判定学生质量的呢？答案是：考试成绩。

现在，我们可以清晰地看出，为什么我们不能按照企业的模式去办学校。如果社会根据考试成绩来衡量学生质量进而衡量学校质量，如果学校根据这个标准去努力提高学生质量进而提升学校质量，那么，学校的产品其实不是学生，而是考试分数。学生变成了生产分数的工人，而且是童工。如果是这样的话，我们就非但不是在办教育，反而是在毁灭教育。

让我们从企业产品生产与学校学生培养、企业员工管理与学校教师管理两方面做一个大概的分析。

第一，关于企业产品生产与学校学生培养。

严格挑选原材料是企业提高产品质量的第一步，吸收优质生源也成为学校提高办学质量的第一要务。精明的校长们生源意识极为强烈，他们总是会千方百计甚至为此不惜一切代价地去寻找成绩优异的学生。

优化技术和工艺是企业提高产品质量的第二步，通过各种渠道和方式提高学生的考试成绩也成为学校的第二大法宝。既然社会通过考试成绩衡量学生质量，学校的校长教师们就会千方百计唯分数"论英雄"。

加大广告投入是企业进行市场营销的主要手段，利用一切可以利用的阵地宣传升学率及名校录取率也是学校树立形象的重要举措。在媒体上，在学校的围墙和电子显示屏上，学校会大张旗鼓地宣传今年有多少毕业生考进了北大清华，升学率上升了多少个百分点，其目的正是要告诉社会：我的学生质量有多好！

有学者一针见血地指出，如果把学校办成了企业，我们看到的将是：为了提高学生的考试成绩，孩子们不得不接受大规模的长时间的高强度训练；为了提高学生的考试成绩，教师不得不变成"监工"，让学生使出最后一丝力气以获得更高的分数；为了提高学生的考试成绩，从早晨起床到夜间休息，孩子们的时间被严格规定到秒……这一切的一切，和工厂里的"泰勒制"、"福特制"有什么区别？没错，这样的"高考富士康"的确可以有效提高学生考试成绩，但是，有谁考虑过学生的感受和他们的长远发展？学校对学生的教育又体现在哪里？

如果社会用"考上北大清华的数量"来衡量一所学校的办学质量，学校就会把少数成绩优异的学生集中在一起，为他们配备最强的师资力量，提供最好的资源和条件，而弃广大其他学生于不顾。这样做除了良心也许会受到谴责之外，不会有任何其他后果。但是，这实在是教育的悲哀！

于是，有学者呼吁：学校必须考虑每一个学生的成长，因为他是每一个家庭的心肝宝贝，将来是社会中一个负责任的成年人。学校必须树立学生正确的价值观，教会他们建立负责任的人生态度，凝聚他们的社会共识，强健他们的体魄，让他们做好迎接未来挑战的准备，而不是训练他们在经过上万次重复后考出一个高分，为学校赢得声望和市场。这是学校最根本也是最重要的责任，没有任何其他社会机构能够替代。

第二，关于企业员工管理与学校教师管理。

对于任何一个企业家来说，企业管理的核心就是解决两个问题：激励与监督。前者关心的是怎样让人尽可能地多干活；后者关心的是怎样让人尽可能地少偷懒。现实中，企业无论大小，管理员工的方式都是大同小异的：一种是时间管理，即计时工资制；另一种是数量管理，即计件工资制。

如果把学校当成企业来办，教师就变身为工厂的工人。问题在于教师是一类非常特殊的职业，他们从事的不是物质产品的生产，要像对待工人那样来对待，很多情况下根本行不通。作为管理者，既无法根据教师的工作表现来判断——因为他在同样的行为中是否投入精力或者投入了多少精力你很难看出来，也无法根据教师的工作结果来判断——教师的工作对象是学生，学生受教育的效果往往要等很多年后才能逐步显现。

因此，教师是无法被监督的，至少无法被有效监督。为了提高教育质量，只能采取激励的方式，唤起教师心中对孩子的爱，对教育的情怀，以及自身的职业荣誉感。只有真正调动起教师对教学的热情和积极性，他们才会主动地全身心地投入教育中。教育实践中，成功的学校在教师管理上大体采取了相同的办法：招聘之前极其严格，反复考察之后才决定聘用；一旦聘用，就会给予教师充分的信任和自由；在学校事务中，给予教师充分的参与权、自主权和决策权。

我们一定要清醒地意识到：教师是不能被"管"的，他们只能被尊重和信任——尊重他们的劳动，尊重他们的专业，尊重他们的价值，唤起他们内心的良知和对教育的激情，相信他们能真心对待学生，教好学生，这样的效果要比所谓严格、规范的管理好得多。

3. 学校与医疗机构

学校的教育育人、文化化人与医疗机构的治病救人，尽管道理上有某些相通之处，但两者毕竟不是一回事。对此，让我们来听一听专家的分析：①

许多人喜欢把学校和医院相提并论。从某种角度说，二者的确有很多类似之处。比如，教师和医生都是凭良心工作，很难被外界监督，都需要专业和技术，等等。但实际上，学校和医院是两类完全不同的机构。

医院和学校的第一个不同之处是：人们到医院是寻求健康服务的，只有在生病的时候才会去医院。学校就有着显著的不同。所有的孩子——不管聪不聪明，喜不喜欢读书——都必须上学。去学校上学是每个人无可逃避的选择，是成长的必经之路。

医院和学校的第二个不同之处是：不是所有的疾病都能被治好。但学校就有着显著的不同，所有的学生都应该接受教育，所有的学生都能被教育好。医生可能会放弃毫无意义的救治行动，但学校不能也不可能放弃任何一个学生。

医院和学校的第三个不同之处是：治疗主要依靠医生。但学校就有着显著的不同。教育是教学相长的活动。无论教师水平多高，多么努力，如果学生自暴自弃，放弃学习，也不会有任何效果。在更多的时候，“师父领进门，修行在个人”，起决定性作用的往往是学生。如果学生取得了优异成绩，我们也会感谢教师，但通常会认为是孩子本身基础就好；反之，如果学生成绩很差，我们也会埋怨教师，但通常会认为是孩子自己不争气。

此外，教师只是教育的一个方面。在一个人的成长过程中，学生与学生之间的相互学习往往会起到更为重要的作用，其重要性也远远超过了患者之间的相互支持。

医院和学校的第四个不同之处是：医生通常救治的是患者的身体，解决的是过去和现在出现的问题。但学校就有着显著的不同。学校需要为学生提供既

---

① 秦春华.教育系统的奇葩逻辑[EB/OL].(2020-04-06)[2020-04-08] https://www.sohu.com/a/385934528_112404.

包括身体更包括精神在内的全部教育，发展学生的智力，强健他们的体魄，磨炼他们的意志，丰富他们的精神世界。学校面对的是现在的学生，所要解决的却是未来可能出现的问题和挑战。

除了上述四个方面之外，也许医院和学校还存在更多的不同之处，这些不同之处决定了办医院和办学校是两种不同的模式。医院和医生之于患者，与学校和教师之于学生也是完全不同的。如果我们用办医院的思路和方法去办学校的话，这所学校一定是不成功的。

我非常赞同专家清晰而有说服力的分析，同时我还想到了医院的等级区分问题。医院分级分等，有助于分流不同病情的患者，合理利用医疗资源特别是紧缺资源；学校如果也这样分级分等，目的又何在呢？医院实行科室化管理模式，不同科室之间相对独立，那是根据诊病治病的需要或不同疾病类型（如传染病、非传染病）的特征，以及业务上严格的、精细化的分工，因而有些科室在业务上几乎不相往来；学校教育是一场“大合唱”、“大接力”，联系紧密，衔接有序，互动多，相互影响大，“独角戏”很难表演下去。学校虽然也有科室，但其性质、功能、运作方式与医院的科室全然不同。

归根结底，倘若我们能够清楚地认识到，学校既不是政府，也不是企业，更不是医院，也许我们就能够避免在办学问题上误入歧途，也能够避免很多违背教育规律的荒唐之举，我们就能更深刻地理解什么是真正的教育，也许就可以把学校办得更好，至少使它变得更像学校一些。

四、从“学校管理”走向“学校治理”的校本实践

相对“管理”而言，“治理”更强调主体的多元性、参与性、协同性，它要求学校建立从人治走向法治、从封闭走向开放、从控制走向协调的治理体系，优化内部组织结构，完善制度体系建设，不断提升治理能力，推动学校转型。学校治理重在处理好学校与政府、学校与教师、学校与学生、学校与家长、学校与社会五种关系，这也是我们变学校管理为学校治理的观念基础。

我如今所任职的上海市民办风范中学，创建于 1995 年，是从上海知名的“风华系”学校独立出来的一所民办学校，也是区域内创建较早的民办完中之一。“风华系”各校有图案相近的 LOGO，我们学校的 LOGO 如图：

看到这个图案，我就会情不自禁地联想起“直挂云帆济沧海”，这是李白诗作的名句。李白自有其特定的意境，我所欣赏的，是它的字面意思。

从教育人、培养人的角度，我们依据“风帆”的谐音，将其演绎为“风范”，于是，“风范中学”的校名就此诞生。

风范中学，就是一艘远航的船，扯满风帆，驶向未来……

学校办学的出发点和归宿，我们将其高度概括为：办名副其实风范中学，育志存高远风范少年。二十多年来，学校坚持“让每一个生命得到充分发展”的办学理念，强调尊重“人”的发展，强调“每一个生命”，强调“充分发展”，正视与客观对待学生在个性和智力潜能上的差异，让每一个学生发挥自己的潜力特长，健康积极地面对人生，享受学习，享受成长，实现自己的人生价值，收获人生幸福。

学校坚持以“做有风范的中国人”为育人目标。首先，时刻谨记我们培育的是“中国人”。作为一所地处上海国际大都市的学校，在世界文化的融合和冲击中，我们更应该让学生时刻谨记自己是“中国人”，不能没了中华民族之根，不能丢了中国之魂。其次，我们培养的是具有鲜明时代个性的“有风范”的中国人，每一个人都要力求做到“品格高尚，学识深厚，视野宽广，阳光身心”。

在最大化满足学生个性化发展需求的前提下，积极开展“风范教育”特色校建设，演绎了“风范立校，风范兴校，风范强校”的“学校发展三部曲”，发挥了较好的示范辐射作用。学校先后被命名为上海市中小学行为规范示范校、上海市民办特色创建校、上海市依法治校示范校、上海市安全文明校园、全国媒介素养教育基地校、上海市馆校合作共建学校等。2019 年，经上海市教育委员会批准，学校被命名为“上海市风范教育特色学校”。

从“学校管理”走向“学校治理”的改革实践中，我们着重从以下诸方面做了一些探索：

（一）凝心聚力，价值导向

1. 提升教师综合素养

学校积极致力于切实提高教师的政治站位和提升他们的政治素养，弘扬爱岗敬业、为人师表的道德风范，全面提升教师思想道德政治素质和教育教学业务水平。要求全体教师结合自身实际，用先进的思想理论指导工作实践，以德立身、以德治学、以德从教，使自己的工作每天都有新突破，使学校的整体工作每年都上新台阶。

2. 注重核心价值导向

我们组织教师开展"如何全方位树立教育风范""如何提升教育教学质量"等事关学校长远发展的系列讨论活动，提出了务必保持"三个一致"：与党中央大政方针保持一致，与上级教育主管部门的重大决策保持一致，与学校发展愿景保持一致，守好教育工作的底线。与此同时，我们倡议广大教职员工努力提升"三个素养"：即践行社会主义核心价值观素养，落实"立德树人"核心任务素养，提高政策理解能力和政策解读能力素养，努力以学校创新发展的共同愿景为基础凝聚学校发展的共同价值观，以学校精神和文化认同的力量引导教师为学校发展建功立业，力争在最大范围内赢得广大教师的价值认同。

（二）弘扬正气，激发动力

1. 践行"树风立范"校训

"树风立范"是我校校训，是"风范教育"特色的主心骨。"风范教育"，对教育者而言，是以"风范"为魂，以"成风化人，立范育才"为本质追求的教育思想、教育方法、教育行为体系；对受教育者而言，是促进学生成人成才、提升学生全面素质的教育生态和价值载体。风，是无形的，是指内化于心的风度、风格、修养；范，是有形的，是指外显于行的规范、范式、行为。树风，即涵养风度，提升修养的一个过程，属精神文化层面；立范，即确立规范、约定作为的一个过程，属行为规范层面。我们的"树风立范"，就是要树立"为师"的风范、"为学"的风范、"为人"的风范。

2. 营造风清气正良好氛围

针对学校发展过程中存在的突出问题，我们在全校教职工中开展了全员解放思想大讨论、寻找"最美教师"、拒绝有偿家教签名承诺等系列活动。在全体党员教师中积极开展每月主题党课学习、党员教师评优课、党员教师公益课等系列活动。在活动中，党员教师发挥先锋模范作用，激发了全体教职员工的工作热情，在全校形成风正气清、生动活泼的政治局面和心理氛围，师生的精神面貌焕然一新。

（三）完善制度，提升效能

1. 顶层设计奠定学校治理发展根基

学校发展的“顶层设计”，是指学校管理者为促进学校优质发展、可持续发展，通过系统分析设定好学校治理的目标，将实现目标的关键要素和主要挑战罗列出来，科学拟订实施纲要、实施方案，全面规划学校发展方针、战略目标、发展路径，并据以配置资源。有了切实可行的“顶层设计”，才有发展的宏伟“蓝图”，最终实现美好愿景。

风范中学的顶层设计，主要包括学校发展规划的设计、课程体系的设计、校园文化的设计等。

2. 规章制度促进学校治理与时俱进

学校修订完善了诸如《班主任考核管理制度》、《教学六认真检查与公示制度》、《教师违纪违规处理申诉制度》等各项规章制度。在制定制度的过程中，我们充分认识到制度不是贴在墙上的装饰，制度内容只有可操作性强、易执行，才能发挥作用。

3. 制度改革确保学校治理行稳致远

学校以自下而上的问题驱动模式完善规章制度。学校建章立制的目的是制定标准规范流程，在实践中我们发现制度建设也要与时俱进，更有必要基于问题驱动完善制度建设。例如，我校在积极推进备课组建设的过程中，发现备课组建设有利于教学管理重心下移，更贴近课堂教学，但过于强调备课组的作用又会弱化教研组对课程建设、课堂教学改革、教师专业发展等方面的建设功能，所以，我们适度调整教研组考核方案，使教研组、备课组和谐发展。学校治理过程中坚持抓住一些关键问题，如学校发展的核心问题、学校发展的重大问题、学校发展的长远问题等。

（四）优化机制，强化督查

1. 健全科学民主的决策机制

《国家中长期教育改革和发展规划纲要（2010—2020 年）》对深化教育体制改革进行了全面部署，其中，建设现代学校制度已成为深化教育体制改革的重要内容与任务。2017 年 2 月，教育部印发《义务教育学校管理标准》，突出充分发展的要义，变“管学校”为“制定标准、顶层设计、甄别经验、培育典型、统筹推进”。

国家宏观政策的调整，给中小学深化教育改革提出了明确的思路。

我们建立了以协商为基础的教育决策机制。以前，“一个好校长就是一所好学校”，把学校的稳定和发展“寄托在一两个人的威信上”，本质上还是人治的思想，但学校持续发展要靠法治。学校制定《章程》，规范行为方式、工作流程，学校治理体现“公平、正义”；设立发展规划，建立共同愿景，明确发展方向，确立重点项目、实施标准、评价方式等。事事有准则，事事有程序，事事有负责，事事有监督，无论谁当校长，都必须执行学校章程，必须按规划推进学校发展，确保学校工作在“阳光下运行”。

健全科学民主的决策机制。我们的行动轨迹是：从“集权”走向“分权”，从“人治”走向“法治”，从“自治”到“共治”，既是对校长权力的一种约束，更是对校长自身的一种解放。它让校长不再奔波于各个处室，不再疲于应付繁杂的事务性工作，而是赢得更多的时间对教育教学做系统深入的研究，对学校顶层设计做出前瞻性、全面的思考，全力以赴地带领学校真正步入“从管理走向引领、从制度走向文化、从封闭走向开放”的转型发展之路。

2. 完善规范有力的执行机制

在学校执行机制中，我们强调校级领导的规划能力，副校级领导的策划能力，部门行政人员的组织与执行能力。学校倡导实施扁平化管理（Flat Management），通过减少管理层次、压缩职能部门、精简机构和人员，使学校决策层和操作层之间的中间管理层级尽可能减少。我们将管理目标锁定在“激发每个人的主动性、积极性和创造性”，变革的重点、难点放在改造中层管理结构上，形成学校“主体共同参与、决策沟通协商、方式多措并举、职能服务导向”的治理特点。校长直接管理年级组，教导处、总务处等中层部门为校长、年级组、教师、学生服务，让工作更流畅、更有效。

为提高执行力，我们对一些重点工作实行了项目化管理，构建了多个专项任务组织与功能型组织相结合的“分权管理、集中控制”的管理新模式。例如：项目自我申报与行政分工相结合，克服组织管理重复、相互扯皮、积极性不高等传统管理方式的弊端；项目组自由组合与整体协调相结合，最大程度地调动成员的主动性和积极性；项目领衔人负责制与系统整体协调相结合，在责任到人的同时做好统筹安排，让工作更规范，更有序。

3. 形成有效制衡的监测机制

学校内部决策、执行和监督三权制衡的管理体系是学校内部治理结构的基本框架。在重大决策执行过程中,学校注重跟踪决策的实施情况,加强过程调控,做好检查评估,建立健全问责机制。为健全教育治理监督体系,完善内部治理结构,进一步扩大教师、学生、家长等治理主体对学校管理的知情权、参与权和监督权,学校从“自治”迈向“共同治理”:将组织发展和个人专业发展的决策权还给教师,让教师更有激情,更有梦想;注重全人教育,学生成长由学生自己做主,让学生更有自信,更有创造力;实行家长委员会直选制度、议事制度、驻校制度,让家长代表参与学校日常管理,参与并监督学校发展。

(五)加强学习,增强后劲

学校注重加强学习型组织建设,积极倡导广大教职员工尤其是行政管理人员“让学习成为一种生活习惯,在学习中体现生命价值”。通过学习型组织建设,实现三个目标:确立共同愿景,以共同愿景凝聚人心,抱团前行;培育创新精神,打破旧思维、旧模式,以微创新成就大事业;形成学习常态,全员学习,全程学习,不断丰富自我智慧,成就团队优良品质。

我们还引导教师修炼五项能力,即团队愿景达标能力、团队学习实践能力、团队合作参与协调能力、教学创新设计能力和自主发展规划能力,全方位提高大家的综合素养。

围绕这三个目标五项能力,我们积极开展教师校园读书、生涯发展指导、新课标研究、“研究性教学”课堂改革等成果展示活动。全校教师以“风范论坛”(教师版)为阵地,积极组织并参与学习心得交流、教学反思汇报、教育案例分析、青年教师沙龙等活动,教师队伍的整体素质日益提升。

总而言之,加快推进学校治理体系和治理能力现代化,是我们义不容辞的时代使命。学校领导班子要更加自觉地运用辩证思维、系统思维、创新思维、战略思维来谋划思路,加快推进学校治理体系和治理能力现代化,力争率先取得改革成效,使学校真正成为社会公认的培养人才的摇篮、教书育人的胜地、师生成长的乐园。

第一章　自我设计，校长先要成为优秀教师

我是一所学校的校长，但我首先是这所学校的一名教师。优秀的教师不一定都能成为一校之长，但作为一名校长，他必须走在时代前列，而且首先要当好一名优秀的教师。

——题记

教育的使命、学校的责任、职业的角色，它们，都无一例外地要求：校长，必须走在时代的前列！

道理明摆着：学校，是培养一代又一代新人的基地；校长，是一所学校中师生员工的领跑人。的确，作为一校之长，他肩负着学校改革发展领导者、组织者和推动者的使命和责任，在个人形象上，他需要以自己的高尚人格、渊博学识、出众能力和廉洁形象去影响周围的人并赢得广大师生的尊敬，做师生真心敬佩的引路人；在领导岗位上，他需要以政治家的敏锐和坚定，把牢发展方向、把好发展大局，善于从政治和全局的高度看待和处理问题，努力提高自己的办学治校能力；在学校工作中，他需要以教育家的眼光和境界看待和处理各种问题，落实立德树人根本任务。一言以蔽之，校长要以教育家作为自己的崇高职业追求，练好办学治校的基本功，带领全校师生员工，把国家的教育方针和要求落实到位，为国家培育有用之材。任重道远，还得始终走在前面，这就是我所认识的、人们心目中的校长。

一、校长首先要成为一名优秀的教师

一次，和几位校长不经意间谈起了各自的经历，大家无一例外地都是学科教师“出身”，有的担任校长之前还是传统课程观所谓的“副科”的教师，如历史、体

育学科等。

其实,这也是我们的一种“国情”,在中国960万平方公里的大地上,活跃着数十万名各级各类校长,他们中的大多数,都是从一线教师中提拔任用的。

就我自己而言,我原来是一名普通的物理教师,一路走来,我深深地体会到“知己知彼,百战不殆”对一名教师成长的重要性。我非常爱我的专业,喜欢思考,乐于实践,还清晰地记得在1993年,我设计了一个小物件“课堂小助手”。当时为了提高课堂效益,反复琢磨后,我尝试利用学校的废旧玻璃,为每位学生划了一块课本大小的玻璃板,玻璃四周还细心贴上了防划胶布。若干年后学生探望我时,还对当时的那块玻璃板津津乐道,因为玻璃板便于擦除并能反复使用,我利用当时的投影对学生写在玻璃板上的练习及时反馈,从“错题”中读懂学生、引导学生,学生学习热情高涨,课堂气氛活跃,课堂深受学生喜爱,所带班成绩连续多年在区质量监控中遥遥领先,从中,我体会到了作为一名教师获得成功的喜悦。

从2002年开始,我走上了学校管理岗位,从教师到教导主任,从副校长到校长,丰富的人生阅历使我深知学生期待什么、教师期待什么、家长期待什么。这些年,我始终坚持教学研究与实践,“高中学生物理学习心理准备的调查及策略研究、民办高中物理问题解决教学的研究与实践、微视频在翻转课堂教学中的研究与实践……”虽然在校长岗位上摸爬滚打了这么多年,但我始终有一个坚定的信念:校长,首先要成为一名优秀的教师!

据说,西方许多国家的中小学校长都是“职业型”的校长。他们是从大学的教育学院培养出来的专门从事校长职务的“职业人”。他们平时可以不上课,也没有谁要求他们上课。而在中国,如前所述,校长们多是具有某门学科的专业技术职称、从教师岗位转岗而来的,原则上校长是要担任一门学科教学的,这是一种普遍现象。

比较国外的“职业型”校长,中国的校长们又应该算是什么“型号”呢?我想,说是“专业型”,恐怕不会有什么疑问吧!我们在填写有关履历的表格时,在“职业”一栏里,不都是郑重地写下“教师”两字吗?有人提出,建立现代学校制度,其中的关键就是把改革的领导权交由掌握现代前沿教育理论,能管理学校,大胆变革的经营人才,也就是“职业型校长”。我有时在想,掌握现代前沿教育理论,能管理学校,大胆变革的人才为什么就是“职业型校长”,难道这不正是“专业型校长”的要求吗?在人们的观念里,“职业”,常常和“谋生”、“饭碗”挂钩,所谓“职业"意识,便成为"饭碗"之计,眼前之计;而"专业"、"事业",则与理想、发展联系密切,因而"事业"之心,便成为"理想"所系,未来所系。它们不在同一个层次上,不是同一种境界。比之"职业型"校长,"专业型"校长的要求应该高一些,"事业型"校长的要求可能更高。虽然当一个"专业型"的校长其实不易,但我希望自己能成为一名"专业型"的校长,更希望成为一名"事业型"的校长。

做了这么多年校长,我有如下切身体会:

(一)做一个好教师,才能真正懂得教师

虽然一名优秀教师不一定能成为一名优秀的校长,但一名优秀的校长首先要成为一名优秀的教师。这是因为,学校的任务就是教书育人,学校的中心工作是教育教学。校长自己不会教书,天天泡在会议室里,或者成天跑上跑下搞关系,怎么能带领全校教师搞好教学?校长切不能忘记了自己的最中心、最本质的工作,就是带领全体教师提高教育教学质量。

校长要走进课堂,走到教师和学生中去。

这就要求校长要走进课堂,走到教师中去,虚心向老教师请教,了解教师的想法,和教师一起研究如何改进教育教学。

懂教师,才能真正抓好教育教学。做教师的知心人、同行人、守护人,校长只有了解了教师的所思所想,了解了他们的工作状况,才能懂教师。在懂教师的基础上,校长才能掌握学校的全局,才能提出办学思路,才能将主要精力放到教育教学工作上,学校也才能成为有情感、有温度的学校。

(二)做一个好教师,才能时刻想着学生

学校的一切工作最后都要落实到学生身上。因此,不仅教师要了解和研究学生,校长也要了解和研究学生,了解他们的需要,了解他们的学习情况,关心他们的生活和思想。

教师要和学生打成一片,校长也要和学生打成一片,成为学生的朋友。心中有学生,学校的一切工作才能往教书育人上靠。

校长不仅要了解在校生,还应跟踪学校的毕业生,了解他们的发展,听取他们对学校的改进意见。同时校长还应该联系一批不同职业的学生家长,了解学生在家庭中的学习和生活,听取家长对学校工作的意见。

(三)做一个好教师,才能增强自身的领导力

校长是学校的领头人,是学校的旗手,他要带领师生完成教育教学任务,就必须保持坚强的领导力。倘若校长是一个好教师,教学上的确有一手,才能使大家心悦诚服,从而建立威信,形成影响力,才是合格的校长。

如果校长有先进的理想和高尚的人格魅力,有能够凝聚全校师生的力量,那他就是学校的精神领袖。有了他,学校就能蒸蒸日上。

校长成为一名好教师,概括起来说,就是要逐步实现三个“自我”:认识自我、完善自我、超越自我。三个“自我”,可以说是一个人职业生涯进程的三个阶段,也是一个人生命发展的三重境界。

二、德才兼备是校长立身之根本

校长是学校的旗手,是师生的精神领袖。这种旗手和精神领袖作用的发挥不是靠校长的权势,而是要靠校长高尚的道德品质、独特的人格魅力、渊博的学识修养、丰富的教育智慧、亲和而开放的工作作风。用传统观念来表述,就是德识才学兼备。

(一) 校长要注重德识才学综合修炼

人们常说:校长是学校的一面旗帜,有一位好校长就会有一所好学校。从强调校长对学校发展的意义、强调校长的责任和使命的角度,这话并不为过。作为“旗帜”,作为一所学校的“象征”,校长必须不断加强德、识、才、学的修养,才能更好地履行学校治理的崇高使命。

那么,德识才学指的是什么?德,指的是道德、品性;识,指的是学识、见识、胆识;才,指的是才能、才干;学,指的是学问、学养。所谓德识才学兼备,是指同时具有鲜明正确的政治立场和臻于完美的道德品质,高屋建瓴的远见卓识和洞若观火的大局观念,卓越非凡的观察、实验、推理、分析、操作的实际才干,丰富渊博的学问根底和牢固扎实的知识基础。以往,通常的说法是德才兼备,这里的“才”,是包括了学、识在内的,意在将“才”这个概念更加具体化,更加容易理解和把握。

1. 德

通常意义上的“德”,是包含了政治、思想、道德三个方面内容的:政治与立场、态度相关联;思想与主张、观念相关联;道德与品格、德行相关联。三者虽各有侧重但又内在统一,实践中很难也不必搞得泾渭分明。校长所领导的是具有一定修养和文化底蕴的教师,他们对道德的要求也许比一般人高。所以,作为一校之长,必须坚持以人为本,讲究为人之德、处世之德、立身之德、办事之德,做到以德服人、以德管人、以德育人。这样，才能贤者为之谋，能者为之劳，人尽其才，才尽其用。正如孟子所说："以德服人者，中心悦而诚服也。"校长良好的品行会使师生产生信服感，成为凝聚群体的巨大力量，鼓舞人们努力实现预期的目标。

对校长而言，政治、思想修养的重要性是不言而喻的，这方面的要求也很明确。这里，我主要就校长的道德修养谈一些想法。

(1) 校长之德，重在君子之德

古代强调修齐治平，即修身、齐家、治国、平天下。其中，修身是第一位的，且修身的第一要义是修"德"。人之德，涉及的方面很多，足以形成一个庞大的体系。在人们已有共识的基础上，我觉得，校长之德，主要体现为君子之德。何为"君子"？"君子"一语，广见于先秦典籍，在先秦典籍中多指"君王之子"，着重强调地位的崇高。自秦以后，"君子"一词逐渐被赋予了道德的含义，有了"德"行，泛指人格高尚、道德品行兼好之人。我们知道，中国历来有尊师的传统，人们对教师总是高看一眼，也因此对教师要求较高，故有"师表"之说，即教师须有君子之德。前面讲过，校长，首先要是优秀教师，因而校长之德，最重要者，当然是君子之德。

传统意义上的君子之德，集中表现为修己成人。宋代欧阳修《左氏辨》中说："君子之修身也，内正其心，外正其容。"意思是：君子要修身养性，首先要修养内在的品德，同时要注意外在的仪表，这是对修己的经典诠释。成人，此处是指成就他人，成人之美。学校教育是人与人之间的互动，校长是与教师、学生打交道的，更要有成人之美的情怀和境界。教育，本质上就是成人之美。

(2) 德配其位，践行明德惟馨

与校长角色地位相应的"德"，我将其集中概括为服人之德和爱人之心。前者，以自身高尚的道德情操和人格魅力影响人、感染人，使人们心悦诚服；后者，以博爱天下的宽广心胸和真挚情怀成全人、成就人，使人们享受人生。为此，我觉得有三点特别重要：

一是海纳百川，容人之误。实践告诉我们，教师在工作中的失误其实是经常发生的，其中有很多是他们自己可以主动调节的，对一些方式方法、脾气性格、情绪态度等方面的问题或现象，校长不必"每事问"，有的只需要"漫不经心"到一下场，有的只需要"不经意间"瞥上一眼，甚至"充耳不闻"、"视若无睹"、"睁一只眼，闭一只眼"，有的只需要路过时停一下脚步……相信教师都是聪明人，相信他们有处理好事情的智慧，这样比你亲自过问、直接插手可能结果会好得多。

二是敢于负责，勇于担当。谈到品德，我觉得，人的最根本的德行是善良。正如有人所说的：善良，是一种世界通用语言，它可以使盲人感到、聋人闻到。爱心、善心、热心、同情心、宽容心，等等，都在善良的涵义之内，也是“明德惟馨”的体现。

教育，需要培育善良之心，引导善良之行，让学生懂得善良，学会善良。教育学生善良，教师先要善良；要求教师善良，校长先要善良。一个校长是否真的善良，我觉得有一块“试金石”，那就是看他在关键的时候是否敢于负责，勇于担当。倘若爱将功劳归于自己，责任推给别人，或者好处自己享足，吃亏尽付他人，这样的人，就是德不配位，亦非善良之辈。

三是有耻且格，救过补阙。古人是崇尚有耻且格的，人有知耻之心，则能自我检点，去弊向善，从而归于正道。校长并非“不食人间烟火”，别人会有的失误或过错，校长也可能会有，问题在于我们面对已经产生的失误或过错能否救过补阙。能够挽救过错、弥补不足，仍然不失为“智者”。《论语.学而》中记述：“曾子曰：‘吾日三省吾身，为人谋而不忠乎？与朋友交而不信乎？传不习乎？”其大意为：“我每天多次反省自己：替别人做事有没有尽心竭力？和朋友交往有没有诚信？教师传授的知识有没有按时温习？”这样的自我反省精神至今仍有现实意义。现代人太忙，生活节奏太快，纵然做不到每日“三省”，“一省”还是可以做得到的。不论何时，我们都应该学会自我检视、自我反思、自我反省。

我很欣赏这样几句话，尽管是从网上看到的，但我还是记住了它们：

——人格如金，纯度越高，品位越高。

——做人一辈子，要以人品做底子。道德可以弥补智慧上的缺陷，但智慧永远弥补不了道德上的缺陷。

——人的两种力量最有魅力，一种是人格的力量，一种是思想的力量。

2. 识

作为新时代的校长，肩负着历史的重任，因此必须具备上文所述的“德”以外，还要有“识”。识，即学识、见识，包括学问造诣、知识储备、见闻识记等，亦即知识领域的广度和深度。身为校长，可能更要强调见识。见识不足，遇事则难以决断，往往陷入思虑过度，担忧狐疑，没有安全感的境地。很多情况下，多思多虑、惶恐不安都是由于见识浅薄导致的。

见多识广的人，往往有四个特征：

一是不会纠缠枝节。遇有不同意见不抬杠，不与人做无意义的争论，从而让自己把更多的精力投入有意义的事情上去，而且还可以防止树敌，避免人际摩擦。

二是懂得抬头看路。职场中，有些人永远比其他人走得稳，发展得快，究其原因，在于他们知道前进途中要时刻“抬头看路”，而不能只是一味地“埋头拉车”。因为时刻抬头看路了，所以他们在新事物刚刚诞生之时，尽管也看不懂，却不会看不起、看不上。他们知道了解新事物的最好办法，是挽起裤腿直接涉水，然后在和新事物的不断互动中成为成功者。

三是经历风雨世面。经风雨，见世面，可以是直接的，也可以是间接的。有见识的人，会去感受不同文化的差异、不同思想的碰撞，让自己的视野和格局都得到进一步的提升。世界从来不只是你身边的样子，它到底能有多璀璨，取决于你的眼界和见识。

四是思维方式灵活。有见识的人，思维不固化。据传，北宋王安石做了宰相后，在政务闲暇时，常常翻阅各地送来的诗文。有一次，他看到广东有个秀才写的诗：“彩蝶双起舞，蝉虫树上鸣。明月当空叫，黄犬卧花心。”他看了前两句，点头称赞；看到第三、四句时，不觉发笑：明月怎么会叫？黄犬又怎会卧在花心上呢？于是，他便大笔一挥，把后两句诗改成：“明月当空照，黄犬卧花荫。”直到后来，他辞去职务、游历南方时才发现，原来南方有一种鸟叫“明月”，叫声婉转动听；有一种昆虫叫“黄犬”，常卧在花心里睡觉。王安石恍然大悟，原来那两句诗是对的，自己反倒给人家改错了。由此可知，囿于过往经验，思维固化，难免适得其反，甚至弄巧成拙。越是见多识广的人，其思维越是灵动、活跃、变通、辩证，超越传统、经典，认识事物常常比较细致、全面、深刻。

识，还意味着独具慧眼，知人善任。教师中大多数人是积极的，是可以提高的。他们有潜力和才能。这就需要校长慧眼独具，知人善任，挖掘它，发挥它。“金石之有声，击之而后鸣；航船之能远，博之而后动；贤者之有才，用之而后见。”校长要善于在实践中“听其言，迹其形，察其所能”，从而用其所长。汉高祖刘邦谈他的高见时说：“论打仗我不如韩信，论管理我不如萧何，论运筹帷幄我不如张良，这三人皆为人杰，我不过是知人善任。”这实在应该成为校长的用人之道。

3. 才

才，意味着一专多能，博学多才。校长之才应该是多方面的，除了人之所以为“才”的共性的东西，可能特别需要强调的还有文才、口才、帅才。有文才，则思维敏捷，才华出众；有口才，则口齿伶俐，方能服众；有帅才，则领导有方，上下一心。

校长作为“帅才”，要带头学习，不断学习，时时充实自己，更新知识，跟上时代的潮流，具备时代气息，走在时代的前列；要认真研究政治，研究领导艺术，具备统揽全局的能力，这样，才不会出现顾此失彼、手足无措的局面。一个好校长，既要不断更新思想，提高思想理论水平，又要善于想象、分析、综合、表现；既要有较高的语言表达能力，又要机智，掌握分寸，善于说服、影响、感化教师；既要有敏锐的观察能力，科学的试验水平，又善于总结、推广典型经验。只有这样，才能对教师起导向作用，才能掌握领导学校的艺术，激发教职员工的工作热情。

一所学校的教师来源广，所学学科门类多，校长如果孤陋寡闻，才疏学浅，岂能使教师信服？岂能领导教师？所以，校长要精通教学，抓住学校的中心工作，坚持深入教改前沿，深入教学工作第一线，坚持上主课，坚持听课、评课，事事当先，亲自参与课堂教学的研究和改革，立足上好课，不指手画脚，不搞花架子。主动接触问题，认真分析并解决问题；同时，把提高教师的教学基本功和课堂教学效率放在重要位置，以便带动和促进学校其他各方面工作的开展和顺利进行。

校长要重视教育教学理论和实践研究，不断接收新的信息，带头搞科研、写论文，提高自身的教科研水平。只有这样，才能使管理工作既有深度和广度，又在指导教师的具体实践过程中体现信度和效度，让人心服口服，形成领导优势。

真正的人才，“才”与德是密切不可分割的：德是才的基础，才是德的表现。有德则才显，有才则德著，无德则才虚，无才则德贫；德和才相辅相成、相得益彰，互为依存、互相促进。生活中，人们常常这样评价：有德无才是庸才，有才无德是蠢材，无才无德是弃才，有德有才是英才。庸才，受制于人，瞻前顾后，难以成事；蠢材，头脑简单，态度粗暴，难聚人心；弃才，无德无才，无所作为，一事无成。唯有英才，善于审时度势，把握时机，建功立业。

4. 学

学，这里是一个名词，指学问、学识等。苏霍姆林斯基说得好：“一个学校的领导者，只有每天精益求精地提高自己的教学与教育技巧，只有把学校工作最本质的东西——教学与教育、教师与儿童——摆在第一位，他才能成为一个好的领导者，成为一个有威信的博学多识的教师的教师。”校长丰富的知识，构成校长渊博的学识形象。它是一种无声的号召，对教师产生潜移默化的影响，形成一股无形的“服人”力量。因此，校长渊博的学识形象是校长领导行为的基础。

现代科学的发展，信息量的急剧增加，各门科学不断分支繁衍，边缘科学相继建立。就以教育科学来说，其内涵也是丰富的，它包括心理学、社会心理学、犯罪心理学、教育学、课堂教育学、教育统计学、学校管理学等。一个教育工作者，不掌握这些教育理论，实践中就不能遵循教育规律，就不能科学地指导教育教学工作；不掌握新信息、新理论，思想就会僵化，就难以居高临下地深化教育教学改革。因此，校长要有教育学、心理学、教学法、管理学等方面的知识储备，构建自己“新而精、博而专”的学识体系，使自己的人生观、世界观、价值观建立在一个较高的层面上，从而形成具有较高文化品位的亲和力、感染力，发挥自己人格、知识、才能的魅力作用。

应该指出，德识才学不是各自孤立的、可割裂的，而是有机地联系着、缺一不可的。有人做了一个形象的比喻：“德”是指挥部，“识”是参谋部，“才”是战斗队，“学”是后勤部；指挥部做出正确的战略指导，参谋部指引正确的主攻方向；战斗队开展有效的战术行动；后勤部提供必要的知识保障。因此，英才必须德识才学四者兼而有之。有才无德，则贻害无穷，古今中外历史上这样的例子不在少数；有德无才，则有志难成，空怀豪情壮志却无力报效国家的例子也并不鲜见；有才无识，则只能蝇苟于雕虫小技；有才无学，则难以创业；有学无才无识，则只能空怀满腹经纶，孤芳自赏。所以，无论是教师还是校长，都应该自觉地在德识才学四方面不断地完善自我、提升自我。

（二）校长要不断学习探索，自我完善

学校治理不仅需要热情和干劲，还需要学识和智慧。一个校长单凭爱岗之情、敬业之心、尽责之诚而缺乏学习之思、理事之智、履职之能，未必能胜任本职工作。

人们常常用“老师的老师”来表述校长角色，这既是一种褒奖，也是一种希望、一种鞭策。校长只有在实践中不断学习、不断探索，具备过硬的自身素养，才能真正成为优秀的“老师的老师”，才能发挥感召、导向、示范作用，才能逐步实现学校治理的目标。

1. 校长比教师更需要学习

教师的使命，首先是指导学生“学会学习”。欲指导学生学习，教师自己必须是真正善于学习的人，因为只有教师知道如何去学，才有可能引导学生正确、高效地学习。

从“校长首先应该是一个好老师”的角色定位上看，教师要学习，好教师更要学习，校长作为教师的同行者，自然不能例外；从“校长作为教师的引路人”的角色定位上看，如果不能走在教师的前面带头学习，又如何去引领、导向？因此，只有承认自己需要学习，才可能有真正意义上的学习。人员众多的教师群体，他们的智慧总和必然大于一名校长，在这样的情况下，校长不学习，就难以带领这支队伍不断前进，校长原先可能存在的某些“优势”也会逐渐消失。

一次班主任工作会议，在谈到执行力的问题时，有位教师就“胜任力”发表了很好的见解，虽然对这个概念我并不陌生，但对其内涵及提出的背景等并无所知，更谈不上用以指导日常工作了；还有一次，教导处有位教师在汇报工作时跟我谈起了“锡恩”管理，当时我是一头雾水，对其所讲只能被动接受，事后赶紧“百度”，才粗略地知道了锡恩 4C 战略规划操作框架、锡恩 4R 业务管理系统、锡恩 4D 绩效改进系统。

事实摆在面前，校长比教师的确更需要学习。

2. 让学习成为一种生活习惯

鲁迅说过：“倘能生存，我当然仍要学习。”学习对校长来说，犹如人与太阳、空气、水一样不可分离。博学有识，学而不厌，应该成为校长的职业追求。学习—实践—再学习，这是时代赋予我们的使命，也是学校治理中校长需要始终面对的命题、必须完成的功课。在长期的教育实践中，我已经逐步养成了学习、思考的习惯，听广播、看电视、刷手机、上网，都已经成为我的学习方式，一有心得，或诉诸笔端，或与周围的人（包括家人）交流。越学，越感到自己的不足；越是感到不足，就觉得越是需要学习，从而形成良性循环。可以说，学习是我日常生活的一部分。

3. 在不断探索中领悟人生意义

学习，应该是探索性的，探索，才使学习更富魅力、更有意义。为学习而学习，那是形式主义，学了等于没学。

探索，是我们人类认识自然、认识社会的基本方式，并不只是发明家、科学家们才会用到。尽管校长未必都能成为教育家，但是，我们完全能够学习教育家的精神，研究教育问题，探索教育本质，寻求教育规律。对此，我在实践中有三点深刻的感受：首先，处在改革时代、教改前沿的校长，如果缺乏探索精神，一定是会被时代发展的浪潮淘汰的，在他治理下的学校，也必然会落伍；其次，强烈的探索意识是学习高深知识的需要，也是适应人工智能时代的需要，更是完善人生的需要；再次，仅有探索意识是不够的，还需要具有坚持不懈的探索精神，包括批判精神、反省精神、坚持精神、创造精神等。

对未知领域的探索是人类所特有的。哥白尼说过:“人的天职在勇于探索真理。”正是人类具有了探索精神,使人类掌握了其他高级灵长类动物所不具备的科学、技术知识,成为地球的主人;若地球上具有比人类更高的探索精神的某种动物的话,或许“人”将会在“他们”的动物园里被展出了。这些思想、观念、道理,我们有责任和义务将其传达给新一代人,要让我们的学生真正从灵魂深处认识到:如果我们不进行持续不断的探索,科技就不会发展、社会就不会进步、人类就没有未来。

4. 让反思成为不断前进的动力

前面我们从师德的角度讲过“省身”,实质是自我“反省”。这里,我们主要是从工作的角度讲“反思”。

反思,是对之前的工作实践包括内容、方法、措施、结果等进行回顾、检视、思考。当实际执行结果与预想的结果有出入时,就需要进行“复盘”和反思,并在此基础上,对下一步工作(或阶段)进行前瞻、规划、部署。因此,“反思”和“前瞻”是密不可分的,反思不是“走流程”,更不是为反思而反思,对此,我们必须有清醒的认识和把握。通过“反思”和“前瞻”,我们可以感受工作的丰实,获得精神的丰富和职业生命的成长,若能经常性地回顾自己的工作实践,反思实践的得与失,就能对自身的专业发展起到实质性的推动作用。

反思,是一种智慧,一门学问。人类的历史可以说是一部反思的历史,人的一生是在不断反思中自我完善的一生。要做一个有思想、有见识的人,就要学会反思自己的行为、结果和经验、教训,找到行为背后的隐性教育观念,引发认知冲突,重建认知结构,在实践中检验并修正自己的教育思想,并逐渐上升为自己的个人理论。怎样更好地反思呢?日本畅销书《解决问题的商业框架图鉴》[①]里,提供了两个思考框架:

一是 KPT 法则。该法则提出,每周、每月都要从保持(Keep)、问题(Problem)、尝试(Try)这三个角度,反思工作流程和业务现状,提出改善的行动。具体来说,就是要分析最近一次尝试(Try)过的结果,找出需要持续保持(Keep)的事项,里面包括做得好的地方,然后列出需要改善的问题(Problem)和新的挑战(Try)。值得注意的是,列出问题的目的不是要去指责谁,而是要探讨出问题的原因。设想新挑战的时候,要写可以成为具体行动的句子。

---

① 小野义直,宫田匠.解决问题的商业框架图鉴[M].台湾:采实文化事业股份有限公司,2019.

KPT 法则的目标是，把每个人在工作中感受到的发现转变为团队的发现，这个过程中的关注重点是工作过程和方法，而不是只看事实或数字上的结果。

二是 YWT 法则。该法则需要每周、每月整理工作的时候，反思做到的事(Y)、理解的事(W)、接下来要做的事(T)。这个法则的使用方法跟上一个法则几乎一样，不过，第一条法则的重点会放在业务内容和目标上，第二条法则的重点放在个人或团队从经验中学到的事物。

平时工作中可以这样使用 YWT 法则。先列出自己每天在工作中做到的事，然后从中写出自己理解的事，比如，写写自己学到了什么、察觉到了什么。这样可以把个人经验共享给团队。接着，可以根据上面两种内容，列出自己接下来要做的事，比如，下次这个项目要怎么做？下个月的业务怎么执行？使用这个法则的关键在于，反思不代表结束，重要的是要持续地实施。

有这样一种现象：很多校长不缺乏鲜活的工作实践，但取得的成效往往有限。究其原因，在于工作中担任的只是一个执行者的角色，只想着做什么，而很少思考为什么要这么做？怎样做更有效？具体表现为以下几点：

一是缺少相关的教育教学理论或管理理论支撑，因此，在进行反思时更多的是直觉反思，缺少理性思考，反思呈现低水平重复。

二是缺乏反思的有效策略和技巧，使反思流于形式。有效反思是对专业智慧的挑战，我们往往缺乏这样的专业底气，总是泛泛而谈或点到即止。

三是不同程度地存在害怕反思的心理。担心因为反思而暴露更多问题，或使问题产生放大效应，影响今后工作中的领导力和执行力。这种认识本身就是问题。

反思能力的形成不是一朝一夕的事，它是一个人厚积薄发的反映，更是其综合素养的体现。人们总是在一次次的否定、调整、再完善中实现专业的一次次飞跃的。

有效反思的关键在于后续行为的改进。反思最终的落脚点是促进人们自身行为的完善。因此，在有效反思之后，要有实践行为的及时跟进，并在行动中不断寻找理念与实践的差距，寻求适宜的解决策路，使自身的教育理念与技能日臻成熟。

反思能帮助我们解剖、批判与重构自己的教育实践，带我们走出平庸，在一个更高的平台上创造更高质量的教育实践。反思，让我们汲取专业发展的不竭动力；反思，让我们变得更有智慧，更有力量，更能行稳致远。

（三）校长要致力改革创新有所建树

随着科技水平的不断提升，世界进入高速、超常规发展的时代，教育发展原有的节奏、轨迹也逐步被改变，许多新事物、新格局已经或正在形成。不改革、不创新就可能被颠覆、被淘汰。只有在已知领域不断创新，在未知领域不断开拓，人类的科学、技术知识才会不断地开阔和深入，才能逐步向真理靠近，所以赫胥黎说“不愿意越过事实前进一步的人，很少能理解事实”。

据说，西红柿最早生长在南美洲秘鲁的森林里，被人称为“狼桃”，只因为它成熟时色泽鲜艳，人们对它分外警惕，把它当作观赏植物，谁也不敢咬上一口。16 世纪种在花园里，无人敢吃。又过了差不多两个世纪，才有人开始食用，从此它才冲出了花园，跳进菜园，上了餐桌。

世间有许多美好的事物，却长在“禁区”，成为“禁果”，要想得到它，必须有敢尝“禁果”、敢闯“禁区”的勇气和魄力。没有这种勇气和魄力，西红柿都不敢吃，就更不要说复杂多变而且困难重重的教育改革了。正如有专家所指出的：教育改革比吃西红柿需要更多的勇气和魄力。

1920 年春，蔡元培在北大开始招收女生入学，这一举措开创了我国国立大学教育中男女同校之先河，是对旧礼教的一次大冲击，它引起了封建卫道者的恐惧和仇恨。当时的国民政府教育部发来公函对北大指责，大总统徐世昌也为此对北大进行所谓的“告诫”。这时控制北京政府的直奉两系军阀，都对蔡元培极为不满，男女同校问题成为他们对蔡元培进行迫害的一个口实。但是，男女同校一经北大首倡，迅速形成潮流，全国各地学校纷纷效仿，这是任何反动落后势力都阻挡不了的。

于纷繁复杂的形势中看到一条崭新的、光明的、通往先进教育的道路，是需要大智慧的；于众人的反对阻挠或冷眼旁观中坚持己见，是需要胆量的；于困难重重的改革之路上，摸索探险，披荆斩棘，是需要勇气的。每一位校长都应有改革创新的气魄，都需要这种智慧、胆量、勇气，都能在改革创新中实现自己的生命价值。

进入新世纪以后，我们可以明显地感觉到：国力竞争就是人才的竞争，人才竞争的基础在教育。这就需要国家创办一流的学校，学校培养创新型人才。这就首先要求校长要有创新意识，敢于跳出旧模式，积极探索，大胆改革，努力开发创新潜力。

一所好学校必须有优秀的教育教学管理体制和一流的教育教学质量。它需要管理者付出更多的时间、精力和辛劳，承受更多的压力、挫折和责任。因此，校长要始终站在教育的前沿把握先机，与时俱进，不断探索培养高素质创新型人才的新思路，改进管理方法，提高学校治理能力，努力在自己的职责范围内，为一方教育的发展和振兴做出自己的贡献。

当然，改革、创新，并不是轻而易举、一蹴而就的事情，它需要我们有知难而进、百折不挠的精神和毅力。“生活的本质就是，千难之后有万难。”这是电视剧《三十而已》主角顾佳说的。这部剧中，故事的发生地就在上海，三位30岁的女性在都市里遭遇着重重压力，但不退缩，直面挑战，让观众感同身受，仿佛找到了自己的“影子”。的确，正如顾佳说的，生活很难，但纵然九九八十一难，才“三十而已”，应该激战正酣，跋涉过泥泞，回望就能看到成长的足迹。勇于翻过高山，终将乘风破浪！纵然千难万难，也不放弃对未来的憧憬。严格说来，几乎所有的创新都是“非零起点”的，是在原有基础上的探索、发展，教育尤其如此。其间，新理念的提出、新思路的确立、新方案的形成、新方法的运用、新技术的推广等，它们都具有创新的属性，这就为校长致力于改革创新提供了广阔的用武之地。

总之，校长要有高度的责任之心、强烈的事业之心、积极的进取之心、赤诚的奉献之心，加上艺术的“服人”技巧，在其位，谋其政，创造性地开展工作，做到永不满足，自强不息，这样才能打造出首先作为优秀教师的良好形象。

三、学无止境促使校长专业精进

处于信息时代、学习型社会，终身学习、学无止境已经成为志士仁人的共同追求。一个人不学习，等待他的，便是为时代所淘汰，为社会所冷落。时代呼唤学习型校长，这并非说说而已。不学习，做不了好教师；不学习，更做不了好校长。

教育对公众而言，比较开放且易于理解，而不像其他专门职业如医学、法律和工程等相对“特立独行”，以致人们一般很难“沉浸”其中。教育的这一特性，其优势之一是教育工作者比其他专业工作者更容易响应社会需要，但同时也存在一个弱点，即往往使教育工作者忽视确立专门知识的观念和专业意识。正因如此，作为教育工作者，必须努力克服或多或少存在的某些“短板”，提升专业水平。其实，教育涉及的领域很广，跨度很大，从一定的意义上可以说，教育工作者的专业发展可能难度更大，要求更高，这就越需要学习、学习、再学习。

以前在教师岗位上的时候，我一直没有停止过学习、培训；做校长这么多年，我依然与学习、进修、培训结伴同行，并从中不断感受收获的喜悦和成长的快乐。

（一）关键是在善于学习

世界在变，人类必须随着世界变化而变化，在这一过程中不断地去主动适应。若干年前的盛夏、严冬，感觉比如今的盛夏、严冬更热、更冷，因为那时候一方面人们的居住、生活条件差，另一方面，人们适应了自然，能够经受得住天气的考验；现在，人们对 30℃以上、10℃以下的气温也感到难以适应，因为空调等电器使人们的耐热、耐寒能力下降。其实，少用一些空调之类的电器，人们对大自然的适应程度会高得多。事物都在变，人也在变，主要在于往什么方向变，怎样变。要解决这些问题，关键是要学习。

1. 自学，作为主要的学习方式

在职人员的学习，自学无疑是最适合、最主要的学习方式。在自学的基础上，再配合进修、培训、网络学习等其他方式，往往会产生集成效应，收获“1+1>2”的效果。

读书，是自学的首要方式。我们经常跟教师们讲读书、讲学习，其实校长更要读书在先，学习在前。试想一下，一个不读书的校长只是要求教师读书，岂不是一种极大的讽刺？一个不读书的校长或带出一支爱读书的教师队伍，恐怕算是“难得的风景”。中国要想从人口大国（数量多）变身为人口强国（质量高），进而变身为人口王国（素质优），可能要从读书做起。而读书，当然要从教书人做起。我在读书方面特别重视两个坚持：

一是坚持“碎片化阅读”。有一句话对我影响很大：不要试图给你的生命增加时间，而要给你的时间赋予生命。对我而言，这句话具有重要的意义。众所周知，现在的校长的确比较忙碌，沉心静气地坐下来读书，似乎并不那么容易做到。我算不上是“工作狂”，但自认为算是在工作上很倾心、很用情、很投入的人。其动力在于：我爱教育、爱学校，更爱我们的学生、教师，愿意为之付出，在所不辞，无怨无悔。有了这样的动力，我愈加感到学习的重要。忙而不乱、忙则有效，一直是我孜孜以求的工作状态，这种状态是要以学习做后盾的。我所主张的“碎片化学习”，包含两层意思：在时间的利用上，可以是“碎片化”的；在联系实际进行思考时，应该是“系统化”的，前者不能影响后者。

手机阅读，也是我坚持“碎片化阅读”的一种形态。我对有些公众号比较“专情”，它们总能推出一些给人以深刻启发的好文章，我常常将这些文章列入“收藏”,找机会再细读。手机阅读的好处是可以随时、随地,等公交、坐地铁、会议间隙,都是阅读的好时光。只要你有主见、有思考,“碎片”终将连为“整片”,这种连接,常常是水到渠成、不期然而然的。

二是坚持“读书必动笔”。徐特立先生说过:不动笔墨不读书。对此,我一直是身体力行的:阅读时,或标记,或旁注,或简评;阅读后,简单整理成读书笔记,待思考比较成熟且提炼出一定主题后,再撰写成论文、报告之类。这样去做,实践中并无明显的精力不济之感,反倒觉得很充实,很有收获。

三是坚持“思考加行动”。学、思、行一体化,学而思,思而行,行而学,循环往复,层次递进,这样的自学才不会坠入“无用功”的怪圈。学习中有思考,只是学习的初级形态;思考后有行动,才是学习的关键步骤;行动后有总结,学习的效果才能巩固和提升。多年来,我在学校工作中采取的许多改革、创新举措,如校本课程的开发、信息技术的应用、学校特色建设等,基本上都是学习、思考的产物。

关于思考,这里再多说几句。

有人说,我们的教育已经进入不缺理念、不缺“专家”的时代。的确,我们到处都可以听到各种“发声”。面对此情此景,作为一校之长,我们必须坚持科学精神、战胜权威崇拜,选择信奉“专业”而不是盲从“专家”,信奉科学而不是盲从科学家,因而必须提倡独立思考。

独立思考的重要性远大于博览群书。人生有涯而知无涯,无论你怎么“博览”,读书不思考,读得再多,书中的知识、道理也不会变成你自己的“财富”,正如有学者所比喻的,只会读,不善思,你的脑子就只是别人观念的“跑马场”。对欧洲启蒙运动有重大影响、文艺复兴后期的法国人文主义哲学家蒙田(1533—1592)就曾说过:“这个世界最大的问题在于:智者总是充满疑惑,谨小慎微,愚者却总是真理在握,热血沸腾。”看看我们的周围,前者似乎不多,后者似乎不少,这与我们几千年来的“人治”文化、“名人”文化有关。教育的发展,特别需要那些“真正有学问的人”。怎样的人才是“真正有学问”的人呢?蒙田做了这样的回答:“真正有学问的人就像麦穗一样,当它们还是空的,它们就茁长挺立,昂首睨视;但当它们臻于成熟,饱含鼓胀的麦粒时,便开始低垂下来,不露锋芒。”真正有学问的人,做学问时,坚持独立思考,顽强地消化吸收;用学问时,始终谦虚谨慎,不企求“独树一帜”。这与那些常常沉醉于“语不惊人死不休”的“专家”“学者”形成了鲜明的对比。我们的教育,如果缺少了对自身的独立思考,缺少了对独立思考者的培养,那就只能培养出愚蠢的人,正如英国哲学家伯特兰·罗素所指出的:“人生下来的时候只是无知,但并不愚蠢,愚蠢是后来的教育造成的。”生活在“互联网+”的时代,我们必须明白,互联网不是在缩小知识的差距,而是在扩大差距。这是由互联网承载着海量信息的特征所决定的:愚蠢的人沉浸在垃圾信息中,越来越愚蠢固执;聪明的人多渠道吸收各种信息,越来越聪明理智。因此,在这样的情形下,我们越是要大力倡导独立思考,不迷信“专家”,不盲从“权威”。

学习的内在涵义,包含了独立思考。回顾自己的工作经历,一个很重要的策略,就是重视个人思考的价值,保持独立思考的习惯,注重在实践中强化“问题意识”,不断发现问题,并始终正视问题,在学习和思考中求解问题。平时,我对自己可能堕入没有把握的“人云亦云”是保持警惕的。

2. 一切,皆可为师

我有三种老师:

一是人师,即为人之师,是那些终身从教、师德高尚、修养深厚的长者,以及热爱本职、兢兢业业、进取上进的中青年教师,等等。我向他们学习做人的道理,学习忠于人民教育事业,学习努力做好本职工作。在我们周围,这样的人并不鲜见,校内、校外都有,关键在于你要有学习、求教的渴望,还要有谦恭、好学的态度,更要有进步、成长的追求。在我们学校里,有一支顾问(专家)团队,在很多方面,他们面对面、手把手地给我以帮助、指导,让我感到很亲切,自信心、成功感不断上升。我校的学生发展核心素养培育、“梦想舞台”等综合实践活动课程的规划实施、教育信息技术开发应用,以及特色学校建设等,都渗透了他们的智慧和奉献。

在平时的工作实践中,我比较注重学习别人的长处,看人,更多的是注意他们强于我的地方,长此以往,学到了更多有趣的知识、成功的经验,拓宽了自己的视野,丰富了自己的思维,充实了自己的大脑储存。

“三人行,必有我师焉”,在我的意识里,这也包含了向自己的教育对象学习。以人为师,这里的“人”,应该是广义的。处在信息社会,人们掌握知识、提升能力的渠道是立体的、多元的,这也方便了学生的自学。很多情况下,学生在某些方面可能比我们了解得更多,这在网络无处不在的信息时代是不足为奇的。从这个意义上说,学生也可以成为我们的老师。我们平常所讲的“互动”,应该也包含了这样的成分。

二是事师,即工作之师,是我们经历过的那些事件、问题、场景,让我们从中受到了启发、学会了处置，得以在今后的实践中借鉴、“嫁接”、“移植”和创新，它们便成为我们特殊的“老师”。

《红楼梦》第五回中有一副对联：“世事洞明皆学问，人情练达即文章”，其大意是说，把世间的事弄懂了，处处都有学问；把人情世故摸透了，处处都是文章。汲取其中的积极意义，可以扩展为：有字的书要读，无字的书也要读。书里书外相结合，就可以丰富自己的学识和修养。的确，无论什么工作，取得了成绩，则从正面教会了我们经验；造成了失误，更从反面给我们以教训，因此，工作本身也是老师。当然，“事”不会自然而然成“师”，中间需要一个环节，即当事者要真正以事为师，借以学会思考、学会总结，才能从中学到道理、策略和方法，掌握事物发展变化的规律，日后遇到同类问题和情境时，可以从容应对，妥善处置。

三是经师，即专业之师，专家们深刻的思想修养、精湛的学术造诣，丰富的研究经历，都可以成为我们的学习之“师”。君子博学而日参省乎己，语出荀况的《荀子·劝学》：“故木受绳则直，金就砺则利，君子博学而日参省乎己，则知明而行无过矣。”意思是说君子广泛地学习，并且经常把学到的东西拿来检查自己的言行，（遇到事情）就可以不糊涂，行为也就没有过失。

“博学而日参省乎己”，有赖于经师之教，有赖于一定的理论素养。因此，我比较重视哲学、教育学、心理学、管理学的学习。多年来，我坚持每学期以一本教育理论专著为主体，精读研读，读深读透，再结合参阅其他著作或教育报刊上的相关文章，感觉对自己的工作、对自己的专业发展帮助很大。

3. *方法，助力成长*

越是时间紧、工作忙，越要讲究学习方法。讲究方法，其实不必太过计较系统思考、技术操作之类，可以适当随机一点、情境化一点，见机而行，便于行事。这方面，我有三条途径：

一是当面请教，如对学校的老领导、经常打交道的专家学者，他们可以对我耳提面命，我可以向他们请教；

二是利用媒介，即间接学习，对名人名家，通过他们的专著、论文，或视频、录音、网络信息等，了解知识，汲取养分；

三是上门取经，即通过参观访问、出席会议、校际联动等，学习兄弟学校的经验。

这些，虽是常规方法，但在实践中有用、有效，只要运用得当，往往可以收到“平凡中见非凡”的效果。

（二）拓宽管理专业视野

学校管理是一门专业，相信人们对此应该不会有什么疑问。每一位在职的校长，拓宽管理的专业视野，使学校治理在理论上、实践上进入一个更新的境界，必然成为大家共同的追求。

近几年，我多次参加了区、市、长三角地区校长培训，充分认识到了拓宽专业视野的重要性。以前，我也常常撰写一些管理类的文章，不过，往往习惯于沿用某种固定的、公式化的套路，机械、呆板，以介绍学校自身办学的特色和经验为主，或者面面俱到、不得要领；或者泛泛而谈、蜻蜓点水，缺乏应有的深度。这种表达上的浅表化，一方面，是因为定式思维的影响；另一方面，表明了自己视域有限，思考力不足。通过不断地学习、实践，这方面的缺陷渐趋改观。通过在进修、培训中参加各种考察、交流、现场模拟、咨询答辩等活动，渐渐地增加了一些底气，能够结合所见、所闻，清晰地表达自己的所感、所思、所悟，能够提出一些具有思维空间、研究价值、实践意义的问题。更重要的，是将这些收获转化为自己学校的实践，增强了学校教改的活力。一次次的学习培训，虽然让自己投入了大量的时间和精力，但这是值得的、可以享用一辈子的。当自己将收获的种子播入学校的土壤，就学校、师生而言，也是可以从中享受发芽、开花、结果的欢乐。这是生命的律动，是成长的快乐。

教育部2013年2月颁布的《义务教育学校校长专业标准》，一直是我专业学习的“案头必备”和日常工作的行动指南。其中，关于校长应该具备的五大核心理念、三个维度的素质、六项重要专业职责，对自己的专业发展具有指向、引领、规范、激励作用，使自己进一步明确了“我是谁”、“我在哪”、“我要去哪儿”，明确了怎样才能做一个合格的校长。通过边学习、边实践，我渐渐地懂得了，作为一个有专业素养的校长，只有具备了胸怀全局的驾驭能力、坚定正确的办学方向、勤勉刻苦的务实作风、廉洁奉公的自觉操守、勇于担当的责任意识，才能担负起学校治理的重任和人才培养的使命。

拓宽管理的专业视野，是每一位校长终身修炼的功课！

（三）提升教育研究能力

如今，中小学开展教育研究，其必要性和重要性已经被教育界人士（包括中小学教师）广泛认识并接受，虽然多多少少还有一点不同的声音，但也无碍大局，倒反而给我们提供了一个参照，使真理变得越来越真，最终，不同的声音也会加入我们大家共同的合唱。

在这样的背景下，校长的教育研究能力便显得至关重要，它甚至可以左右一所学校发展的方向、改革的进程、办学的质量。

我是将提升自己的教育研究能力作为自身专业发展的根本大计来考虑和对待的。这些年来，我多次参与、主持或领衔各级各类课题近二十项，课题研究成为我校长生涯的重要组成部分。

在实践中我深深体会到，校长作为课题研究的领衔者、主持人，要切切实实抓好以下三个方面：

一是要真研究。领衔，就是要带头，要担实职、负全责。毋庸讳言，学校课题实施中校长“挂名”的现象目前还比较普遍，通常也就是开题、结题时亮一下相。这样做研究，不是真研究。试想一下，占着位子，不办实事，如何能够服众呢？这样一番虚有其名的操作，它不利于调动课题组其他成员的积极性，反而导致上行下效，最终不会有人真心实意地去做。

二是要会研究。在其位，谋其政，担其职，负其责。校长领衔或主持课题，一定要做到“四能”：

能规划。即根据当前及今后一段时期教育发展的方向、教育教学改革的趋势、学校发展的任务和要求，综合考虑学校自身的条件，谋划研究的主题，形成以核心课题为中坚的课题群，并以此带动和推进学校的全面工作。

能设计。作为课题领衔者、主持人，应能根据研究主题设计相应的研究方案，对研究目标、研究对象、研究内容、研究方法、研究步骤、研究成果等进行总体设计、具体安排；至少要能提出自己的基本设想，然后再让大家共同讨论，充分发挥集体智慧，形成群体共识，这样的方案才有可能有效施行。

能指导。加强过程中的指导，对确保课题研究的质量至关重要。课题指导主要包括：依据研究方案，对阶段性目标的实现及成果产出进行部署落实；方法性、技术性操作遇到瓶颈时，组织相关力量进行现场演示；研究实施中发生问题或矛盾时，组织有关部门或人员协作诊断，分析原因，制定对策。

能调控。调控主要包括，目标调控，看研究是否一步步接近预定目标，如有偏离，应及时校正；方法调控，考察所采用的研究方法是否适应课题内容及研究要求，如有不妥，须立即变更；进度调控，了解研究任务是否按预定计划完成，如有出入，可予以调整，并向课题管理部门报备，批复后重新组织实施。

三是要善于成果转化。成果呈现、成果自评、成果利用、成果推广等各项工作要整体思考，统筹安排。理论成果要显性化，技术成果要物化，通过课题研究，将潜在的教育生产力转化为现实的教育生产力。

总之，学校开展教育研究，不是校长“作秀”，也不是为学校“装点门面”；最重要的，是服从并服务于学生的培养，服从并服务于学校的长远发展；最根本的，是获得关于教育的真理性的认识，获得对教育基本规律的把握。

归根结底，校长与学校“同呼吸，共命运”，和学校同发展。应当承认，“一个好校长就是一所好学校”的命题在多数情境下是成立的，但我更相信校长和学校是互相成全的：校长发展为学校发展注入动力，学校发展为校长发展搭设舞台。两者共同面向“发展”，就一定能够实现“双赢”。更重要的是：学校作为驶向未来的航船，校长作为引航者（同时也是挂帆人），要满载全校师生驶向成功的彼岸。

第二章　务实致远，与时俱进谋划学校发展

学校发展规划的制订事关学校生存和师生长远发展，校长必须全程参与，特别是要明方向、正理念、想大事、讲策略。虽然校长并不能完全左右学校的发展，但学校的发展肯定离不开校长。

——题记

决策、用人和服务，被认为是现代领导的主要功能，其中，决策是最主要的。所谓决策，即为了实现预定目标，根据对当前或未来形势的预测和分析，就将要采取的行动或对未来所要采取的行动做出决定。学校的领导决策属于基层领导决策的范畴，具有从属性、执行性、具体性和紧迫性等特点。

与学校领导决策关系最为密切的工作，就是制订学校发展规划。有了一个好的规划，且规划能得到有效实施，学校就能按照预定目标健康、有序地发展。

一、规划先行，为学校发展把脉定向

近年来，随着我国基础教育的发展，学校的办学条件得到了很大提升，不少学校逐渐意识到对学校进行整体设计的重要性。第一步就是立足学校实际情况，从时间、空间、发展历程等各个维度出发，着重从课程、学生、制度、文化、教师和管理等方面激活思路，制定科学的学校发展整体框架。

有一句话说得好：一个建筑师跟一只蜜蜂最大的差别，不在于谁做出的建筑更精致，而在于建筑之前建筑师的脑子里面有一张清楚的设计图。我把它浓缩、转换一下，可以概括为四个字：规划先行！也就是说，要从内到外好好“谋划”，对学校发展进行全面、系统地设计。

(一) 规划的意义

关于学校发展，之所以过一段时间就得重新规划，这是因为：首先，社会是动态发展的，作为能动地反映社会发展需求的学校教育，自然也是动态发展的；其次，时代总是在进步的，作为能动地反映时代特征的学校教育，当然应该是不断进步的。所以，要实现学校的发展，必须坚持规划先行。

在校长眼里，规划的意义在于其具有五大功能：

一是导向功能。规划会提出规划期内学校发展的目标，它可以为学校各项工作以及各部门、各成员指明下一步努力的方向。

二是实践功能。学校规划是学校发展的“蓝图”，在一定意义上，学校治理就是按图施工，践行“规划”，将“蓝图”变为现实。

三是调节功能。有了“规划”的指引，各部门在执行过程中可以对照规划的内容和要求，审时度势，有序运行；当情况发生改变时，可在保证不影响规划整体实施的前提下，适时进行适当的微调。

四是评价功能。规划实施过程中和规划期结束时，可按规划既定目标、方法、路径、程序进行各类评价，包括诊断性评价、过程性评价和终结性评价。各类评价可以是专项(专题)的，也可以是综合的。

五是接续功能。新一轮规划是前一轮规划的延续，它可以使学校工作承前启后，继往开来，永续发展。

此外，在校长看来，规划也是对领导能力的一种考量，它可以测量领导者的眼界，也可以衡量领导者的境界。作为管理过程的一个环节，规划是管理之始。

(二) 规划设计的总体要求

学校的规划设计，涉及学校工作的诸多方面，总体上要突出四个关键要素和三个操作要点。

1. 四个关键要素

一是前瞻性预判。规划设计首先要做的就是将规划期内的目标、任务、思路、策略描述清楚，知道学校面临什么样的机会与挑战，如何做才能把握住机会，实现可持续发展，即面对未知的世界，面对不确定的未来，能够高瞻远瞩，做到“先知先觉”。

二是系统化思考。有了清晰的目标，接下来就是系统地思考如何实现目标，哪些要素是充分条件，哪些要素是必要条件。可以说，系统化思考就是努力寻找“根本解”，从源头上做文章，绝不能头痛医头，脚痛医脚。大家在日常工作中看到的问题往往是表面现象，如果根据表面现象去采取对策，往往事倍功半，治标不治本，很容易反复。

三是方法论支撑。唯有把系统性的思考上升到理论的高度，学校才可以重复成功的模式和做法，才能够有所发现，有所创新。所以，顶层设计一定要有方法论做支撑，包括课程开发、技术研发、模式设计、队伍建设、资源利用、服务体系等。有了方法论，就可以提高组织智商，减少重复劳动。

四是数据化分析。仅有方法论是不够的，学校要想获得长足的发展，就必须形成一套科学的决策机制和运营管控体系，学会用量化的语言去沟通、分析和决策。要知道精细化管理是建立在信息化基础之上的，而信息化系统包括很多分支，比如决策支持系统、运营管控系统、人力资源系统、知识管理系统等。如今，大数据技术已经可以为我们提供这方面的支撑。

2. 三个操作要点

第一，精心提炼核心理念。核心理念是学校教育教学与管理活动的核心思想与最根本的价值追求，是贯穿所有办学理念、办学行为和环境建设的逻辑起点和质的规定，是学校发展的灵魂。核心理念须具备统领性、适切性、独特性、稳定性等基本属性。统领性是指能够覆盖学校工作的所有领域，辐射到校园的角角落落以及每一个学校人的日常行为之中，渗透到课程、课堂，校内、校外，统摄课程理念、教学理念、德育理念、科研理念、管理理念，等等，使学校的每一缕空气里都弥漫着一种内在的、积极向上的“精气神”。适切性是指契合学校办学的传统，顺应学校发展的优势和趋势。独特性是指有别于他校，有自己鲜明的个性。稳定性是指这种理念能够长期统领和支撑学校办学行为，能影响学校一个较长的时期甚至几代人。

第二，准确定位，明晰步骤。学校定位是指学校依据自身基础和条件、所处区域环境、发展需求等因素，合理确定学校发展的基调、特色和策略，是对学校办学规模、办学层次、办学类型等做出的方向性选择。学校发展，从实施策略上看，首先必须正确定位。没有正确合理的定位，就不可能促使学校科学发展、优质发展、持续发展；从内容上看，学校定位包括定向、定标、定质等。“定向”是确定学校发展的方向，包括学校的发展方针、目标走向、战略模式等；“定标”是指确定学校发展的远近目标，学生成长、教师发展的培养目标，学生与教师形象设计等；“定质”是指确定学校的性质，确定学校内在的、相对稳定的、个性化的特色和品质。

一份好的规划有了正确定位，还少不了具体实施的“时间表”和“路线图”。从时间上看，既要直面当前现实，又要放眼发展远景，即既要考虑“千里之行”，又要致力“始于足下”；从路线上看，要对照“时间表”，设计具体的、周密的、行之有效的路径，才能引领学校沿着正确的轨道顺利发展、快速发展。

第三，多方论证，明确措施。学校发展规划制订的过程中要聘请专家参与引领与指导，经过科学、严密的论证，可以使学校发展规划更具可行性和实效性。其间，能使学校管理者引发一场头脑风暴，打开每个人思维的闸门，撞击出思想的火花，通过质疑、讨论、辨析、阐述，厘清头脑中原来模糊不清，甚至混淆的概念，纠正认识与实践上的偏差，走出思想与行动的误区；同时，规划设计更需要教师的认同，摄取自下而上的内在动力。需要教师、学生乃至家长的参与，达成共识，形成共同追求的价值观，并使发展规划更加完善。

二、规划的制订过程

所有的规划工作都具有继承性、现实性、前瞻性的特点，可以毫不夸张地说，虽然它“声势”不大，却是一项“系统工程”，从前期各项准备到规划文本出台，许多事情都要紧锣密鼓、有条不紊地进行。规划工作的质量，直接影响着规划期学校发展的前景。

（一）制订前的酝酿

推陈出新是事物发展的必然进程，学校发展的活力同样来自一个“新”字。因此，制订规划前，要经历回溯反思、分析现状的过程，旨在厘清主要问题，找出问题产生的原因，以便利用一切可以利用的积极因素，扬长避短，挖掘潜力，进而定位新目标、明确新思路、采取新措施，促进学校新一轮的发展。

1. 看大势，立意长远

凡事预则立，不预则废。制订规划是离不开预测的。“眉头一皱，计上心来”那种小生产时代的“决策”举动早已时过境迁。对学校决策而言，预测的关键主要在于做好趋势分析，即思考、判断教育发展的走势、进程和结果，特别是要善于分析影响学校发展的关键因素和条件，以及这些因素和条件本身的发展变化趋势。在实践中，我们主要应关注“四向”：

（1）国际动向

虽然学校决策只不过是基层决策，但依然需要决策者具有国际视野，能立足

当前、着眼长远。以一个中学校长的视角,我比较在意的国际教育改革动向主要是在以下三方面:

一是在教育结构上,注重整体优化。整体优化体现在全面与重点相结合。全面是指:从幼儿教育到中小学教育、高等教育,从教育结构、学制到课程、教材,从教育方法到考试手段;重点是指抓基础、抓质量。

二是在教学理念和方法上,注重教学实效。教学过程中,重视对学生进行公民道德的教育和培养;课堂教学中,关注学生的主体性和差异性,实施小班化或分层教学,强调教学的互动性、趣味性和实践操作性;教学时空上,注重建立开放式的教学环境,活跃学习氛围。

三是在教学评价上,注重教学质量的监控。这方面,一些国际组织和发达国家在开展基础教育质量评价方面展开了长期研究,做了大量工作,形成了关于教学评价的基本理论框架,构建了形式多元化、手段多样化的综合评价体系。

此外,诸如"不让一个学生掉队"、"智慧、可持续与包容性增长"、"从'全民教育'转向'全民学习'"等的施政方针、战略导向或发展愿景,以及现代化教师教育体系的建设、政府对教育与学校的管理、学校内部治理、学校与社会及家庭的联合行动,等等,这些方面的改革与发展趋势,也是我重点关注的内容。

(2) 国内趋向

国内教育改革多年来取得了巨大成就,目前正在向深层推进,大体上有以下一些情形值得关注:

一是虽然应试教育现在依然有很大的"市场",但素质教育肯定是现在也是未来发展的方向。两者并不构成绝对的对立,而是有不同又有交叉,可以找到融合点、共同点,关于这方面的讨论,将会由是非论争转化为优劣论争。

二是学生发展核心素养的重要性将日益深入人心,关于核心素养教育的实施与评价将会引起越来越多的人的关注,核心素养将成为学生综合素质结构的主体。

三是将重新认识和定位学校中的道德教育,大幅度融入公民意识的培养。如"模范公民"。

四是课程与教材改革将持续推进,更加强调教材内容与生活实践的结合。强调课程的人性化,注重情意教育和审美教育;力求课程的生活化,使课程内容结合学生实际生活的需要;注重课程的整合化,强调纵向联系与横向配合,强调正式课程与非正式课程、学科课程与活动课程、显性课程与隐性课程、必修课程与选修课程、基础型课程与拓展型课程及研究(探究)型课程,以及国家课程、地方课程、校本课程等的一体化安排;实行课程的弹性化,使课程实施留有一定伸缩余地,因人制宜、因地制宜、因时制宜。

五是高度重视课堂教学,加强课堂中的师生互动和生生互动,允许设疑、质疑,鼓励求异、创新。教学模式走向“三化”:多样化,如情境教学模式、尝试教学模式、自学辅导模式、分类指导模式、分层指导模式、协同教学模式、互动教学模式等;现代化,包括理念现代化、技术现代化;情意化,具体表现为人性化、生活化和乐趣化,重视积极心理学的作用,引发学生的学习动机,重视学生个体需要的满足,提倡人文陶冶,设身处地为学生学习着想,让学生在最合理的环境下学习。教学思路发生根本性改变,以“教”为主转向以“学”为主。在具体方法上,重视“行动导向”教学法、项目教学法、案例教学法、模拟教学法、交际教学法、场外教学法等的运用。

六是中国传统文化将在教育领域进一步发扬光大,增加古诗文在教材中的含量可视为一次“试水”,后续在各大学科中会稳妥跟进。

七是转变质量观、评价观,学生评价将加大发展性评价、个性化评价的力度,教学评价将进一步强化“标准”意识,课程标准作为最主要的依据。

八是实行教育开放,社区、家长参与学校管理。

(3) 本土走向

中国地域辽阔,各地经济、教育发展不平衡,这就决定了我们在考虑教育、学校发展规划时,必须从本地实际出发,弄清社会、经济、教育发展的本土走向,尤其是要认真研读地方教育行政部门的整体规划,了解规划期内本地教育发展的目标定位、总体思路、主要任务、战略重点。以上海为例,我感觉基础教育领域近几年在以下几方面还将有长足的发展:

一是基础教育实现高标准、高水平的均衡发展。师资水平的均衡、教育教学质量的均衡是主攻方向,局部均衡向整体均衡渐次扩展,在较大范围内实现学生从“有学上”向“上好学”过渡。

二是“为了每一个学生的终身发展”更加深入人心,单纯、片面的“起跑线”意识和“分数线”意识逐步匡正,“长跑”观念、终身学习和终身发展观念不断强化。

三是特色学校、特色项目建设力度加大,教育新思维、办学新思路不断形成,校本课程建设开创新局面。

四是学区化、集团化办学实质性推进,“长三角”教育联动迎来新的局面,上海基础教育进入新的发展机遇期。

五是优质学校充分发挥示范引领作用,新基础教育改革与实验成果大面积推广,“新优质学校工程”总结经验并进一步发力,“百强工程”分批次持续推进。

六是城乡互助共进实现深度融合,先进理念输出、智慧输出、技术输出、经验输出成为双方相互借鉴的主要形式。

七是各级校长、教师培养工程持续发力,教育家办学成为校长的内在需求。

八是综合素质评价将发挥导向作用,既促进教学领域的变革,又直接对接招生制度改革。

(4) 本校取向

本校新一轮规划是上一轮规划的延续,确定发展取向的主要依据为:

一是从对上一轮规划实施情况的总结反思中确定新的发展目标与思路。

二是依据地方新一轮教育发展规划确定总的方向和总体部署。

三是区域新一轮教育规划的发展目标、重点工作任务和实施要求。

四是依据施教区范围内在规划时间段的人口变动状况、区域学校布局状况和本校生源状况,确定发展规模和速度。

五是社区、家庭对学校新一轮发展的希望和要求。

六是本校新一轮发展的现实基础和可能满足的新的条件。

2. 定大计,举纲张目

东汉经学大师郑玄《诗谱序》有云:“举一纲而万目张,解一卷而众篇明。”人们常用以表明:抓住事物的关键,以带动其他环节。学校发展的根本大计,就是学校发展之“纲”,明确了“纲”,学校各项工作就带动起来了。

什么是学校发展的“大计”?就学校发展的某一时期而言,“大计”是该时期学校发展的战略和策略。这里,主要是指规划期内的学校发展方略,通常包括以下内容:

学校发展的指导思想;

学校发展的总体目标;

学校发展的基本思路;

学校发展的主要策略;

教育教学改革与创新。

……

大计,作为重大的谋略或计划,关键在于履行者要形成共识,心往一处想,劲往一处使。倘能如此,“大计”方能奏效。

3. 明大事,求真务实

什么是“大事”?“规划”中的大事,即规划期内学校工作的重中之重。“大事”,也是一个相对概念,具有明显的时空特点:此时的大事,未必是彼时的大事;本校的大事,不一定是他校的大事。一般而言,学校中的“大事”与下列诸方面有关:

教育方针的贯彻实施;

教育教学质量实现新的突破;

师资队伍整体素质的提升;

各类教育资源的开发利用;

教育法律法规的严格执行。

……

事情,是要有人去做的。学校规划中确定的“大事”,必须实行任务驱动,完善责任机制,落实到部门,落实到人。要坚持真抓实干,规定时间节点,明确具体要求,采取必要措施,同时要强化过程监控,重视检查考评和反馈调节。

(二)制订初期的预热

学校发展规划的制订应该是一种群体行为,需要人们的广泛参与。学校须通过适当的组织、活动形式,使规划制订过程真正成为学校全体人员学习和提升的一项重要实践,大家共谋师生发展和学校发展的一种互动机制,领导班子提高学校治理水平和质量的一次良好契机。

1. 胸怀全局,校长要善于“引航”

学校发展规划的制订,与校长的关系最为密切。作为学校发展的“掌舵人”,如何引领学校这艘航船乘风破浪前进,制订一个与时俱进、切实可行的发展规划,是开始一段新航程的第一步。

校长指导并亲自参与规划的制订,关键是要具有全局意识和超前的眼光、创新的思维。关于学校的发展,有三句话对我影响极大。

第一句:“一百年方向,三十年理想。”这是讲要登高望远,保持正确的方向,坚持百年之久;要有远大的理想、抱负,为之先奋斗三十年,再向更高、更远的目标挺进。

第二句:“十年规划,三年行动。”这是讲一开始的重要性。经验表明,一个周期中的事物如何发展,主要看前三分之一时段的行动。行动不力,再好的规划设计也只不过是“镜花水月”。

第三句:“一天天落实。”这是讲理想、规划、行动的落实是具体的、持续的、一步一个脚印的。联系前两句则意味着:没有“天”,就没有“年”,也没有“三年”“十年”,更谈不上“一百年”,因此,必须从现在做起,做好每一天。

虽然这三句话不是专门就规划工作而言,但其基本精神很值得我们在制订规划时借鉴。我觉得,在规划从制订到实施的整个过程中,校长能够按照这三句话来发挥引领作用,他就是一个称职的“掌舵人”。

2. 博采众长,用好“一班人”的智慧

学校教育本来就是一种“群体接力”式的工作,其内容、方法涉及面非常广泛,技术性强,要求也高,单打独斗肯定无济于事。任何个人,由于受观念、阅历、知识、环境以及信息占有量的制约,在认识上都有其局限性,不可能对所有事物都了如指掌,准确判断。尤其在当下,信息总量呈现几何级数增长,单枪匹马很容易迷失在纷繁复杂的海量信息中。所有这些,都表明了领导班子“一班人”团结协作的重要性。因此,制订规划时,借脑借智,博采众长,注重用好“一班人”的智慧,显然是明智的选择。校长要善于发动大家共同出主意、想办法,集思广益,取长补短,规划就可以比较符合实际、比较全面、比较正确。

3. 凝心聚力,调动全体成员的积极性

规划制订之初,就要注意宣传教育,吸引学校全体成员对规划工作的广泛关注,让大家充分认识学校发展与全体师生发展的密切关系,使每一个人都能做一个自觉的、主动的参与者,而不是只在后期让教代会讨论通过走一下程序。从校长“一个人”,到领导集体“一班人”,再到学校成员“所有人”,不只是简单的“量”的增加,而是力求规划工作“质”的提升,体现民主集中的原则,体现广大师生是学校发展的主人。

(三)规划制订的过程

学校发展规划的制定,前后要经历数次上上下下的孕育过程。为确保规划工作的顺利完成,学校应成立临时机构——“规划工作领导小组”,负责统筹规划制订工作。规划制订的运作,大致须经历如下步骤:

1. 自上而下的立意

校长根据先前酝酿和初期预热,提出关于新一轮规划的初步思考。这一过程,是校长“蕴于内”的教育思想、办学理念、学校治理思维“显于外”的过程。校长要提出自己关于规划期学校发展的指导思想、发展目标、发展思路、主要策略、主要任务等的个人见解和初步打算，为规划的制订指明方向、确定“基调”，同时提供一个集体思考的“话本”。

这一步骤，可通过召开行政会议或专门会议，以单独议题的形式完成。这样的会议可能不止一次。

2. 由下而上的设想

学校各职能部门依据校长的初步思考，结合本部门工作的实际，提出新一轮工作的设想。这里的设想，是指部门主管者要站在学校的角度思考本部门的工作，既要考虑学校发展的现实需要，跟进学校新一轮发展的步伐，力求部门工作的创新发展，又要考虑学校层面可能提供的支持和条件，确定部门工作的目标与任务，实现持续、稳定发展。

这一步骤，主要在各部门内部展开，重在消化校长的提议，挖掘部门自身潜力，为学校的新一轮发展贡献部门智慧。

3. 自上而下的授意

学校规划工作领导小组组织各部门展开横向交流，以便在学校层面相互协调新一轮发展工作。学校领导班子对部门新一轮工作提出指导意见和要求，并结合各部门的设想提出学校规划的基本思路。

这一步骤，关键在于各部门要准确领会学校层面的意图，并在部门的工作思路中得到响应和体现。

4. 由下而上的加工

职能部门依据领导班子的意见和要求，修改、充实本部门工作的设想，逐步形成部门新一轮发展规划，并汇总至学校规划工作领导小组。

这一步骤，着重致力于部门层面工作思路的明晰和工作重点的把握，为学校规划的制订提供部门方案，使之成为学校规划的有机组成部分。

5. 自上而下的统驭

在学校规划领导小组统筹安排下，根据以上各环节形成的材料，由规划起草小组初拟学校新一轮发展规划初稿。初稿形成后，下发各部门及相关人员以广泛征求意见。

这一步骤的进行，关键是要加强学校层面的统一领导，激发人们的主体意识和参与意识，使大家能认真参阅规划初稿，提出实事求是的、富有建设性的意见。

6. 由下而上的完善

这一工作，是组织规划论证。学校可邀请有关专家对新一轮发展规划的科学性、创新性、可行性等进行分析讨论，以进一步修改、完善。经论证修改后的规划文本，由规划工作领导小组审阅定稿。

这一步骤的完成，意味着规划起草工作结束，但不是整个规划工作的结束。

（四）规划的正式诞生

学校发展规划的制订，既关系到学校发展的未来，也与学校每一位成员的发展息息相关。学校应积极鼓励全体成员以主人翁的姿态关注规划制订工作，充分发挥教职工代表大会的民主管理与监督作用，这也是健全学校治理体系的一个重要方面。

规划定稿后，须召开学校教职工代表大会进行讨论。规划文本应在会议召开前三天发给与会代表。会议期间，学校须对规划工作的流程进行说明，对新规划修订、完善的有关情况做具体介绍，并着重解读规划期学校发展的目标、思路、重点工作及主要措施。与会代表分组讨论后有针对性地提出进一步完善的意见或建议，最后由全体代表表决通过。

三、规划制订的若干要点

讲到学校治理，就不能不提学校办学的导向和目标问题。

学校要依据办学指导思想确定培养目标，因为学校治理是为学生培养服务的，前者是方法、路径，后者是目的、归属。

（一）认准方向，明确指导思想

学校新一轮发展往哪里走，是要在一定指导思想的引领下来确定方向的。在这里，所谓指导思想，即我们的计划、行动、方法受怎样的思想、理论、观念导引或支配，以及由此而产生的战略决策、行为动机和目的等。

无论什么“规划”，其中所提的指导思想，可以从两个方面来理解：一是规划制订工作本身的指导思想，即以什么来指导规划的制订；二是规划所涉及事项的指导思想，即以什么来指导规划中提到的各项工作。这里，我们主要是讲学校新一轮发展的指导思想。

指导思想处于人的意识、认知、思维的最高层次，通常具有哲学的、真理性的意义，是人的行为的“根基”和“灵魂”。学校新一轮发展的指导思想，应该与规划期社会、政治、经济、文化、教育等发展的形势相适应、相“合拍”，特别是要体现国家新时期的教育方针、政策、策略和要求，要高瞻远瞩，切忌急功近利。

与学校发展指导思想密切相关的因素有很多，关键是要明确以下几点：

坚持“素质教育”方向，将“育人”作为根本诉求，正确处理好“育人”与“育分”的关系；

坚持德育“首位”、教学“中心”的定位；

着眼于学生“综合素质”的提升，突出学生发展“核心素养”的培育；

完善学校治理结构，提高学校治理水平。

在表述上，指导思想通常采用“遵循（以……为……）＋目的”的句式。如风范中学在《2016—2026年学校中长期发展规划》中对指导思想是这样表达的：“以新时代中国特色社会主义思想和科学发展观为指导，学习和践行社会主义核心价值体系，确立正确的教育价值观；全面贯彻党的教育方针，全面实施素质教育，彰显“风范教育”办学特色，促进学校可持续发展；坚持育人为本、树风立范，促进每一个学生健康、快乐成长。”

（二）系统思考，建构目标体系

学校发展目标是指学校根据自身的具体情况确定下一步所要达到的境地和标准。规划中提出的发展目标，对学校的各项工作和全体成员具有定向、规范、激励、凝聚作用，是大家共同的愿景。因此，目标定位在学校新一轮发展中具有举足轻重的作用，虽然在“规划”文本中着墨不多，实践中却是一篇大文章。

理论上所讲的目标，应该是一个目标体系：宏观、中观、微观；长期、中期、近期。就学校而言，接触较多的是中期目标（三至五年）、近期目标（学年或学期）。尤其是近期目标，一定要注重目标具体化，以便实施过程中可对标调控，周期结束时可对标检测。

学校发展目标是一个综合性概念，作为目标体系，它由办学目标、培养目标、管理目标等组成。这里，我结合风范中学的实际，对这一体系作简要阐述。

1. 办学目标

办学目标是学校办学宗旨的体现。按逻辑结构，办学目标可分解为总目标、分目标、阶段目标。其中，总目标反映全体成员的共同愿望，是学校发展的整体取向，因而是最高层次的目标设定；分目标一般是各相关主要工作的目标设定，如德育工作目标、教学工作目标等，属于办学目标结构的第二层次。按时间跨度，办学目标可由长期目标、中期目标、近期目标组成。至于办学目标的准确表述，通常见之于学校的发展规划中。

办学观念决定办学目标。不同年龄、不同性别、不同经历的校长和不同学段、不同历史的学校，办学观念就会有所不同，因而办学目标也有所不同。这里，着重谈一下如何设立合理的办学目标。

一是办学目标要超前，具有预见性。目标是基于现状而指向未来的，无论是近景目标还是远景目标都不例外。因此，目标的设立，需要全面认真地分析现状，并对未来的发展有准确的预测和适当的超前思考，急功近利的目标追求是非理性的。

二是办学目标要清晰，具有可视性。一个人的学习、工作就像是在大海上航行，没有灯塔的指引，就很可能迷失方向。因此，灯塔应该是可以见得着的，学校的办学目标必须是可望、可及的。

三是办学目标要分类，具有层次性。这样做，便于实行分类管理、阶段管理。分类管理可以使工作更有条理，阶段管理有利于目标的逐步实现。

四是办学目标要适当量化，具有可检测性。要有明确的数量指标和时间点，便于检查和考核评估。

五是办学目标要留有余地，具有变通性。在趋向目标的过程中，往往会出现“计划赶不上变化”的情形，这时就需要对目标做出适当调整，以便更好地实现目标。

风范中学在《2016—2026年学校中长期发展规划》中关于办学目标是这样阐述的：坚持以诚信服务社会，以爱心助生成才，以质量谋求发展，整合资源，夯实基础，发展特色，力创品牌，建设一流师资队伍，争创一流教育质量，提升学生发展核心素养，将风范中学办成学校有特色、教师有特点、学生有特长的优质民办学校。

2. 培养目标

“办学目标”中其实是包含了“培养目标”的。出于思考角度的不同，我们将两者分开讨论，以表明其在学校目标体系中的重要地位。

我们可以将办学目标与培养目标做一个比较：办学目标的设定是从学校的角度考虑的，回答“将学校办成怎样的学校”，具有阶段性特征；培养目标的立足点定位于学生的发展，回答“将学生培养成为什么样的人”，具有稳定性特征。不过两者是有内在关联的。一方面，在表述上，办学目标与培养目标都是采用“方法（手段／途径）＋目的”的句式，两者在方法／手段／途径上是有一定交叉的；另一方面，在实践中，人们常常并不将两者加以严格区分。这是因为，办学目标隐含着“这样办学才能培养出所需要的人”的意思，培养目标隐含着“这样办学才能培养出这样的人”的意思。于是，当办学目标和培养目标联合表达时，前者便成为方法（手段／途径），后者则是目的，前者为后者服务，即前者的目标实现服务于后者的目标实现。其道理很简单：学校办学的最终目的在于培养人。它意味着：无论阶段性的办学目标如何变化，都必须服从并服务于稳定性的培养目标。从这个意义上说，两者具有内在统一性，是在更高层次上的有机统一。

在具体表述上，培养目标通常采用“通过怎样的路径培养什么样的人”的句式。如风范中学在《2016—2026年学校中长期发展规划》中，关于培养目标是这样表述的：以“德才兴教，风范育人”为宗旨，践行“让每一个生命得到充分发展”的教育理念，提高全体学生的综合素质，促进学生身心和谐、可持续发展，为他们健康成长和幸福生活奠定基础，努力使每一个学生都能成为有风范的中国人。

3. 管理目标

管理目标是整体目标的一个方面，也可以说是分目标之一。一般而言，管理目标在各类规划、计划的文本中并不常见，但从现代学校治理的高度看，管理目标的重要性不言而喻。文本中未出现，并不意味着我们不需要考虑，即将管理目标明确地纳入学校目标体系很有必要，所以，我们在目标分类中也将“管理目标”单独列出。

在企业界，管理目标通常包括五大要素：提升品质（Quality）、降低成本（Costing）、确保交期（Deadline）、确保人身安全（Safety）、提高士气（Morale）。五大要素简称QCDSM，可作为我们确定学校管理目标的借鉴。我们的学校管理目标应当致力于：确立高度的质量意识，增强学生、家长、社会的满意度；科学、高效地开发利用各类教育资源，提高资源使用效力；按期完成各项工作任务，提升工作质量和效益；强化学校安全保护措施，确保学生健康平安成长；建立健全各种激励机制，充分调动师生员工的主动性积极性。

上述三大目标是密切联系的。办学目标指向学校全方位的发展，起统领作用；管理目标是实现办学目标、培养目标的举措，起保障作用；培养目标指向学生全面素质的提升，是学校工作的核心。办学目标、管理目标都要服从并服务于培养目标的实现。一般说来，在规划文本中，各类目标常常是以总体目标、具体目标（或分目标）、阶段目标分层呈现的。

（三）审时度势，确定发展策略

所有的规划都必须紧跟形势的发展，谋定而后动。学校发展规划也必须审时度势，跟进时代的步伐，适应形势发展的特征和要求，这就与学校的发展思路、发展策略有关。思路清晰了，策略明确了，学校发展的规划才有可能顺利、有效实施。

1. 理清发展思路

“规划”所称的发展思路，是指在规划新一轮发展时，理顺完成工作目标、任务的顺序，思考工作中可能遇到的问题以及相应的解决办法，并随着工作的进展不断更新的思维活动。

考虑发展思路，需要在明确指导思想、发展目标的基础上，掌握大量的、真实的具体情况，并对其进行一番去粗取精、去伪存真、由此及彼、由表及里的分析和综合，把握工作的重点、要点和难点，形成切实可行的工作推进路径。

学校发展思路是关于规划期内学校新一轮发展路径的思考。它同样需要在掌握大量第一手资料的前提下，通过分析、综合，使感性认识上升到理性认识，从而梳理出一条具有可靠性、可行性、操作性的工作推进路径。

在表述上，办学思路通常采用“途径＋目标”的句式。如风范中学在《2016—2026年学校中长期发展规划》中关于发展思路是这样表述的：“学校坚持‘五个发展两个促进’：以创新发展激发办学活力，以协调发展优化师资队伍，以绿色发展引领教育生态，，以开放发展拓宽教育资源，以合作发展突破办学瓶颈；通过‘风范教育’品牌的创建，促进师资队伍建设、学生素质培养、教育教学质量的全面提升，促进学校稳健地、可持续地、创造性地发展。”

2. 明确发展策略

发展策略就是关于一定时期内为贯彻发展思路、达到发展目标的方法、谋略的思考。学校发展策略旨在智慧、谋略、技术层面推动学校发展进程，助力学校发展中问题的解决，实现学校的持续、稳定、健康发展。

策略与战略有联系，也有区别。两者都与智慧、方法相联系，都属于谋略的范畴。战略主要关注宏观层面，侧重于方向性、整体性、长远性的思考；策略主要关注中微观层面，侧重于执行性、具体性、即时性的思考；战略的表达语言较简单、概括一些，策略的语言表达相对复杂、详细一点。

风范中学在《2016—2026年学校中长期发展规划》中建立了具有本校特点的战略策略体系，即以“品牌制胜”总体战略为核心，以五大具体策略为支撑，全方位促进学校工作的整体发展。五大具体策略是：品牌强校策略、以优取胜策略、命运“共同体”策略、创新驱动策略、课题推进策略。实践证明，这些策略措施的确有效地推动了学校工作的整体发展。特别是这两年来，随着教育“新优质”工程、“百强”工程的推进，风范中学处于几所区域数一数二、市内名气很大的公办名校、强校的“包围”之中，生源面临巨大挑战。我们按照这些策略，探寻“夹缝”中求生存的发展之道，努力发现、发掘、发展教师和学生的成长潜力，教育教学质量实现了整体提升，“风范教育”成为区域和上海的知名教育品牌。

（四）点面结合，突出工作重点

学校发展规划既然是事关“学校发展”的，那么，它所涉及的方面就很广泛。但是，制订规划却不能“眉毛胡子一把抓”，而要“点”“面”兼顾，既要照应“面”，又要突出“点”。这样的规划，才能让人们胸中有“数”。

如何做到“面”中有“点”，以“点”带“面”呢？“面”是基本盘，“面”形成了，学校发展的“盘子”就呈现在人们眼前了，它体现的是学校新一轮发展中基础性的工作，也是常规性的工作，体现的是一般要求。关键是“点”，“点”选得好，就抓住了学校新一轮发展的“牛鼻子”。

怎样才能选好“点”呢？我认为，好的“点”应该具有以下三个特征：

一是对面上工作具有带动作用。学校工作好比画龙点睛，如果“面”是“龙”，则“点”就是“睛”，“睛”一点，“龙”飞腾。重点工作就是那种能“牵一发而动全身”的工作，即足以影响大局的工作。

二是对面上工作具有示范作用。当面上某项工作进退维谷，人们信心不足，收效不理想时，重点工作能用自己的实践“现身说法”，为面上的工作做出样子，以自身的成功激发人们的积极性，产生新的动力。

三是对面上工作具有促进作用。当面上某项工作遇到困难、行动迟缓、跟不上节奏时，重点工作由于与其具有一定程度的关联，需要同声共气，便会对该项工作形成“倒逼”氛围，促使其只能选择继续前进这条路。

具备上述三个特征的“点”，就是新一轮发展的工作重点。

学校发展的基础性工作，多数学校是有“共性”的，但重点工作一定是“个性”化的，同一个时期，不同的学校各有不同的“重点”，这是因地制宜；同一所学校，不同的时期有不同的“重点”，这是因时制宜；无论何时、何地，教师、学生情况的不同也决定着工作“重点”的不同，这是因人制宜。这些就是我们确定工作重点时的考量。

风范中学从本校实际出发，在《2016—2026 年学校中长期发展规划》中确定了几项重点工作，主要包括：创设绿色生态的学校教育；创建个性发展的课程体系；提升引领发展的科研水平；优化协调发展的师资队伍；搭建提升素养的团队平台。作为市级特色学校，风范中学在规划中还特别强调了“风范教育”新一轮高水平特色建设的重点是完善“六大体系”，即：“风范教育”的课程体系、“风范教育”的德育体系、“风范教育”的教学体系、“风范教育”的文化体系、“风范教育”的管理体系、“风范教育”的评价体系。所有这些，都是体现了“点”的三大特征的。

四、规划的付诸实施

本章主要是讲学校新一轮发展的谋划，考虑到如果不能得到有效的实施，再好的谋划也是枉然，正如前面所说的，行动不力，再好的规划设计也只不过是“镜花水月”。所以，这里也简要地谈一谈规划的实施问题。

（一）过程调控

一般而言，规划的时间跨度多在三年以上，因此，规划的实施是一个系列化、序列化的行动过程。加强对这一过程的调控，通常需要做好以下几项工作：

1. 按计划全面部署

规划不能只是停留在文本上，而要让其在实践中发挥应有的作用。规划进入实施阶段，要按照预定计划对各项工作进行全面部署，包括通过必要的宣传教育统一认识，学习领会规划的主要精神，明确工作任务及要求；对规划中确定的重大事项，可单独订立实施方案，落实人员，明确责任，安排进度并确定时间节点，以及做好物力、财力、技术保障服务等。

2. 检查规划执行情况

在执行过程中，我们要善于用规划来凝心聚力，集中智慧，经常对照规划检查执行情况，以提高执行效力。

规划执行情况的检查，可采用定期或不定期方式。就基层学校的规划实施而言，要强化随机检查。

按照现代管理理论，数据也是一种资源，而且其重要性大有超越自然资源的趋势。所以，检查规划的执行情况，要注意检查结果能量化的尽可能量化，形成关联性强的数据资源。

3. 对检查结果进行标准化处理

对检查结果特别是数据资源，可使用相关软件进行数据分析。如 SPSS 软件，就是适用广泛的数据处理软件。该软件包含了约150种数据分析方法。人们比较熟悉的也比较适用的主要有：T检验、方差分析、回归分析、相关分析、卡方分析、聚类分析、因子分析、正态性检验等。

此外，利用大家更为熟悉的office的Excel对数据进行标准化处理可能要方便得多，它主要使用的是极值处理法，尤其是比较方便进行差异性检验、相关系数计算、多元线性回归分析等，这些都是平常用得着的。

总之，对检查结果进行标准化处理，可以有效提升规划实施的科学性和效益。

4. 反馈

反馈也称回馈，它是现代科学技术的基本概念之一。从理论、技术的角度看，反馈作为控制论中的一个概念，是指将系统的输出返回到输入端并以某种方式改变输入，进而影响系统功能的过程。我们在此所指的反馈，通俗地讲，即进行规划执行情况检查时或检查后，检查者将检查结果（包括数据分析结果）返回给执行者，以便其采取应对措施，使规划得以继续、有效执行。

反馈有三个要点：一是及时，不能拖延，更不能不给予反馈，如果一般可以即时回答的问题因故不能回答，一定要告知对方何时答复并履行承诺；二是准确，实事求是，最好是凭数据说话、凭结果说话；三是具体，不要笼而统之、大而化之，也不要模棱两可，含糊其辞。

5. 微调

对于规划所确定的重大事项，经过反馈环节，感觉原实施方案存在某些不足，有新的问题产生，或实际情况（如人员、环境、条件等）发生某些改变，或发现有更佳路径、更有效的方法时，须对实施方案进行适当调整。这种调整，一般多为局部的、个别的。倘若调整面过大，以致可能影响到整体规划的实施，则需组织论证，必要时，可对原定规划做一些微调。

（二）绩效评价

每一轮规划期满，都要有相应的跟进举措，包括：

1. 回顾与总结

对规划确定的重大事项的实施过程进行回顾，通过回顾汲取经验教训，为下一轮新规划的制订提供参照。

回顾先在部门层面展开，然后推进到校级层面。主要是回溯规划事项的实施过程，反映成绩与不足，有针对性地提出后续相关工作的设想和举措。

两个层面的回顾交流完成后，分别形成正式的书面总结。

2. 检测评估

一是对标检测。依据规划文本，对照规划所确定的目标(指标)、内容(特别是重点工作)、要求，充分利用积累的资料(包括数据分析资料、音像资料等)和物化成果，以及座谈访问、现场考察等，对规划实施的过程与成效进行检测和评价。

此处所讲的评估，是指学校自评，由学校教职员工代表大会组织实施，可成立专门的工作班子。

二是实行激励性评价。评价以正面评价、肯定性评价为主。做得好的，要充分肯定；表现欠佳的若有所进步，也要肯定，以勉励其再接再厉；要正视存在的问题，不回避、不放任，但指出问题并非简单地批评一顿了事，而要让当事人明白问题出在哪个环节，如何改进，并督促其付诸行动，评价者要善于将自己的善意转化为对方的动力。

三是评价要具体。激励性评价不是单纯表扬几句，而是要说出对方究竟好在哪里；指出问题时要摆出具体事实，泛泛而谈不具有说服力和影响力。

四是要掌握分寸。对于存在的问题，讲什么事就限于什么事，不要将其他的事情拉扯进来，更不要无限上纲，这样容易让人接受。

五是评价行为而不是评价动机。对动机的判断，只不过是评价者自己的感觉或猜测，未必是事实，正确的做法是客观描述对方的行为，然后让他说明产生问题的原因。

六是注意场合。公开表扬可以对其本人和大家有激励作用，公开批评让人感觉不爽。人们不会认为公开的批评是善意的指导，只会将其视为惩罚，甚至是羞辱。个别交流，可表明你的严肃态度，也是对对方的尊重，使对方更容易接受。同时，对个别交流的情况要给予保密，否则适得其反，以致前功尽弃。

3. 主要成果展示

对规划实施的效果，除了要认真总结，还可举行成果展示，让人们在分享成功喜悦的同时，引发更深层的思考，建立更大的自信，以良好的精神状态迎接新一轮发展的挑战。平时，要注重收集和保存成果样本，对不适合长期保留的，可利用现代信息技术进行加工制作。

4. 评价结果运用

评价不是图形式、走程序，所有的绩效评价都不是为评价而评价。评价结果的运用，应视为评价机制的一个重要组成部分。因此，评价工作结束之后，要做好三件事：规划实施情况和绩效评价的结果，须向学校教职员工代表大会报告；利用数据分析资料，计划下一个发展周期的行动；梳理本轮工作中的遗留问题，若有必要，则转入下一轮循环。

考察风范中学的发展历程，借鉴兄弟学校的成功经验，我的体会和感悟就是：促进学校的发展，看得要远，干得要实，与时俱进才是“王道”！

第三章　凝心聚力，充分发挥团队整体功能

纵有三头六臂，孤家寡人也不可能从容应对一切。学校教育的性质和特点，决定了它是一场群体接力运动。校长所能做的，就是最大程度地激发每个人的动力、活力和潜力，使整个团队的能量最大化。

——题记

人，不只是自然人，更是社会人。每一个人来到这个世界上，都必然地身处一定的社会群体。在特定的组织单元中，有集体观念和集体荣誉感的人，才能为生活的团队所接纳，也才能赢得较大的发展空间。学校教育是一种团队接力的事业，每一个团队成员，都要自觉地将自己的汗水洒在集体的花园中，这就是人们常说的"一花独放不是春，百花齐放春满园"。

在今天这样的政治多极化、经济全球化、文化多元化、社会信息化的时代，人们相互联系和依存度空前加深，团队合作永远比个人奋斗更重要。在日常生活和工作中，团队合作必须从团队中每一个成员做起，从珍惜团队的每一份荣誉做起，这是一种作为团队成员最基本的职业素养要求，是一个人职业情怀、生活智慧和人生格局的综合体现，也决定着一个人在工作岗位上发展的品位和高度。

所谓团队，泛指由员工和管理层组成的一个共同体。该共同体合理利用每一个成员的知识和技能协同工作，解决问题，实现共同的目标。从某种意义上讲，学校本身也是一个团队，但这种团队只是一种群体性的组织，是从规模的视角将"团队"放大了看。就学校日常工作而言，主要涉及教师团队与管理团队。这里，我们着重讨论基于管理团队的团队管理运作。

一、对团队管理的基本认识

团队管理，即利用团队发展的规律去指导团队的组织者、管理者以及团队成员学习解决问题的方法，主要任务是解决人和人、人和事等人际关系方面的问题，其最终目标是提高管理效能，构建和谐关系，实现尽可能大的整体效益。

（一）学校实行团队管理很有必要

实行团队管理是管理层面关系简约化的需要，是激发教师工作热情的需要，是完善科学的评价机制的需要，更是学校长期发展的需要。

1. 团队管理，利于管理层面关系简约化

传统的组织理论所推崇的金字塔式层级管理模式，把学校管理层和被管理层划分得过于清晰，下级只对主管的上一级负责，容易带来两个层面的负面影响：一是行政管理者和教师之间关系僵硬；二是信息在这种多层次的传递中容易“变形”、失真，增加信息误读的可能。这些负面影响必然导致工作效率低下、工作质量“打折”。而现代团队管理模式是“扁平化”的结构，没有领导，没有谁比谁更大的权力，取长补短，在处理人和人、人和事等人际关系方面有较好效果。

2. 团队管理，利于激发教师的工作热情

社会的发展，时代的进步，以及新课改带来的影响，使得学校教师的自主意识越来越强。教师的角色既是管理者又是接受管理者，教师由被动参与管理向主动参与管理过渡。实行团队管理能为老师提供一个自我管理的平台，促进教师的主观能动性的发挥，提高工作效率。现代心理学研究表明，人活动的个体目标除满足其生理需要外，更多的是要满足心理需求。在团队活动的过程中，有其他成员在场，个体的工作潜能会被激发得更强，效率更高，团队成员在协作过程中个人能力得到承认和肯定，容易有成就感，能满足心理需求。因此，采用团队管理的模式，在提高教师自信心、增强学校凝聚力方面有其独特的作用。

3. 团队管理，利于实行科学的绩效评价

很多学校现有的评价体系过于突出教师个人的业绩，由此而引发教师之间的恶性竞争，造成人际关系紧张和心理压力过重。一方面，部门、班级、学科的教师各负其责，门户自守，自扫门前雪，团队意识薄弱，不利于协同解决相关问题；另一方面，学校教师队伍素质参差不齐，教学水平较差的教师成了“边缘人”，无法融入学校的主流，在管理过程中往往成为不和谐因素。因此，在学校建立各种

团队,以团队管理的模式打破学科界限、打破部门的约束,以团队绩效来评价教师个体,有助于打造一支和谐团队,调动教师个体的积极性,从而达到整体提升的效果。

总而言之,团队管理有利于促进学校的健康、稳定、长远发展。

(二)学校治理呼唤团队合作

古希腊哲学家、科学家、教育家亚里士多德(Aristotle,前384—前322)提出的著名命题"整体大于部分之和",是古代朴素整体观最有价值的遗产,至今仍然是现代系统论的一条基本原则。其完整的表述是:整体=单个部分之和+各部分之间的规则或关系;也有人将其表述为:整体=部分+部分+和谐,简化为数学表达式即:$1+1>2$。

实际上,"整体大于部分之和",是人们期望得到的效果。对整体与部分的全面关系,亚里士多德对"整体不是部分的总和"做了更为明确的表述。用现在的话说就是:系统整体的功能,既可以表现为整体大于部分之和,也可以等于部分之和,还可以小于部分之和。其综合效应取决于部分之间相互作用的性质:当各个部分以合理有序的结构形成整体时,整体就具有全新的功能,整体的功能就会大于各个部分功能之和;而当各个部分以畸形无序的结构形成整体时,就会妨碍整体功能的发挥,整体的功能就会小于各个部分功能之和。这就告诉我们,只有当部分"和谐"了,部分之间的规则、关系是正向的,才有可能"大于"。

1. 学校工作是多声部合唱

学校是一个小社会,是"大社会"的缩影。学校中有多个分别负有不同职能的部门,相互构成了各种关系,如"人—人"关系、"人—事"关系、"事—事"关系、"内—外"关系,等等。仅在教育教学领域,便有德育、共青团、少先队、年级组,以及教务处、科研室、教研组、备课组等部门和组织,它们之间具有横向或纵向的多方位、多线条联系,形成了一个立体化的工作网络。打一个比方,学校工作就是多声部大合唱。

多声部大合唱需要高水平的指挥者,各声部在指挥者的统一指挥下,各司其职,各尽所能,才能充分展示整个合唱的魅力。因此,部门运行与学校整体功能的发挥关系极为密切。学校各部门、组织必须在学校管理团队的统一部署、协调下主动高效、创造性地运行,学校治理的合唱才能有声有色、有腔有调。

学校管理团队应该是一个坚强的领导集体。集体的智慧和力量具有放大效应,它可以使学校管理团队的整体功能发挥到极致。

2. 教育教学是群体接力

学生成长的过程是无数教师相伴相随的过程,教师群体接力是学校教育教学的基本特征之一。在引领学生发展的"长跑"中,班主任的接力、学科教师的接力组成了跑道上一道美丽的"风景"。

这样的"风景"不是信笔涂鸦而成,它需要设计、策划、组织、动员,需要具备一定的条件,需要提供必要的服务。所有这些,有赖于管理团队卓有成效的工作。

教师的教育教学工作体现了群体性与个体性的有机统一。群体性,讲全局、讲协作、讲配合、讲整体效能;个体性,需要各人充分发挥自己的主观能动性,贡献自己的聪明才智,使"1+1>2"成为可能。只有这样,学生的发展才能水到渠成。能否实现这样的有机统一,考验着学校管理团队的智慧和能量。

二、团队运作讲究能"治"善"理"

管理也好,治理也罢,都需要人才,更需要有一支强大的人才团队。学校治理中团队运作也是如此。高质量的管理,需要高素质的人才,对此,我有切身体会。所以,在学校日常工作中,我才比较重视管理团队的建设,注重充分发挥专家、顾问团的作用,使整个管理团队的运作真正实现能"治"善"理"。

(一) 关于管理人才的内心考问

改革开放至今,尤其是进入新世纪以来,虽然我们国家也出了许多杰出人才,但在高层次管理领域依然与人口大国的地位不相称。最近在某微信公众号上读到一篇署名文章,引发了我的很多思考。文中说:"中国人是靠拼命埋头苦干、追赶世界科技巨头而崛起。但当中国人以为快要追上国际先进水平,并沾沾自喜地看着身后被甩到越来越远的印度人时,却突然匪夷所思地发现:被中国追赶的世界科技巨头一个个地被印度人直接"接管"了——印度人成了这些国际科技巨头的CEO(首席执行官)和其他高管。"①

"印度管理"会成为超越中国的秘密武器吗?作者评论道:"如果说,在制造

① 汪涛.这才是印度对中国的真正威胁,让人倒吸一口凉气[Z],"中美企业峰会"微信公众号,2020-07-07.

业和工作效率上，中国已经甩出印度十万八千里，那么在管理能力上，印度人则已经甩出中国人二十一万六千里。"[①]作者进一步列举事实，表明印裔国际 CEO 的数量已多到不可思议：谷歌公司 CEO、微软公司 CEO 均为印度裔面孔；美国的全球 500 强企业中，外籍 CEO 有 75 位，其中 10 位是印度裔，英国裔（籍）9 位。另有来自包括加拿大、澳大利亚、巴西、土耳其等在内的其他国家的人士担任 CEO。中国香港裔（籍）和中国台湾裔（籍）分别有 1 位，但中国大陆人却榜上无名。关键问题是：除了谷歌与微软，摩托罗拉、百事可乐、诺基亚、软银、Adobe、SanDisk、联合利华、万事达卡、标准普尔……这些在中国人心目中如雷贯耳的国际巨头，其 CEO 级别的高管位置居然都被印度人拿下！[②]

中国与印度，的确在许多方面具有一定的可比性，因而有太多的问题值得我们深思。从教育的角度看，总体上，中国教育应该不比印度逊色，问题在于我们的教育所培养的人才，到底有多少能堪大用？如果答案是令人难以接受的，其背后的真正原因究竟是什么？中国内地名校的高材生在国外的那么多，为什么在数以百计、千计的世界著名企业中，竟无一人进入高管队列？对此，我们从事基础教育的人有值得反思的地方吗？我们的基础教育真的为人才的脱颖而出打好基础了吗？

有用之"材"方为"人才"，基础教育就是为了使"材"们都能"有用"的。基础教育的"基础"不扎实，培养的人没有了自主生长、自由发展的"根"。其实，从幼教到高中，我们基础教育的整个根系都存在发育不健全的地方，都有"欠账"。实践表明，人才成长的"起跑线"是个伪命题。对高级人才的发展而言，基础教育才是真正的起跑区，在这一区域中，你要热身，要做好精神状态、心理调适、体能、技术等各方面的准备，然后才有可能使我们的教育对象实现由"材"到"才"的华丽转身。

（二）运用社会建构理论打造学校团队

社会建构理论涉及的是关于看待世界与自我的方式，主张在合作对话中共同建构我们生活、工作的世界。从社会建构的视角系统重构学校治理的理论与实践，对于我们打造学校团队是大有裨益的。

---

① 汪涛.这才是印度对中国的真正威胁，让人倒吸一口凉气[Z]，"中美企业峰会"微信公众号，2020-07-07.

② 汪涛.这才是印度对中国的真正威胁，让人倒吸一口凉气[Z]，"中美企业峰会"微信公众号，2020-07-07.

借鉴社会建构理论,我们可以从中得到的启发有以下几点:

1. 消解人际边界,在正向关系流动中推进学校发展

如果以学校作为一个整体的团队,那么,学校中的每个个体都是彼此纠缠的关系性存在,这就需要在团队中营造和谐氛围,使个体在无界关系下,彼此欣赏,互帮互助;需要将学校的价值、目标传递给师生,帮助师生建立内部人身份认知,消除可能存在的人际边界,做出主动性工作行为;与此同时,还要积极处理与外界的关系,带领学校进入更高层次、更广泛关系的汇流。其中的关键,就是正向关系的维持,即团队所有成员都朝着相同的方向前行,为达到预定目标,激发自身正能量,促进学校各项工作的健康、稳定发展。

2. 以心理资本为切入点,关注人的积极心理品质

现代社会是一个充满竞争的社会。有专家指出:如何在激烈的竞争中寻求生存和发展,传统的财力资本、社会资本已显乏力,最终决定成败的还是人力资本,而人力资本的核心则是促使个体潜能激发的心理资本。的确,在这个竞争空前激烈的时代,个体发展所面临的种种压力是前所未有的,各类负面情绪、心理困扰、职业倦怠日渐滋生。如何打造个体核心的竞争优势,使个体获得幸福和成功,心理资本的作用显得尤为重要。作为主要与人打交道的学校团队,必须高度重视人的积极心理品质的锤炼,促进教育者、受教育者内心的强大,以从容应对当下、未来的各种竞争。

3. 倡导欣赏型探究,激发团队成员的潜在动能

欣赏型探究是一种“以优势为本的能力建设”理念,其主旨在于发现每个团队、每一个体生活世界所经历的最佳情境、最好方面,发掘其在合作与变革中与生俱来的能力和自身具有的优势资源,通过彼此的变革、整合、对话和联系,推动团队和个体向最积极的潜能方向发展。其核心要义是增进系统内成员的对话生成能力,改进人们的交谈方式,开展支持成员实现最高价值和潜能的各种行动,从而促进团队价值追求的实现。特别值得一提的是:团队内上下各层次之间也要相互欣赏、相互激励,这在知识分子相对集中的学校,对于激发团队成员的潜在动能,是非常必要的。

在学校治理中,欣赏性探究以协商决策改革学校的决策方式。充分重视决策中的协商与合作,变领导者、管理者的个体决策为师生共同参与的协商决策、群体决策。将管理团队转变为一个相互合作的决策群体,是现代学校治理中一个至关重要的问题。其中最核心的,是要尊重师生权利,利用多种方式让师生参

与到决策过程中。

在实际操作中，欣赏性探究须注重坚持正确的赏识取向：从问题评估到价值评估。要用价值评估取代传统的“问题评估”，将欣赏植入评估过程，肯定评估对象所做出的贡献，通过转化评估的立足点，由否定转为肯定，打破沟通的壁垒，通过互相的肯定，及时纠错与反思，为团队成员的行动注入价值意义。

4. 秉持对话的逻辑，达成无界的表达与交流

社会建构论认为“‘真实’的世界是由对话、符号、隐喻和故事这些语言创造出来的”。因此，学校治理也要秉持对话的逻辑。树立对话理念，让关系型领导成为团队的存在方式。通过“积极分享、注入价值、建构现实”等实践路径，让师生员工充分了解学校的目标定位、决策部署，打破领导者和下属之间的有界存在，做到无界的表达与交流。首先，学校领导者和管理者要注重师生之间的对话与共创；其次，对话的逻辑要注重积极的话语方式和肯定性语言的运用；再次，对话的逻辑意味着包容和分享。

运用社会建构理论打造学校团队，我们对其中的许多东西目前还在探索之中，有待进一步深化实践。相信这一理论能够不断拓宽我们的思维，有效提升我们的团队建设水平。

（三）在能“治”善“理”上重点突破

现代学校治理，是教育改革的深层推进，是系统性、综合性很强的工作，其影响是多层次、全方位的。当前，我们要在整体把握的基础上，从能“治”善“理”两方面重点突破，在实践中不断完善学校治理体系，提升我们的学校治理能力。

1. 治理体系与团队建设

讲到现代治理，有必要回溯一下传统治理。就封建社会而言，传统治理最具代表性的是基于“人—法”关系的吏治，其基本格局是皇帝治吏，官吏治民。皇帝享有至高无上的权力，“金口玉言”，一个人说了算，掌控了最终的话语权。即便如此，在重大事情上，皇帝的“独裁”通常是有“众议”做基础的，只不过最后是由其拍板定论而已，君臣每天的朝会就是以议事、决策为诉求的。其实，朝会就是在发挥团队的作用，是“皇权＋吏治”的表现形式。

吏，本义为大小官员的统称，故朝廷设吏部而无官部。用现代名词解释，吏包括所有公务员，官特指有领导职务的公务员。

“吏”字，甲骨文字形是从手、从中，以手持中；中，有人认为是笔。“吏”、“事”、“使”古代同字，本义为官吏。《说文》中解释：吏，治人者也；《汉书·惠帝

纪》又说：吏所以治民也。《管子·朋法》则云："吏者，民之所悬命也。"讲到吏治，有人探其缘于法家思想，主张以法治国，整顿行政机构设置，裁撤官员，出台各项法规，加强军事统治，主张军事扩张政策。不过，在我看来，这种解释将"吏治"与"法治"生拉硬拽到一起了。在古代，为"吏"者倘若真的能依法而治，则"人法共治"倒也不失为一种治理方略；如果长官意志盛行，唯我独尊，以"权"代"法"，那么，所谓"法治"必然走偏，最终沦为空谈。因此，为突出"法治"，须使之独立于"吏治"之外。

讲学校治理，为什么要讨论"吏治"问题？因为一百多年来的中国教育，基本上奉行的是"校长治校"，它有着太多的"吏治"痕迹。即便到今天，依然存在着校长与政府行政官员级别挂钩的现象，其中有许多问题值得我们去探讨。正是出于此种考虑，人们一直在探索校长负责制、校长职级制的问题，只是这些问题至今还未能形成共识。

现在实行的"校长负责制"，绝非"校长治校"的翻版；"校长负责制"与"校长负责"也不可同日而语。所谓校长负责制，"是在上级党组织和教育行政部门领导下，校长对学校的教育教学和行政管理工作全面负责；学校党组织发挥政治核心作用；教代会参与学校民主管理、民主监督"①的紧密型学校治理结构体系。这一结构体系，本身也是一种制度。就校长角色而言，表明了校长是学校行政的最高负责人，是学校的法人代表，处于学校的中心地位，对外代表学校，对内全面领导，对学校工作全面负责；而校长负责，只是讲校长的职责所系。如果要谈"校长负责制"与"校长治校"的内在联系，简而论之，"校长治校"仅仅体现了"校长负责制"中的"校长负责"，而与"制"、"体系"似无直接关联。

古代施行的"吏治"，"吏"中有"官"，"官"、"吏"组合，其实就带有我们今天所讲的团队管理的成分。如果学校采用"吏治"模式，其运行方式如下所示：

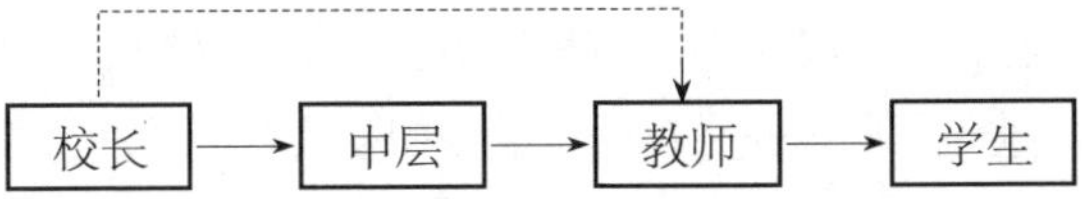

"校长负责制"本质上是一种治理体系，或者说治理结构，作为"制"，并非直接的治理行为，因而与"吏治"无关。

① 中共上海市委组织部，中共上海市教育卫生工作委员会，上海市教育委员会.关于进一步完善上海市中小学校校长负责制的若干意见[Z].沪教卫党〔2010〕147号.

近现代社会治理多为基于“事—事”关系的法治，其基本精神可概括为以事实为根据，以法律为准绳。前者指以客观事实作为科学依据，而不能凭主观想象、推测或想当然处理；后者是指在查明事实的前提下，以国家有关法律规定为唯一标准做出正确处理。

今天，我们主张“人—事—法”融合的现代治理：政治（通过政府行政）、文治（通过文化影响）、术治（如信息技术应用、大数据、人工智能等）、法治（法律、法规、制度等）有机结合，共同施治。这样的“治”，不仅是过程，还可以是结果。

2. 治理能力与团队建设

学校工作中所讲的治理能力，包括了校长的治理能力和学校管理团队的治理能力。校长及其团队的治理能力，主要反映在领导力与执行力上。

领导力其实也是一种人与人的关系。人与人之间的关系有很多种，比如说利益关系、权力关系、情感关系等，不同的关系基于不同的基础。利益关系基于共同的利益，权力关系基于权威，情感关系基于情感，而领导力作为人与人之间的关系，本质上是感召与追随的关系。这种追随一定是自愿的追随，不是任何外部附加的力量，不是靠权力也不是靠利益，它是靠你所具有的品质，因而具有感召力，其基础就是信任。

关于领导力，我有两点基本的认识：校长的领导力体现在对学校管理团队的领导能力上，校长领导力的主体是教学工作领导力，关键是课程领导力；学校管理团队的领导力主要体现在团队整体的组织、指导、调控效能上，最重要的是力求“1＋1＞2”的效果。

关于执行力，学校管理团队必须明确，各个层次、部门的管理者都具有双重角色：既是领导者（对下），又是执行者（对上），要善于根据工作性质、目标、任务，相机做好角色、职能的转换。要注重在实践中强化执行环节，尤其要强调三点：一是忠实性执行，领会上级意图，做到正确、准确、不走样，不随意“变通”；二是务实性执行，要坚持从本校实际出发，接地气，讲实效；三是创造性执行，讲前瞻、懂预测、能改革、会创新，不是仅仅满足于“服从”、“照章办事”，而是有独立思考，有切实可行的个性化操作。

领导力与执行力是相互影响、相互作用的：上一层次的领导力强，执行则有效，即执行力强，因为上一层次的执行力是要映射到下一层次的执行中的；上一层次的执行力强，需要下一层次的执行相配合，则表明领导有方，即领导力强。

领导力与执行力，两者会集中指向一个共同的话题——胜任力问题。讨论管理团队的治理能力问题，不仅要讲是否“胜任”，还要讲能在多大程度上胜任，即胜任力。

关于胜任力，这里给出三个表达式：

胜任力＝领导力＋执行力；

胜任力＞领导力＋执行力；

胜任力＝领导力(对下)＋执行力(对上)＋合作力(对左右)。

这里，我们不去评论文字表达的科学性，只需明确其中的意思就可以了。在我看来，第三种表达似乎更全面一些。不过，我更倾向于下面这种表达：

胜任力＝K(领导力＋执行力)。

其中，K 为相关的各种影响因素。

根据这一表达式，从处理、调节管理团队内部领导力与执行力两者关系的角度看，领导力与执行力之间的正效应越大，意味着胜任力越强；负面因素越多，意味着胜任力越弱，理论上可以是胜任力为“0”，甚至是负值。

3.“关系”处置与团队建设

学校中存在着各种关系，最基本的就是“人—人”关系和“人—事”关系。学校治理的实践表明：无论是哪一种“关系”，其处置策略是以“理”为重，“关系”比较复杂的，更是如此。“理”清了，“治”的问题便迎刃而解了。这也成为学校管理团队建设中一个值得探讨的命题。

如何去“理”呢？我们在实践中常常采取以下的方法：

一是脉络梳理。各种思维导图如网状图、树状图、桥形图、括号图、流程图、圆圈图、气泡图，等等，都是很好的梳理工具，可以帮助我们找到认识、了解和处理问题的线索，搞清事情或问题的来龙去脉。

二是问题启发。围绕核心问题、主要矛盾或关键因素，设计相应的系列问题，通过逻辑推演，找到问题的本质，有的放矢地采取相应的措施，使问题得到解决。

三是调查研究。通过小型座谈、个别访谈、专题调查会、非正式对话等方式，掌握第一手资料，做到心中有数，以便能够应对来自方方面面的咨询或质疑，为问题的最终解决奠定基础。这也是信息社会人们处理问题必不可少的方法。

四是场景模拟。旨在还原事实原貌、问题起源、过程进展，增强参与者的即视感，在身临其境中集中团队智慧，开启问题解决之门，在“山重水复”中寻求“柳暗花明”。

这样一系列过程或操作，其实就是在培养我们的管理团队，没有“实战”性的锤炼，所谓提升团队的治理能力只能是说说而已。实践证明，行政命令、制度规定、行为限制这些我们习惯运用的“硬核”管理办法，在很多情况下特别是复杂情况下，都无助于问题的解决。虽然我们在表述上是用了“治理”这个词，但实际上问题的解决是先“理”后“治”、由“理”而“治”的，一出手就“治”，往往欲速则不达。

4. 情绪管理与团队建设

现代管理活动中，情感情绪越来越引起人们的重视和关注。学校管理团队成员的异质性、团队工作压力的递增性、团队情绪驾驭能力的差异性，都需要科学、有效的情绪管理。

情绪管理是对个体和群体的情绪进行控制和调节的过程，它是研究人们对自身情绪和他人情绪的认识、协调、引导、互动和控制，是对情绪智力的挖掘和培植，是培养驾驭情绪的能力，是建立和维护良好的情绪状态的一种现代管理方法，即通过及时发现、分析人的情绪的发生、状态和变化及其原因，有意识地对情绪进行引导和疏导，从而使人保持良好的精神状态。因此，讲到管理团队的建设，就不能不涉及情绪管理。

心理学有一个概念，叫作“情绪智力水平”，它提示我们，情绪与智力是有联系的。“急中生智”、“惊惶失措”等词语也都反映了这样的联系。在这个信息交换系统中，团队情绪智力水平是攸关团队建设和团队效能的一个重要因素，而团队成员情绪智力水平则直接影响着团队情绪智力水平。因此，对团队情绪进行控制和调节，旨在提高团队情绪智力水平的情绪管理，在管理科学和领导科学中受到越来越广泛的关注和应用。

学校主要是以团队方式进行高效运作，这就要求学校领导班子必须建立灵活的内部合作与协调机制。因此，学校管理团队无论就组织特点还是就个体成员特点而言，都有着情绪管理的迫切性和必要性。

首先，团队成员具有较强的异质性。学校的领导成员主要来自于教师，但是由于学科背景、工作经历和学历水平存在差异，必然导致他们在工作经验、处理问题的方式上大为不同，相伴而来的情绪变化、认识和控制方式也各异，这就不可避免地会导致团队成员之间的摩擦。不理解、不信任、相互怀疑，甚至对抗和敌对情绪长期得不到协调和消解，便会沉积下来，压抑他们的心理，结果阻碍了团队内人际关系中的沟通功能、情感满足功能、激励功能、整合功能的正常发挥，削弱了学校组织的整合效应。

其次,团队组织结构相对复杂。学校管理团队成员,其以往的工作具有个体化、分散性和相对独立性的特点,这来自长期教学、科研的职业生涯形成的理性思维习惯和情感体验。然而管理工作的反差常会使基层领导团队成员失去耐心,情绪急躁,造成人际关系紧张和工作效率低下。

再次,团队有较大的工作压力。在学校内部管理体制改革深化的过程中,学校管理重心不断下移。学校基层组织对内需要通过各学科的协同,以及知识、人力、物力和财力资源的整合,进行教学、科研团队的建设;对外需要更多的信息交流,公关提高基层组织的执行力,这要求管理干部必须学会应付频繁遭遇的挫折和成倍增加的工作压力。工作压力大,便会引起当事人焦虑、压抑,造成他们在工作中注意力分散、过度紧张甚至同事之间相互抵制和攻击。结果,更多的挫折和失落也会接踵而来,学校管理团队的士气就会极速低落。

此外,由于以往很少将情绪管理纳入学校管理团队建设的范畴,大多数管理干部缺少情绪管理的学习和训练,在情绪辨识能力、调控能力、转移升华能力上比较欠缺,使得管理团队在面临压力、人际冲突等问题时,容易心理调适不当,往往陷入被动状态而不能自拔,进而产生急躁、烦恼等不良情绪。长期下来,心理和生理的健康状况日益低下,严重影响工作绩效。

因此,学校管理团队情绪管理的重点是提高团队情绪智力水平。具体地讲,就是提高团队成员的个人情绪智力平均水平、团队领导的情绪智力水平以及团队成员间的协调水平。

一是将情商素养作为学校选拔管理干部的基本条件。实际上,学校员工渴望有一个和睦、轻松、愉悦的工作环境,要求学校管理团队成员要具备较高的情商素养。具体包括:宽泛的亲和力,善于掌握他人的情感,善于与人交往;较强的理解力,能正确地认识自我,理解他人;娴熟的协调力,善于听取不同意见,广开言路,善于调动人们的积极性和创造性。

二是突出学校管理团队及其成员情绪能力的培养。首先,实现团队成员价值追求与学校管理团队价值目标的一致。开展常规性的组织愿景及工作目的性教育,提升团队成员的奉献精神和组织承诺意识。其次,要提高学校团队成员自我认知能力,帮助团队成员进入自己的内心世界,形成自我意识和较强的自省与反思能力,并能有效地运用这种自我认知指导自己的行为。再次,要将公共关系、聆听与沟通、批评与引导、演讲与口才等内容作为学校管理团队培训的必修课。通过这些课程,使团队成员在自我情绪调节、自我激励、积极的情感转移等方面的认识和技能得到提高。

三是在情绪管理中实行干预和疏导并重。作为团队领导，应随时关注学校管理团队成员的情绪变化，判断情绪表征，及时主动采取针对性的干预措施，帮助他们保持稳定情绪。有条件还可以设立专门的心理干预小组，随时观察团队中的情绪现象，及时提供专业心理辅导；与此同时，对于情绪问题的疏导更是情绪管理的核心环节，学校管理团队应认清情绪本质，正视情绪表达，以“疏”为原则，建设系统、全面的情绪疏通渠道，引导个人情绪合理宣泄，营造稳定和谐的组织情绪氛围。如：建立团队内部定期沟通制度，重视非正式沟通；提供情绪发泄的时间和场所，保障团队成员的及时心理调适；关注团队成员的家庭生活，帮助他们实现工作与家庭的平衡，等等。

四是促进情绪管理成果向工作绩效的转化。致力于宽松和谐的情绪氛围的形成，强化平等尊重、积极进取、团结互助、快乐工作的行为观。从目标管理、绩效评价、奖惩措施等各方面着手进行制度体系的完善和优化，使团队的每一个成员将情绪管理的成果有效转化为本职工作的绩效。

三、发挥团体功能的最大效应

教育是人与人的互动，是灵魂、思想、秉性的相互作用。学校是“四世同堂”的地方，不同时代人的思维碰撞会经常性地发生。但无论什么人，也无论什么事，最终都要统一到“促进发展”这个根本点上。这就是目标导向、心向一致，久而久之，就会形成向心力、凝聚力。在这样的基础上，团体才可能有效发挥自身的功能，产生积极的管理效应。

（一）团队，最大程度地开发潜能

任何一支团队，其能量都来自团队中的人。人是团队中最宝贵的因素。事业成败，关键在人。人多热气高，才多事业旺。毛泽东曾经说过，领导者只需要做好两件事：一是出主意，二是用干部。无数成功的实践证明：选准路子，用对人，既是领导者治事理政的核心任务，也是管理者走向成功的第一要诀。

1. 用宽广的心胸识才用人

晚唐诗人李观《项籍故里碑铭序》云：“得人者昌，失人者亡。”此处所谓“人”，本意指人心，如果引申开去，取“人才”之意，我想，这话目前应该也是成立的。纵观浩瀚历史，有无数事实可做见证：商汤聘伊尹而安天下，文王崇姜尚而开基业，桓公用贤不避仇，纳管仲使齐国中兴而为春秋五霸之一，秦朝得百里奚、商鞅、范雎、李斯而统一六国，刘邦用张良、萧何、韩信而定汉室江山，刘备三顾茅庐请出诸葛亮而鼎立三分，唐太宗尚贤任能而成就“贞观之治”。无数次朝代更迭，无数次时政兴衰，得出了一个历史性的结论：尚贤任能是兴政之基，识才用人是旺业之本。

现代管理的核心是人的管理，作为管理者的胸襟与气度决定人心向背，决定事业兴衰。选贤任能，大业可成；嫉贤妒能，寸步难行。一个领导者要实现人生理想，必须有容人之量，不仅要善于容过容错、容能容强，还必须容异容仇，做到大度包容，知人善任，这才是大气魄、大格局，才能吸引更多的同路人和追随者。现代学校的校长，必须知人善任，包括：有识人之能、用人之智、容人之量、成人之德；能爱才、惜才、助才、护才；使人尽其才、才尽其用、用尽其利；还要善于创造有利条件，让人才在干事的舞台上展露才华、释放潜能。

在学校治理实践中，我经常这样告诫自己：

首先，要学会用平等的视角看待身边的人。人，各有其长短，故对人不必求全责备，要学会用平等的心态对待身边的每一个人，千万不要低估他人，也不要对谁轻易下结论。有的人尽管平时不显山、不露水，但不一定是无能之辈。那些大智若愚、大巧若拙的人，常常“三年不鸣，一鸣惊人”。特别是作为一个管理者，必须放下身段，放宽心胸，放开眼界，别高看自己在别人心目中的地位，也别低估他人的水平和潜能。

其次，要懂得用人的基本道理。用人之旨，在于用其可用之处，因而人皆可用；用人之道，在于用其所长，因而不必惧其短；用人之策，讲究用得其所，因而须将其放在适合的岗位。

2. 用理解包容收获尊重和信任

尊重他人是最基本的人格修养。人际交往中，尊重他人，其实就是善待自己；轻慢他人，其实伤害的是自己的尊严。尊重他人，彰显的是低调谦逊的优良品质，展示的是开放包容的宽广胸襟，折射的是豁达大度的人生境界，对积淀人脉，构建和谐人际关系具有十分重要的意义。尽管人与人之间的地位身份、生活境遇和人脉资源等方面存有差异，但人格尊严是平等的。因此，一个人在与人合作共事过程中，必须把尊重他人当作一种生活理念，作为人生修养的“基本点”。只有这样，你的情感之花才会常开，你的友谊之树才会常青，你的人生历程才会充满温馨与和谐。

有人说过：管理，不在于你一个人能干多少事，而在于你能整合多少人愿意为你干一件事！现实的确如此：在社会群体中，你以利人之心待人，胸襟广阔，心存包容，自有众人相随；你以排他之心待人，心胸浅窄，生性苛刻，众人自会远离。中国人素来笃行投桃报李，崇尚“你敬我一尺，我敬你一丈”，你理解他人、包容他人，自会收获他人的尊重和信任。

一个人不能不把自己当回事，也不能将自己太当回事，如果自视太高，将别人不放在眼里，遇到事情听不进别人的意见，甚至连正常的沟通都十分艰难，那无异于自我孤立，成为孤家寡人。因此，我们要学会设身处地，从他人的角度看问题，懂得换位思考、将心比心。爱是会流转的，你赋予他人理解和宽容，别人也会还以真诚的信任和尊重。

3. 用“非正式交流”开辟人际交往的新天地

团队潜能的开发，还与人们的交往方式有关。团队成员间的“非正式交流”具有重要意义。这种交流，或许在不经意间进行，而无需事前有所约定；或许带有逢场作戏的味道，而不必事先营造某种氛围；或许兴之所至随遇而安，而不用讲究特定的场合。然而，虽然交流是“非正式”的，但收获往往是最真切、最实在的。

实践中，我常用的“非正式交流”方式主要有：

——接过话题，乘势而上；

——不经意间提起，不知不觉切入；

——同题嫁接，相同话题寻求“共鸣”；

——异题移植，不同话题移花接木；

——别情转换，另有话题随机切换。

……

我与我们一位副校长同处一间办公室，两人相对而坐，这就创设了相互近距离接触的物理环境和心理氛围，扩展了交往的时间和空间。平时，学校的许多工作，需要处理和解决的许多问题，常常都是我们在随机性、自发性、自由性的“非正式”交流中“摆到桌面上”的。其间，思维的碰撞、智慧的闪光、经验的启发，往往可以收到“心有灵犀一点通”、“柳暗花明又一村”、“得来全不费工夫”之效。

4. 用“放心”“放手”培植中层干部的事业心

学校中的每一位管理者，都要努力处理好上下左右的关系，与学校、与大家同呼吸共命运，互相理解、互相支持、互相谦让、互相补台。作为校长，我当然首先想到的是校长与学校中层干部的关系。

校长与中层干部的关系，当然有领导与被领导的关系。不过，在我看来，作为基层学校的校长，不宜过分强调这层关系，因为学校不是行政部门，校长并非行政官员。校长与中层，除了通常意义上的上下级属性外，应该还有互动、互助、互补以及人格平等诸种关系。这些关系的根本点是工作关系，即两者的相处是以工作为中心，各种关系的处理都要服从并服务于工作关系。工作做得好，就意味着相处得好、配合得好。不过，两者需要协调，而校长是协调的关键方。记得有一回，我和一位中层干部就学生某次综合实践活动的实施问题产生了一些分歧，一个星期过去了，事情还悬着。经过一番思考，我主动找到他，表明是自己过多地强调了结果，对过程重视不够，未能更多地考虑实施中的困难。他说：主要是我没想周全，就事论事，过多地考虑了过程，未考虑结果。我的主动亮相，终于解开了“心结”，双方统一了意见，很快对这次活动做出了部署。的确，遇到有所分歧时，当事人双方换位思考，问题解决的效果会更佳。

我很赞成这样一句话并引为座右铭：尊重别人，是一种顶级的修养。当一个人尊重你时，并不是因为你优秀，而是别人很优秀。这让我想到，我们的中层干部都很优秀，所以我要“放心”地使用他们；需要他们完成的工作，不管有多大困难，我都会“放手”地交给他们。长此以往，有效地激发了他们的事业心、责任感和使命感。

于是，我给自己定下了几条“清规戒律”：

——防止对下属的“非理性干预”；

——防止意气用事；

——防止情绪失控；

——不先声夺人；

——不打断对方谈话；

——不轻易下结论。

……

校长的工作和学校中层干部的工作是有不同的：校长的职能，既要管好学校内部事务，又要运作学校以外的方方面面，还要协调好学校内外部的关系；中层的运转，主要是在学校内部。工作性质和范围的差异，决定了各自有不同的关注重点。我觉得，校长要将主要精力集中于事关学校发展的大事、要事、急事，不必事无巨细一并包揽；学校内部运行中的常规工作、周期循环性的工作、有规范流程的工作，凡是中层各部门可以自行完成的，应该充分信任他们，调动他们的积极性，发挥其主观能动作用。不仅是“放心”，更要“放手”，让他们努力发挥自己的聪明才智，创造属于他们的辉煌。这样做，既体现了现代管理强调层级、层次的理念，也体现了对各层次干部的培养训练，有利于培育他们的事业心、责任感，激发其实践过程中的创造力。

（二）团队，树立学校治理共同理念

有一种说法，叫作“制度管人，流程管事，团队打天下，管理定江山”。这话有一定的道理，揭示了制度、流程、团队、管理的重要性及其功能，但其作用、功能未必一一对应得如此分明，而是有“交集”的。不过，“团队打天下”讲得还是恰到好处的，我深有同感。

1. 形成理念共识

思想是行动的先导。我始终认为，理念认同是一个团队保持凝聚力和战斗力的思想基础。我们学校的管理团队，对以下观念是有共识的：

——敢于负责任，才能担重任。

——可以“平凡”，但不可以“平庸”。

——智慧靠激，技能靠练，办法靠干，潜力靠逼。

——没做好就是没做好，没有任何借口；随便找借口，成功没入口。

——不是没办法，而是没有用心想办法；用心想办法，一定有办法。

——没有执行力，就没有竞争力；执行不讲如果，只看结果。

——思想的高度决定行动的力度，行动的力度决定工作的效度。

——不要指望别人帮助你，要指望别人需要你。

——不要带着问题请示，而要带着方案请示。

——成功者常改变方法而不改变目标，失败者常改变目标而不改变方法。

……

有了这些共识，大家考虑问题就会心向一致，处理问题就会步调一致，团队就可以持续保持有力的号召力和旺盛的战斗力。对个人而言，正确的理念伴随着你的工作和生活，便成为你工作和生活的“导师”。比方说，它可以帮助你高效完成必须做的事情，也可以引导你迅速去做应该做的、但你并不喜欢做的事情。

2. 让理念付诸行动

理念的力量在于运用于实践。理念必须见之于行动，否则，再好的理念也只不过是空谈。

首先，引导团队成员从思想上、心理上深刻认同，明白这些理念的合理性、可行性，使大家给自己以积极的心理暗示：如果我按照这样的理念去做，就会很成功很快乐。

其次，将这些理念以易于实行、生动活泼、富有情趣、具有挑战性的方式融入工作实践。其关键在于两大联环：理念—行动；行动—业绩。没有业绩的行动是无效的，指导无效行动的理念是无意义的。用各种方式使理念融入实践，旨在让实践来检验理念是否为"真理性"的，如果结果是肯定性的回答，人们便会加深对理念的认同，成为行动的指南。

再次，让每一种有价值的想法都有被付诸行动的机会。理念并不是凭空产生的，它初始于人们在实践中的想法。这些"想法"，可能已经过深思熟虑，也可能是灵感突现，还可能是处于萌芽状态，这些都要予以适当关注。倘若预测其是有价值的，应该为其提供被付诸行动的机会。如前所述，实践是最好的检验师，那些符合时代精神、切实可行的"想法"就有可能上升为"理念"。

（三）团队，让正能量发挥到极致

从社会学角度来考察，任何一个团队，都不可避免地存在正负两种能量，只不过大小不同而已。学校中的团队，正能量是主流，但也不能忽视负能量的影响，因为其间有着一种你进我退、此消彼涨的关系。远离"负能量"，弘扬正能量，是我们管理团队自强不息的精神追求。

1. 令负能量没有市场

所谓负能量，通常是指人自身内心的负面情绪、心理、思想等导致人们的行为、事物的进展等产生负面效应的力量。在团队里，表面上一池静水，暗地里却暗流涌动。其中"传染"最快的不是那些鼓舞人心、积极向上的信息和能量，而是那些让人消极、倦怠、心里不爽的人和事。若你稍不留心，自己也可能卷入负面能量的漩涡，不仅影响正常工作，伤害人际关系，严重的还可能因此丢了工作。

团队中的负能量，突出地表现在以下方面：

——抱怨。总爱数落工作和生活中的种种不满，自怜自艾，牢骚满腹，让本来安心工作的人也容易被负面情绪困扰。这是团队中最易传播、辐射最广、最具杀伤力的"负能量"，一个人会传染一个部门，一个部门会传染整个集体。

——消极。看到的都是"阴暗面"，对前景缺乏信心，在患得患失中蹉跎了岁月和机会，也容易动摇"军心"，特别是对于有攻坚任务的团队来说，负面影响极大。

——浮躁。做事不踏实，急于求成，想要"一口吃成个胖子"，往往破坏团队的协作和平衡,也容易带动其他人与他一样"急行军",而少了脚踏实地的积累,影响整个团队的工作质量。

——冷淡。工作上需要协作时有意不配合,疏远同事,甚至有意给同事设置障碍,进而演变成一种"冷暴力",导致整个团队人际关系恶化,人心背离,缺乏战斗力,极大地影响团队绩效。

——自卑。担心在团队被人小瞧,担心做错事被领导批评,工作起来总是畏畏缩缩,什么重任都不敢承担,且越是自卑越是竭力维护自己表面上的"尊严",听不得别人的批评,导致与众人的隔阂、疏远。

——妒忌。别人的优势与进步让自己觉得脸上无光而心生恨意,看到别人的失误或失意暗自窃喜,幸灾乐祸,一味地敌视别人的成功反而让自己陷入负面情绪难以自拔,结果既不利于团结,也禁锢了自身发展。

——猜疑。对他人缺乏信任,总怀疑对方的言行举止另有企图,对团队缺少心理认同,总觉得周围的人眼睛一直在盯着自己,或者都在背后议论自己,最终猜疑变成偏执妄想,影响团队人际和谐,自己也成为孤家寡人。

当今社会,生活节奏加快,竞争日趋激烈,处理好人际关系极为重要。如果我们陷在"负能量"里难以自拔,不仅严重影响自己的发展,而且将极大地妨碍团队整体功能的发挥,切不可掉以轻心。

2. 让正能量成长壮大

正能量,是指积极的、健康的、充满希望的、给人动能的、催人奋进的力量。它是团队及团队中每一个成员发展的能源、成长的动力。一直以来,我们管理团队的运作十分强调"三力":量力而行,坚持实事求是的科学态度;尽力而为,倡导砥砺前行的拼搏精神;合力而作,发扬众志成城的集体主义风格。在日常工作中,我们注重有效激发六种力量:

——目标的力量。围绕学校的办学目标,坚持育人的核心理念,弘扬师生广泛认同的学校精神,心向一致,协力共进。

——智慧的力量。尊重知识,尊重人才,启人之智,用人之长,鼓励独立思考,激励开拓创新。

——实干的力量。充分调动团队中每一个成员的工作热情和积极性,实行任务驱动,讲求工作质量,促进每一个人在平凡的工作岗位上锐意进取。

——情感的力量。在日常学习、工作、生活中,对团队中每一个成员坚持"尊重、信任、理解、宽容",做到设身处地,换位思考,将心比心,以心换心。

——榜样的力量。讲正气，树新风，褒扬身边的好人好事，充分发挥榜样的示范引领作用，通过榜样的率先垂范，塑造人们的精神世界。

——激励的力量。完善评价制度，建立评价指标体系、设立评价标准、制定评价实施细则，实行绩效考核，奖勤罚懒，奖优罚劣。

传递、培养和激发正能量，是学校教育应有的职能，作为学校管理团队，这更是一项经常性、渗透性、融合性的工作。通过我们的努力，让正能量为广大师生的学习、工作、生活注入激情、干劲，更重要的，是振奋人们积极向上的精神！

（四）团队，鼓励中层干部建功立业

一个学校的面貌如何，很大程度上是由中层干部决定的。中层干部对教师有着“以点带面”和“以面带面”的作用，他们是广大教师的带头人，是校长开展学校治理工作的得力助手，是学校建设和发展的中坚力量。他们的工作是学校工作重要的组成部分，是起先锋与桥梁作用。

发挥学校团队的整体功能，必须努力建设好中层干部队伍。在实践中，我感觉要切实抓好以下几项工作：

1. 选拔：关注心理素质

学校中层领导干部也要竞争上岗，注重其心理素质的锻炼和提高。当今社会充满竞争，在学校选拔中层领导干部的工作中，要注意引进竞争机制，有意识地锻炼和培养。既然是竞争，就会有成功和失败，因此，干部的心理素质非常重要，如交往心理、竞争心理、成功心理、耐挫心理，等等。要从积极心理学的视角，引导选拔对象学会并正确对待自我推销、自我评价。在考察选拔对象综合素质的基础上，依据相关程序确定正式人选。

2. 培养：注重德能技法

学校中层领导干部的培养，要以师德、能力、技术、方法为重点：强化师表意识、自律意识、全局意识、服务意识；发展计划能力、执行能力、沟通能力、统筹能力；熟悉本职工作必需的信息技术、教育统计与测量技术、教育评价与考核技术；掌握相应岗位的业务工作方法、部门管理的艺术与技巧，专门项目实施的程序和模式，等等。此外，还要重视帮助他们树立工作的责任心与荣誉感，理顺和摆正教学工作与管理工作的关系，以卓有成效的工作树立威信，使之在规范管理、综合治理的实践过程中不断提高履职水平。

3. 使用：当好坚强后盾

疑人不用，用人不疑，这是识人用人的基本准则。校长对学校中层干部要大胆赋权,放手使用。放手使用不是撒手不管,在原则问题上要把关,在履行职责时要撑腰,在协调关系时要指导,在遇到困难时要帮助,在需要校长承担责任时要主动担责。特别要注意尊重学校中层领导干部的意见和建议,鼓励他们发挥主观能动性,创造性地开展工作,时常与他们谈心,发现问题及时解决,为他们建功立业当好坚强后盾。

总之,在学校中层领导干部的培养和锻炼中,最根本的还是培养他们朴实做人的立身之道、严谨踏实的工作作风、力争上游的进取精神和勇于开拓的创新意识。校长要力求最大程度地挖掘中层干部的潜力,最充分地调动他们的工作积极性,使他们的这段经历成为其一生中最美好的回忆。

(五)团队,在时代的怀抱中实现自身价值

21世纪是一个团队至上的时代,依靠个人的力量已经不能满足现今社会的需求,所有的事业都将是团队事业。每一个人,只有投入团队的怀抱,才能如鱼得水,有所作为;每一个团队,也只有在时代的怀抱中,才能实现自身的生命价值。我们的学校,只有拥有一支具有向心力、凝聚力、战斗力强的团队,才能不断发展。因此,团队必须十分强调合作、民主和创新。

1. 合作精神——团队的立身之本

没有合作,就谈不上团队;没有合作精神,即使组成了团队也是一盘散沙。因此,团队的立身之本就是合作精神。有句话说得很好:“人在一起是聚会,心在一起成团队。”团队合作的核心就是团队中全体成员的向心力、凝聚力,它反映的是个体利益和集体利益你中有我、我中有你的辩证统一,并进而保证团队工作的高效率运转。实践表明,一支强大的管理团队可以成就一所发展势头强劲的好学校。所以,我们在学校治理工作中,除了注重科学性之外,还要注重有效的人际互动性,发扬高效的团队合作精神,减少摩擦和内耗,这样,不仅有助于节省人力,降低成本,而且还能极大地增强学校管理团队的凝聚力,并形成合力以推动整个团队克难攻坚,这是学校快速发展的最佳路径。

2. 民主作风——团队的活力保证

团队、民主、凝聚力、战斗力,它们是联系在一起的。没有团队,则无所谓民主;没有民主,则谈不上凝聚力;没有凝聚力,则战斗力也成了泡影。既为团队,就要发挥团队的优势,这就是“抱团取暖”。面对严酷的博弈竞争,我们务必记住,团队合作永远比个人奋斗更重要。不“抱团”,当然无法“取暖”;要“抱团”,就要有民主作风。民主作风,可以交流思想,可以联络感情,可以集中智慧,可以激发活力,从而形成毛主席所说的“又有集中又有民主,又有纪律又有自由,又有统一意志,又有个人心情舒畅、生动活泼,那样一种政治局面”。这样的局面,正是团队的活力所在。

3. 创新动力——团队的希望之光

一个团队,有了创新动力,也就有了发展的希望。可以肯定,一个没有创新意识、创新愿望、创新追求的团队,是不可能有创新行动的,更不可能有创新成果,其前景也是黯淡无光的。正是从这个意义上,我们说:创新动力,是团队的希望之光。

就当前学校工作而言,增强团队的创新动力,关键还是要完善三大机制:

一是决策机制。必须强化管理团队的超前意识,增强规划、计划的前瞻性、预测性。要以战略眼光审视大势与大局,有战略定力和战略自信,认清机遇和挑战,以平常心面对压力;要准确分析所面临的有利条件及不利因素,通过大数据进行信息处理,在筛选、比较、解析、论证的基础上做出正确判断,借精准预测以辅助决策,从而未雨绸缪,系统谋划,趋利避害,赢得发展的主动权。

二是竞争机制。进一步强化团队成员的竞争意识,营造团队合作氛围,实行团队整体作战。一支高质量的团队需要相互支持,共享成果,把彼此的作用联结起来,使工作向更复杂的共享性水平推进,将个人智慧逐渐转变为“1+1>2”的团队智慧与力量,使团队工作的成果最优化、最大化。学校要努力探索管理团队整体推进的有效路径,整合资源,尝试智慧和知识共享、技能与特长互补的团队协作模式。

三是激励机制。坚持以团队绩效为中心,改革评价体系。学校如何考核绩效,昭示着学校办学的价值标准,关系到学校今后的发展方向。团队合作强调团队内部的有效互动,相互帮助和支援,共同协作。因此,要建设好真正的管理团队,就要建立基于团队业绩和团队整体绩效的评价体系。学校关注个人绩效的同时,更要重视团体绩效,通过良好的合作导向,使学校形成众多的“心往一处想,劲往一处使”的“小团队”,在团结协作中形成良性竞争。

四、校长人格魅力与团队整体功能发挥

领导是一门艺术,而且是综合性的艺术。领导者仅靠自上而下的赋权,很难获得下属的内心认可;自身的人格魅力和品质修养,却能赢得真诚的信任和尊

重。这里特别要指出的是，校长人格魅力的修炼与团队整体功能的发挥密切相关。

（一）校长必须重视自身的魅力建设

我们知道，校长需要注意自己的外在形象，这是非常必要的，因为这是他给人留下的“第一印象”。不过，比外在形象更重要的，是校长的内在精神，尤其是他的人格魅力，因为这是他留给人们的“永久的记忆”。外在形象、“第一印象”的改变并不十分困难，而内在精神、永久记忆的改变就不是那么轻而易举的了。所以，校长必须十分重视自身人格魅力的建设。

人格魅力的意义，相信大家都明白。人格高尚、完美，其感染力、感召力是无形的，却是实在的；其对日常工作的推动是即时的，也是持久的；其对团队凝聚力、战斗力的影响是潜在的，也是直接的。

有魅力的人，洞明世事，更懂人情练达。正如有人指出的：魅力所涵盖的不仅是外形，还有骨子里散发的磁场，以及格局、阅历、眼界和能力。你看，有魅力的人说话做事，总是让人如沐春风，处处体现着对他人的尊重和关怀，自己舒服，也让别人舒服。人格魅力之“魅力”，由此可见一斑。

所以又有人说：哪有什么天生魅力，不过是找对了自己的闪光点，并把它修炼到极致罢了。

对此，我深有同感！

（二）校长人格修炼的主要取向

人格魅力的内涵非常丰富，总体上是指一个人在道德品质、性格、气质、能力等方面所具有的很能吸引人的力量。一般认为，人格魅力的主要方面是指一个人在日常待人处事中的亲和、共情、谦恭、舍己、利人等。人格心理学认为，真正有“人格魅力”的人，通常都具有四个特征：心胸宽广，热情善良，善解人意，会赞美别人。这些都可以作为校长人格魅力修炼的参考。我个人认为，校长的人格魅力修炼，着重是在日常学习、工作、生活中提升品质、情感、人际沟通艺术等方面的素养。

1. 品质修炼

作为校长，你凭什么领导别人，一定是你身上有一种品质，让人觉得值得追随。这种品质是什么？国外有研究表明，受人尊敬的领导者最重要的是二十种品质，前四项分别是：真诚（honest）；有前瞻性（forward-looking）；有胜任力（competent）；能激发人（inspiring）。依据这一研究结论，再从给他人以影响的

角度,我觉得领导者的人格品质主要体现在以下四方面:

一是为人所信任。被人信任,关键是两点:首先,你这个人要很真诚、很真实。如果你很虚假、很虚伪,口中说的和心中想的不一样,对上级和对下属态度不一样,或者宽己严人,或者损人利己,你就不是一个真诚的、真实的人,就很难为别人所信任、所信服。其次,你要有能力、有胜任力。你在这个岗位上,能运筹帷幄、得心应手,能处变不惊、应对自如,能最终把事情做成、做好。真诚、真实,加上能干、胜任,就可以赢得别人的信任和认可,这是影响力的基础。

二是给人以方向。"领导力就是带领他人和组织到达从未到过的地方,做他们从未做过的事情。"这是对领导力最朴素、最通俗的解释。领导者要告诉大家,我们究竟要往哪儿走,我们要到什么地方去,给大家描绘一个愿景,给人以方向感。不指明方向,不明确目标,大家不知道领导"葫芦里卖的是什么药",心中无数,难以"心向一致",到头来,团队只能是一盘散沙,所谓"整体功能"便无从谈起。

三是赋人以动力。把人的主动性、积极性、创造性调动出来是一种能力,是校长领导力的重要组成部分。校长要做团队的发动机,激励团队成员努力发挥自己的聪明才智。

四是使人得成就。你要培养人,使之增值。你的下属跟着你,能得到发展。不仅是使用他,也是在培养他、成就他。当你培养人、成就人的时候,他必然成为你的追随者。实践表明,一个成就感满满的人,其潜力和创造性是充沛的、无限的。

2. 情感修炼

一是理解。人与人相处,理解是人们最重要的情感需求。理解就是心理相通,心与心之间默默对话;理解就是情感相融,情与情之间悄悄互动;理解才会形成共识,理解方能相向而行。理解虽然是双方的、双向的,但作为校长,首先要学会理解下属,否则,下属很难与你互动、对话,结果只有对你"敬而远之"。必须明确:理解,是以自己主动为前提的,只有你先理解别人,别人才可能以理解你作为回报,这时,双方的交流过程才得以完成。

二是培育。古人常说"怡情养性"、"润心修身",表明情、性、心都是需要培养、培育的。虽然情感也会自然生成,但自然生成的情感不加以培养、增进、巩固,那是不能长久的。团队中的情感是后天生成的,肯定需要培植、养育。校长进行情感修炼,重点是要培养对下属的关爱之情、尊重之情、信任之情、扶持之情。这种培养是校长主动自觉的、发自内心的。培育情感的主要通道，是日常工作中的接触、平时生活中的沟通、问题解决中的交流；培育情感的主要方式，包括各种正式的、非正式的交流，特别是非正式交流，更有利于真实情感的生成、真诚情感的保持。

三是珍视。情感建立以后，也需要浇水、施肥，以供给“能源”，补充养分。其实，团队中上下级之间建立情感是并不容易的，可能要经历多次磨合、沟通。因此，校长要特别珍惜与下属建立的情感，注意情感“保鲜”。与此同时，情感也需要精心维护，千万不要因为自己处置不当而对其造成“伤害”。有时候，一次急躁，一次冲动，或一两句气话，就可能使已经建立起来的情感烟消云散。每当此时，校长必须大度、宽容，首先要自我克制，防止出现僵局，为此后的感情修复留有余地，这才是“长”者风范。

3. 人际沟通修炼

校长能否带领一班人治理好学校，很重要的一点，就在于他是否具有良好的沟通力。校长的沟通力，是指校长为实现办学目标，采用各种形式、方法与管理团队、师生员工及各有关方面相互分享思想、交流信息、融洽感情，以促进学校发展的能力。

在学校治理团队中，校长如何与团队成员有效沟通呢？我的体会是：关键在于了解对方需求。

学校管理团队中成员的需求，很多是心理方面的，包括尊重、关心、理解、鼓励等。只有了解到对方内心深层次的需求，我们才能更好地了解对方，与对方形成情感上的共鸣。

客观地看，人的需求是没有止境的，但从重要程度来说，它又有着一定的顺序，这也是马斯洛的需要层次论早就揭示的。在一个团队中，人们的需求通常表现为以下方面：

——朋友、集体、归属感。人，除了自然属性，更重要的是社会属性。作为社会人，它免不了要和别人打交道，因而需要有朋友、有集体，需要交流、互动，需要分享、共享，需要获得身份上的支持和情感上的寄托，建立归属感和依存感。

——工作、休息、快乐感。工作与生活密切相关，工作与人的自我实现密不可分，正因如此，我们才感觉“工作着也是快乐着的”。但是，人的精力毕竟是有限的，每个人还需要一定程度的放松、休息，从中获得身心的快意和乐趣，这也是人类共同的、永恒的需求。

——学习、探索、成功感。每一个人都渴望不断成长、进步，从而实现自我价值，因此，学习、探索、发展也是人的现实需求，它会促使人们努力提升自己的能力，获得更多的机会，获得多方面的成功。

——选择、自由、存在感。每个人都不想被动地出现在生活舞台上：在有所选择的时候，希望拥有自己的选择权；当参与某些活动或面对一些规范、约束、限制时，希望有一定的自由度；在团队内外部的交往中，希望周围的人能够关注或重视到自己的存在。

——认可、信任、安全感。每个人的内心都希望得到别人的认可和信任，希望自己能受到他人的重视，当满足这些心理需求后，人的价值感、安全感等都会随之增加；对人们的这些需求，校长在人际沟通修炼中都是必须了解的，而且要认真探讨满足团队成员合理需求的途径和措施。

（三）校长人格魅力助力领导力提升

校长的人格魅力与其领导力呈正相关，进而影响团队整体功能的发挥。因此，提升校长的领导力，从一定程度上讲，是要提升校长的人格魅力；激发管理团队的整体功能，从一定意义上讲，是要发挥校长人格魅力的功能。

1. 人格影响力是更为重要的领导力

领导力不只是职位赋予你的影响力。实践中，很多人并没有被赋予领导者身份，但这并不意味着他们没有“影响力”，甚至他们的影响力可能超过某些在职在位的领导者，成为事实上的、众人心目中的“领头羊”。所以，职位赋予你的“影响力”，并不是真正意义上的“领导力”。

人格影响力具有积极的正面意义，是超越一般影响力的主客观存在，因而是更为重要的领导力。按照领导科学、管理科学的基本理论，领导主要是培养人，管理主要是使用人。“伟大的领导者是把自己的下属锻炼成他们自己的领导者。”换言之，领导力就是将下属培养成领导的能力。如何“锻炼”？如何“培养”？答案之一，就是领导者用自己的美好“人格”去“影响”。在学校中，当你的副校长、中层干部、普通教师跟着你获得了成长，你就是在培养他们，成就他们，在帮助他们创造自身的价值。这个时候，你就获得了比较大的影响力。

2. 认清校长领导力的内在机理

真正的领导力，其内涵大致集中体现在以下三方面：

一是人际领导力。实质上这是人际关系影响力。你和副校长、中层干部、普通教师等相处挺融洽，人际关系很和谐，赢得了别人的认可，意味着你具有良好的人际领导力。

二是专业领导力。作为校长，你能在教育教学和学校治理方面做得很好，教师们跟着你，能够取得成功，这就具备了专业领导力。其实就是让人家很信服、很佩服你，因而能够拥护你、追随你。

三是文化领导力。你能借助文化的力量，通过学校文化建设引导人们积极、上进、健康的精神追求，给人以方向感，激发人进取心，培养大家都能成为有用的人、成功的人，这是一种“润物无声”却最有力度的影响力。

我认为，上述三方面构成了校长领导力的内在机理。所以校长们应该问自己一个问题，别人听我们的，仅仅因为我们是校长吗？假如我们不是校长，我们有什么样的影响力呢？因此，当我们谈领导力是一种关系的时候，并不只是说我们要处好人际关系，更重要的是能够让别人信服，你能帮助别人，成就他人，培养他人，别人会发自内心地追随你。这，才是校长领导力内在机理的现实反映。正如杰克·韦尔奇所说：在你成为领导之前，成功只和自己的成长有关；当你成为领导之后，成功和别人的成长有关。

3. 让人格魅力为校长领导力注入活力

人格魅力的作用常常是潜在的，它是在人们日常的学习、工作、生活中悄悄地“影响”，“影响”越大，领导力的“活力”就越大。在学校治理中，我们就是要努力使这些“影响”和“活力”不断地生长、持续地增值，从而达至治理目标。为此，我们必须做到以下两点：

一是让管理更有温情和理性。人格魅力助力校长领导力的提升，其实就是要使我们的学校治理回归温情和理性。首先，管理，应该是有温度的。制度管理、行政指令、考核评估，这些“硬核”管理的方法和手段很有必要，但这些都属于基本层次管理，或者叫常规管理。较高层次的管理，就要讲究人格的力量、专业的力量、文化的力量，使管理带给人们合适的“温度”。有温度，才温馨，这对激发团队的整体功能是至关重要的。其次，管理，应该是讲理性的。有学者讲过，“理性的教育才是真教育”“理性孕育智慧”。这两句话对校长提升自己的人格魅力和领导活力是很有指导意义的。比方说，在学校治理工作中，减少对中层、对教师的“非理性干预”，少提一些似是而非的观念、模棱两可的主张，少一些“求稳怕乱”而不作为的消极应对，等等。讲理性，就是搞“真教育”；讲理性，就会出“真智慧”。

二是让领导力源源不断地提升。领导力不是静止不变的，它随着时代的发展而发展。比之社会大环境、大格局的变化幅度和速率，教育本身的性质和特点决定了学校的变革相对而言要缓和一些。但校长领导力的提升，并不因此而可以放缓。我们要注意不能使领导力成为一种机械的力、固化的力，而是要以自己高尚的人格魅力促进领导力的递增，防止领导力的衰减。

第四章 面向全体，每个生命得到充分发展

“全面”“全体”是教育工作者接触最多的热词。校长的根本使命，就是在学校工作中全面贯彻教育方针，全面实施素质教育，带领全体教职员工，对全体学生全面负责，促进每一个生命的全面、充分发展。

——题记

进入21世纪，一场能力导向的全球性教育改革运动开始。虽然各国各地区对“21世纪应培养的学生能力”有各自不同的表述和分析，但这些改革所关注的学生能力都指向一种四维结构：4C能力——“Critical thinking and problem solving, Communication, Collaboration, Creativity。”即批判性思维和问题解决、交流、合作和创造能力。这个能力结构反映出21世纪各国教育改革面对全球化进程和社会发展做出的回应。这些能力作为高阶能力，具有跨学科、多维度、复杂性等特点，其本质特征在于创造性地运用知识。如学校的STEAM课程，便指向于“21世纪能力”。

国际教育改革的大背景，自然会引起我们关于教育培养目标以及如何实现目标的进一步思考。学生能力的培养，应该进入我们的教育思想体系、理念体系、方法体系，特别重要的是，首先要让校长入脑、入心，然后才有可能进入实践操作层面。

一、校长要有自己的教育思想

思想是人类才有的东西。一个人，只有习惯于经常性地思考，其“思想之树”才可能“常青”。校长作为学校的掌舵者，在学生培养上，一定要有自己的思考。“跟着感觉走”，得过且过，不行；“月亮走，我也走”，人云亦云，也不行；“马儿啊，

你慢些走”，等待或观望，更不行！

国家关于教育的大政方针是非常明确的，但那毕竟是宏观的、总体性的战略决策，具体到学校层面，会有许多地域性、本土性的情形和特点，许多微观的、具体的、战术的和操作层面的东西，需要校长做出校本化思考。所有这些，要求校长综合思考，形成自己的教育思想、办学思想、管理思想。一个没有自己教育思想的校长，不可能办好一所有个性、有特色的学校，充其量，只能当一个唯命是从的“听话”的校长，或者是亦步亦趋跟在别人后面“邯郸学步”的校长。

说实话，我自认为是一个有所追求的人。多年来，关于教育，关于学校治理，我也思考了很多，有自己的一些想法和体会。我觉得校长的教育思想，主要反映在对学校办学目标、办学理念、办学行为的系统思考上，尤其是办学理念的确立。

（一）面向未来，确立办学理念和思路

校长需要根据教育发展的形势、学校的历史、学校所处的地位，提出学校的办学理念和发展思路，引导全校老师共同研讨学校发展的愿景，使学校健康、稳定、持续地向前发展。本书在“绪言”中曾就学校治理的“上层建筑”问题提到过未来意识、前瞻眼光，这里从校长确立办学理念与思路的角度，再做一些展开。

1. 校长的睿智——未来意识

人的生命的现实意义，就是始终被未来所吸引；人的生命的存在价值，在于时刻为未来而奠基。从事教育事业的人，更是如此。

未来已来，将至已至。不知不觉中，人类从信息（IT）时代进入了数据（DT）时代，又从数据时代进入了人工智能（AI）时代，日新月异的科学技术把我们带进了不熟悉的、未知的世界里，现在和未来的界限变得很模糊，技术的革新也重新界定了教育的发展趋势。《人类简史》的作者尤瓦尔·赫拉利曾经说：“21世纪全世界最重要的产品，不再是工厂车辆武器，而是人体大脑思维——所以世界的重心，将逐渐从跨国公司，转向那些杰出的学校。”可以想象，学校面临的挑战也将马上而来。

还有专家提出，要让学生成为未来世界自由行走的中国人，意思是要在世界教育的坐标系中，培养具有未来竞争力的现代中国人，每一位有使命感的校长都有他的教育使命。因为追求卓越，所以永不满足；因为放眼未来，所以永无止境。“教育不是为了今天，而是未知的明天”，包括“未来不是你要到达的地方，而是你要创造的地方”“领导力就是带领众人去未知的地方”，等等，都体现了中国校长们的文化自信、未来取向和世界眼光。

蔡元培先生早就说过：教育者，非为已往，非为现在，而专为将来。这样的高瞻远瞩，充溢着人类的文明、智慧，今天依然激荡着我们的心灵，值得成为我们教育人始终秉持的教育理念。作为校长，更需要有这样的聪明睿智，其办学理念与办学思路，必须与时俱进，体现强烈的未来意识。

2. 校长的眼光——前瞻性和洞察力

现代领导科学对领导从行为上是这样定义的：领导就是决策，领导就是用人，领导就是服务。要想做到决策科学，用人得当，服务有效，需要领导者具有战略眼光。一个领导者如果眼光敏锐、准确，就可以在相当程度上决定组织的正确方向和对人才的识别与使用，以及为事业的发展提供良好的服务与保障。

因此，校长作为学校的领导者，其决策、用人、服务都需要眼光。决策，首要的是预判和远见；用人，首要的是识才和选才；服务，首要的是对新事物特别是新方法新技术的认知。概括起来，校长的眼光，主要包括前瞻性和洞察力。

前瞻性，是一种战略眼光。现在目光能够看多远，某种程度上决定了我们未来能够走多远。如果你只看到了眼前那一点利益的得失，那么你永远也不可能获得很大的成就。前瞻性，也是一种远瞩能力，是“运筹帷幄之中，决胜千里之外”的魄力，它来自深刻的思考和丰富的实践。具有前瞻性眼光的人，看问题不是只看眼前，而是能运筹帷幄，看得更远；能在别人看来平常或不习惯的东西上看到价值所在；不仅能够看到机会，而且善于把握机会。当然，面对变幻莫测的未来，没有人能够完全准确把握，但凡是把握住的人没有不成功的。

校长，对教育事业改革和发展趋势的认识应当有预见性，对变化充满好奇，能够看到别人看不到的事物，能够快速、敏锐地发现并把握各种机会。这样，在学校治理工作中就可以找到新的突破口，开创新的局面。

洞察力指的是能透过现象看到本质，对事物、对人的分析、抽象和概括的能力。洞察力也包括对事物、对问题能及时辨别出各种因素的相互作用，抓住事物或问题的缘由和实质，预测事物或问题的发展趋势，制定相应的措施，并对其结果和影响做出准确的判断。

历史上能成就一番事业的雄才大略之领导者，都是有洞察力的。例如，三国时的孙权有眼光，看得清周瑜、鲁肃、吕蒙、陆逊的卓越才华，他善于识别人才，多次挽狂澜于既倒，比如，赤壁之战前任用了周瑜，白衣渡江前提拔了吕蒙，夷陵之战前重用了陆逊。这些战役都让东吴转危为安，从而成就一代霸业。刘备洞察到马谡虽然饱读兵书，精通兵法，但缺乏将领的特质，不具备独当一面及决断等能力，“言过其实，未可大用”，后来的街亭之败，恰恰证明了他的这一判断。再如当年解放战争中的淮海战役，毛主席以他的雄才伟略，看到了粟裕不凡的军事才华，并委以重任，结果，正是粟裕的雄才大略、指挥若定，成为赢得淮海战役的关键。

洞察力有两个要求：一是要看得透。事物表面现象纷繁复杂，人的心理千变万化，要透过现象看本质，只有知道人的真正想法才能做出正确的判断，进而采取合适的方式，把握良好的时机，取得工作实效。二是要看得细。防止粗疏之风的影响，忽视隐患的苗头和机遇的萌芽，容易导致风险的发生，错过最佳开展工作的机会。细微之处有时候是人生经验和工作感悟的结晶，经过的事越多，眼光就会变得越深邃、越清晰。

多年来，我们在学校治理工作中，对学校发展高度注重前瞻性，提升日常工作中的洞察力，并在此基础上提炼出自己的办学理念和总体思路。

3. 学校远航的“灯塔”——办学理念

办学理念是教育理念的下位概念，是校长基于“办怎样的学校”和“怎样办好学校”进行深层次思考的结晶。从一定意义上说，办学理念就是学校的生存理由、生存动力、生存期望的有机构成。如果学校是一艘航行中的船，办学理念就是这艘船远航的“灯塔”。

确立办学理念是学校自身发展的需要，也是校长有效实施学校治理的需要。首先，有了明确的办学理念，可以在办学趋同化的格局下，使一所学校形成并保持自身独有的个性和特色。其次，在一定办学理念的引领下，校长个体的行为便具有了目的性和自觉性，从而也使学校整体的行为有效跟进。此外，正确的办学理念也是校长专业成长的标志，在践行办学理念的过程中，校长通过不断地自我学习、自我完善、自我发展，就可能办出一所好学校，就可能逐步达到教育家办学的境界。因此，办学理念是学校办学的总的指导思想，是由学校全体成员共同的教育观念、教育精神、教育价值追求组合而成的复合体。先进的办学理念，对内，是学校全体成员凝聚力、向心力的源泉；对外，是学校核心竞争力、教育教学品牌的载体。

风范中学践行“让每一个生命得到充分发展”的办学理念，其基本含义为：每一个学生和教师的个性得到充分尊重，每一个学生和教师的才智得到充分发挥，每一个学生和教师的特长得到充分发掘，每一个学生和教师的成就得到充分展示，实现学生、教师与学校的和谐共进。

二、让每一个学生健康快乐成长

校长教育思想的根本点，还是指向于学生的发展和学校的发展。当然，学校的发展也是为了实现学生的发展，学生发展是最终取向。在实践中我深深体会到，校长的教育思想不能只停留在观念形态，就观念讲观念，关键是要落实在与学生发展密切结合的行动上。

（一）全员、全程、全面

"每一个"的意识在我们风范人的大脑里根深蒂固，除了"让每一个生命得到充分发展"的理念，还有两句话深入人心，"为了每一个学生的终身发展"、"让每一个学生健康快乐成长"。这两句话虽非风范人的原创，但却深深扎根在我们的心中。

"每一个"，体现了"全员"。我们大家耳熟能详的一句口号"不让一个孩子掉队"，就是"全员"教育的诠释。"不让一个孩子掉队"的提法，是在国际教育改革的大潮中诞生的。2002年年初，时任美国总统布什签署了一个用口语化、大众化文字表达的教育改革法案——《不让一个孩子掉队法》(*No Child Left Behind Act*)，在国际上产生了很广泛的影响。中国是一个教育大国，改革开放以来，基础教育事业的发展速度和水平领先世界，义务教育的普及程度大幅提升，全员教育、不让一个孩子掉队，一直是教育界同人坚持不懈的追求。风范中学作为一所民办学校，更是将"不让一个孩子掉队"作为学校生命的价值所在，并使之成为全体教职员工的自觉愿望和行动。

"终身"，体现了"全程"。教育是长线事业，要造就一个合格人才，少则十几年，多则数十年，所以不能急功近利、揠苗助长，也不能企求立竿见影。学校教育不仅要关注学生当下的学业，更要注重培养学生终身学习的能力，使之掌握基本的知识、能力、方法，具有正确的情感、态度、价值观，让学生终身受益。

"全员"、"全程"的教育必然要求也是"全面"的教育，没有"全面"，"全员"、"全程"就失去了存在的意义。全面，当然是全方位的，包括德智体美劳诸方面，是综合素质、整体素养的概括。"健康"、"快乐"是从生理、心理层面体现了"全面"的部分涵义。

教育做到"全面"，关键在于要服务于学生的主体发展。学校要按照现代社会的需求，培养学生具有理想信念、公民意识、健康身心和科学文明素养，让他们的个性特长得到发挥，发展潜能得到开发，创新意识、创新精神和实践能力得到增强，终身学习的意识和能力不断提升。

（二）公允、公平、公正

公允，即共守某项原则、规矩，不偏袒。中国教育总体上是体现了“公允”的，但也有一些不尽如人意之处。比方说，城市中比较普遍的“学区房”现象，就包含了非公允的因素。有的家长为了“择校”，从老远的地方、不惜花费重金购买了学区房，让自己的孩子进入了心仪的学校。让人大跌眼镜的是，若干年后“学区房”子弟毕业时，房屋又重复了“以前的故事”，新主人又以更高的价钱购进，让前者的所谓“智力投资”实现了“增值”。其背后，是这些人在一定程度上侵占了“学区”内“原住民”孩子的利益，一方面，加剧了这些孩子相互间的非良性竞争；另一方面，造成了“学区房”房价的非理性上涨，这或多或少有失“公允”。好在人们已经看到了其中的问题，地方政府已在采取措施着力解决。

公平，即平等对待，无倾斜。改革开放以来，国家大力推进教育公平，取得了明显的成效。教育公平要惠及所有学生，无论学生的学业天赋和家庭背景等有何不同，我们都应该为他们提供平等、多样的学习机会，提供适合、优质的教育，让每一个孩子都拥有成功的梦想、获得成功的机会。放大一点看，学校作为社会的细胞，要通过公平教育弥合社会不同群体间的知识鸿沟，促进社会和谐。在我们风范中学，每一个学生都平等地享有学校的各种资源，而无优劣的差异；每一个学生都会得到班主任、任课老师同等的关爱，而无亲疏的区别。大家都在身体力行公平教育的真谛。

公正，指秉持公认的标准，持正、守正。这更多的是体现在对学生的评价中，包括品行评价和学业评价。我们始终坚持实行三种评价：全面性评价，品行、学业、综合素质多方面考量，不是只看分数或只看一时一事；发展性评价，看一个阶段进步的大小、提升的幅度，不用静止的眼光看人；个性化评价，评价标准既有原则性，又有灵活性，不搞“同一个模子”、“同一把尺子”。此外，注重评价主体的多元化，加大学生自评、互评的比重，支持家长积极参与；注重评价方式的多样化，如考试、考查、作业评价、实践评价、“成长档案”评价等。

教育代表着神圣、圣洁，代表着未来、希望，教育如果失去了公允、公平、公正，那么，世间大概就很少再有什么公允、公平、公正可言了，其后果是难以想象的。努力维护教育的公允、公平、公正，是学校的责任，也是作为教育具体实施者的校长、教师的责任。

（三）个性化培养

在我们这个星球上，树叶的数量是一个天文数字，然而，植物学家的研究早已得出结论：世界上并没有两片完全相同的树叶。在人类世界里，人的数量大概不会超出树叶的数量，那就更不存在完全相同的两个人了。因此，个性化是人类学研究永恒的课题，当然也是教育研究工作者、教育实践工作者值得探讨的课题。

每一个学生都是独特的生命个体，他们各有志趣，也各有差异。因此，学校教育教学要将学生的个性化培养放在突出的位置，尊重学生的个体差异，依据教育规律和不同年龄、不同类型学生的认知发展规律，扬长避短，因材施教。

关于学生的个性化培养，我们做了多方面的探索，主要的做法和体会是以下方面：

——教师转变教育观念，把学生看作是学习的主人，把自己看作是学生学习合作的伙伴，把课堂看作是学生探究学习的地方，真正确立学生的主体地位，发挥学生的主体作用，尊重学生的个性特长。

——注重个性化教学，根据每个学生的个性、兴趣、特长、需要实行因材施教，按需施教，方便学生独立自主地学习。

——营造生动活泼、其乐融融的教学氛围，让学生敢想、敢说、敢于表达自己与众不同的带有个性色彩的见解，鼓励学生的创思、创想、创见。

——着眼于未来社会对人才的需求，倡导“合格＋特长”的人才培养模式，为学有余力的学生提供广阔的学习空间，鼓励他们特长发展、超常发展。

——培养学生广泛的兴趣爱好，引导他们将持续、稳定的兴趣爱好发展为自己的特长。教师要展现出自己广泛而健康的兴趣爱好，以从中得到的快乐来感染、带动学生，并能循循善诱，使学生的兴趣爱好相对稳定，步步深入，逐渐形成一个兴趣爱好中心，由单纯从兴趣出发转到有目的地去发展特长的轨道上。

——以培养学生的创新精神和实践能力为主线，发现相对“冷门”领域内有良好天赋的“苗子”，在音乐、美术、体育、信息技术、科技制作等活动中培养和发展学生独立思考和动手操作的能力，学会表现美、欣赏美，学会自主创新。

——搭建学习平台，建设校园网，给学生提供一个自主学习、自我建树的发展环境；组织学习交流活动，进行学习成果展示。

——改变学生学习评价的内容和方式，将“信息获取、信息分析与信息加工的能力”作为学生学习成效的重要方面。

三、新时期的“五育并举”

学生成长是学校办学目标的根本追求。如何实现学生的成长，一直以来，我们强调的是“五育并举”。身为教育工作者的我们，必须认识到时代与环境的需要，不断更新自己的教育理念与方式，立足学生的全面发展，努力培养他们的综合素质；尊重学生作为独立的生命个体，积极促进学生核心素养的提升。

（一）充分认识“五育并举”的丰富内涵

“五育并举”的提法由来已久，重重地烙上了时代的印记，对中国近现代教育事业影响至深。如果作为一个命题，的确有许多东西值得我们去研究。

1.“五育并举”的时代变迁

“五育并举”最早是由教育家蔡元培先生提出的。当时，辛亥革命胜利不久，中国延续了数千年的封建统治被推翻了，教育领域处于重要的历史转折关头，对封建教育的改革才刚刚起步，南京临时政府只是颁布了一些具体的暂行规定，未有明确的指导思想，缺乏新的教育宗旨。在这样的情形下，1912年2月，蔡元培发表了《对于新教育之意见》这篇著名论文，比较系统地提出了“五育并举”的思想。其“五育”包括军国民教育、实利主义教育、公民道德教育、世界观教育、美感教育，并强调这五育“皆近日之教育所不可偏废”。主张“五育并举”，是蔡元培教育思想的显著特点之一。

时移世易，在社会发生深刻变化、科学技术以前所未有的速度迅猛发展的今天，需要赋予其新的生命意义。现在，我们所讲的教育中的“五育”，包括德育、智育、体育、美育和劳动技术教育。

——德育。德育是政治、思想和道德品质教育的总称，有时候也特指道德教育。学校德育是指教育者按照一定社会或阶级的要求，有目的、有计划、有系统地对受教育者施加政治、思想和道德方面的影响，并通过受教育者积极的认知、体验和践行，使之形成一定社会或阶级所需要的品德的教育活动。简而言之，即教育者有目的地培养受教育者品德的活动。

——智育。智育是指发展智能的教育，通常也单指文化科学知识教育。我比较倾向于前者，即发展智能。这样，我们可以进一步将智育过程概括为：智育过程是教师有目的、有计划地指导学生发展智力、掌握知识、提升能力的过程。

——体育。人们通常所讲的体育是一个广义的概念，主要指体育运动，包括体育教学、竞技运动、身体锻炼三大方面。学校体育则是一个狭义的概念，比较一致的解释为："体育是以活动为媒介，以促进个体身心健康发展为目的，以培养完善的社会公民为终极目标的教育过程。"这一解释的亮点，在于突出了体育的教育性功能，这正是学校体育的本质所在。

——美育。美育即美感教育，包括认识美、欣赏美、创造美等。浸润其间的一个主导因素是审美，包括审美观、审美方法等。美育注重美感经验给人的感受，重视创造过程对个人的影响。从本质上讲，美育是一种情感教育，是人类精神文明建设的重要内容之一。

——劳动技术教育。劳动技术教育是培养学生劳动观念、初步掌握劳动技术知识和技能、形成良好劳动习惯的教育。它有利于促进学生以劳立德、以劳长智、以劳强体、以劳益美、以劳增能，手脑并用，全面发展，为将来就业准备一定的条件。

"五育"是一个有机联系的统一的整体，其各方面相互依存、相互渗透，同时又是相对独立的，不可相互替代，且缺一不可。完整地、科学地认识"五育"的地位、作用及其相互关系，对于正确地贯彻国家的教育方针，调整教育的目标模式、课程标准，建立相应的考核评价体系，具有极其重要的意义。

2. 赋予"五育并举"新的时代意义

准确、科学、实事求是地理解"五育并举"，防止因为认识上的偏差导致实践中的迷失，今天显得尤其重要。特别是在应试教育大行其道的现实情况下，反复强调"五育并举"具有激浊扬清、拨乱反正的意义。我们必须为"五育并举"注入全新的时代内涵：今天我们所讲的"五育并举"，是与时俱进的"五育并举"，是建设有中国特色社会主义背景下的"五育并举"，是面向现代化、面向世界、面向未来的"五育并举"。

我的理解是：强调"五育并举"，主要是在思想上、观念上、行动上对"五育"要同等重视，并不一定是指它们要平起平坐、"并驾齐驱"，或者"平均使用力量"，要知道，这五个不同的方面各有特点，在学生的发展过程中，会由于各种主客观条件的变化因人而异、因事而异、因时空而异，涉及五个方面的事物或问题不可能完全相同，且多数并不相互关联，也不可能同时、同地发生，所以，它们是大概率不可能齐头并进的。"并举"是要同时都抓在手上，是实质上的"同行"，而不是形式上的"并进"。

（二）正确把握“五育并举”的内在精髓

“五育”的涵义不是一成不变的，不同的时代，不同的政治、经济、科技背景，对“五育”的解释会存在一定的区别，但日益发展和进步的总趋势是不会改变的。践行“五育并举”，必须正确把握“五育并举”的内在精髓，坚持思维创新，努力跟进时代步伐。

1. 德育工作：永远的首位

将德育置于首位，这是人类教育中共同的做法，古今中外，概莫能外。我国古代将礼、乐、射、御、书、数作为教育内容，为首的礼、乐两门学科便是德育。宋代学者司马光，在《资治通鉴》中论述德与才的问题时指出：“聪明强毅之谓才，正直中和之谓德。才者，德之资也；德者，才之帅也。”在司马光看来，思想品德是统帅，学问、智慧、才干等只是思想品德借以发挥作用的工具，并且学问才干等所起作用的性质，完全取决于人的思想品德的性质。这段话可谓集中表达了儒家的人才观和教育观。美国实用主义教育家约翰·杜威在其《教育上的道德原理》一文中明确指出：“使道德的目的在一切教育中，不论什么课题，处于普遍的统治地位。”经济发达的现代西方国家也都不约而同地将道德教育作为培养新一代的关键举措，列入教育发展的根本战略。新中国的教育始终坚持突出德育的首要地位。1957 年，毛泽东同志在《关于正确处理人民内部矛盾的问题》讲话中指出：“我们的教育方针，应该使受教育者在德育、智育、体育几方面都得到发展。成为有社会主义觉悟的有文化的劳动者。”德育为首非常明确。改革开放以后，对教育最具深远影响的，是 1985 年《中共中央关于教育体制改革的决定》，其中明确指出：“教育体制改革的根本目的是提高民族素质，多出人才，出好人才”“所有这些人才，都应该有理想、有道德、有文化、有纪律，热爱社会主义祖国和社会主义事业，具有为国家富强和人民富裕而艰苦奋斗的献身精神，都应该不断追求新知，具有实事求是、独立思考、勇于创造的科学精神。”2012 年，党的十八大报告提出：“坚持教育为社会主义现代化建设服务、为人民服务，把立德树人作为教育的根本任务，培养德智体美全面发展的社会主义建设者和接班人。”所有这些都充分说明了把德育放在首位，符合各个不同历史时期的教育规律。

将德育置于首位，也是人才培养客观规律的要求。这一客观规律，在任何社会形态中的作用都是不可忽视的。这是因为：在任何一种形态的社会里，作为学校教育，首先要解决的问题是培养出来的人为谁服务，这是一个最根本、最基础的前提。

讲到这里,我们的结论是:学校教育中无论是哪一“育”,都要坚持“德育首位”。

我们现在的教育比较强调学生能力的培养,但不是就能力谈能力。在21世纪能力中,传统的能力维度(例如读、写、算等)并非失去了其自身价值,而是作为21世纪能力的基底继续存在着。值得人们关注的是,在21世纪的能力导向和教育改革中,人们将道德与能力紧密地结合在了一起,探讨在知识爆炸和全球化进程不断推进的今天,如何将知识用于善的目的,如何与不同文化圈的人进行交往,这比以往任何一个时代都更具根本性的意义。因而,在探讨21世纪应当培养什么样的学生能力时,不可避免地要考虑道德教育的维度。在中国,以“核心素养”为导向的教育改革,更是在“立德树人”这一“德育为先”的目的引领之下进行的。

育人为本,德育为先,永远是学校工作的基调和准则。尽管我们培养的学生在知识掌握、能力锻炼、学业成绩和今后的就业岗位等方面必然存在各种差异,但都应该首先做一个堂堂正正的、“大写”的人。人们常说:一个人如果“缺才”,至多就是一个“次品”、“废品”,而如果“缺德”,那就是“危险品”。所以,我们要教育学生学会“做学问”、“做事”,更要学会“做人”,而且首先是学会“做人”。这就是“教育先育人,育人先育德”的本义。

为了彰显这一本义,风范中学坚持立德树人、树风立范的德育宗旨。我们在《“风范教育”指导纲要》中明确:“‘风范教育’集教育思想、理念、方法、行为于一体,是树风立范的教育,树人伦新风,立德行新范。风范教育本质上是立德树人的教育,树风其实树人,立范其实立德,树风立范是基本策略,立德树人是根本追求。”

2. 教学工作:永远的中心

通常人们一提到学校,脑子里首先想到的就是这所学校的教学质量,可想而知,教学在公众心目中的分量,以及教学对于一所学校的重要意义。教改至今,各种改革“你方唱罢我登场”,新思维、新理念、新方法层出不穷,但“教学工作是学校的中心工作”却是一以贯之,基本上没有产生过什么异议,换言之,这一观念还是经得住时间和实践检验的。

从学校各项工作占全部工作的大致比重来看,教学工作所占的时间应该是最多的,教学工作所涉及的知识、能力范围是最广的,教学工作对学生成长、发展的影响也是最全面的。可以毫不夸张地说,教学工作对学校整体的教育质量影响最大。因此，学校要提高教育质量，首先就是要努力提高教学质量，只有紧紧围绕教学来安排其他各项工作，才能使学校工作有序运行，顺利推进。更重要的是，将教学工作作为学校的中心工作，也是培养人才、实现教育目的的基本途径。

在风范中学，人们关于教学工作的“中心”意识是很强的。不管出现什么意外情况，正常的教学秩序必须保证；无论发生多么大的问题，教学活动不能受到任何影响；不论遇到怎样的困难，教学第一线的需要必须优先满足。这三点，全校教职员工已形成共识，并成为学校教学文化的一个重要方面。

3. 学生发展：永远的目标

学校是为学生而办的，这是再普通不过的常识。这一常识还意味着：学生的成长和发展，是学校孜孜以求的、永远的目标。

要让全体教职员工明确：教育是塑造人的事业，以学生为本，为他们的美好人生奠基，是我们光荣的职责和使命；要永远坚持“学生第一”，永远将学生的发展作为教育的终极目标。在我们风范人的心目中，虽然领导满意、家长满意、社会满意都很重要，但这些并不是我们所瞄准的目标，真正的目标是学生的成长和发展；如果我们一味地追求领导的肯定、家长的赞扬、社会的褒奖，而唯独忽视了学生的感受，那就陷入了世俗的窠臼、功利的桎梏。

要教育我们的学生：“自我实现”是个体最高层次的需要，每一个人都要善于规划积极的人生，认识自我、发展自我、超越自我。人再愚钝，只要足够努力，一样能使自己的生命放出璀璨的光彩。人生是一场长跑，有的笑在开始，有的笑在最后。强者总把命运掌握在自己手里，用不懈的努力去放飞梦想，收获希望。自身的努力才是成功的基石，当你竭尽全力奋勇拼搏时，你离成功的目标将越来越近；当你总是抱怨客观条件时，成功离你则会越来越远。所以，要学会把目光放远一点儿，把心态调顺一点儿，把奋斗留给今天，把希望留给明天。当遇到困难或挫折时，我们始终要坚信：水再浑浊，只要长久沉淀，依然会分外澄澈。

4. 质量提升：永远的追求

这里所说的质量，是学校整体性的办学质量，包括教育教学的质量、学生学习和发展的质量、教师队伍建设的质量、后勤保障服务的质量、学校管理工作的质量，等等。风范中学的各项工作，始终坚持“质量第一”的观念和要求，将质量提升当作主动自觉的、永远的追求。为此，我们在质量保障体系建设上注重处理好以下三种关系：

教学与研究的关系——抓教学，保证质量；抓研究，促进质量。

管理与治理的关系——“管”做手段，“治”为目的；少一些“被管”，多一些“自治”；努力提高“治”的质量，尤其注重提高“自治”的质量。

教育内外部之间的关系——优化内部，强化外部，加大社会教育资源开发利用、学校与社区合作共建的力度，充分发挥校外德育基地、学生实践基地的育人功能，提升家校共育水平。

此外，我们还从管理的角度注重处理好定力与动力的关系：首先，战略上要有定力，决策做出以后，切忌变来变去，既要吸纳最新信息，借鉴新的理念和主张，但也不要“耳朵根子太软”，照抄照搬，已经做了的不要轻易否定，总结经验教训后继续探索奋进。其次，战术上要有动力，包括动力的激发、动力的维持、动力的递增，以强劲的动力提升办学质量的活力。

（三）关键在于为学生搭建成长的舞台

回过头来看，“教育”这个词，属于现代语体。“教”，通常表达的是知识和技能的传授；“育”，通常强调的是品行和德行的养成。我国古代的“教”与今天的“教育”是同义的，即“教”中包含了“育”。学校实施“教”与“育”，关键是要为学生的成长和发展搭建舞台。据有关报道，著名企业家马云曾经和特斯拉的首席执行官埃隆·马斯克在世界人工智能大会上进行过一场“双马对话”，在提及未来如何培养孩子这个话题时，马云说过这样一句话：被“育”大的孩子，比被“教”大的孩子，更有后劲。这是关于“教”与“育”之效果的最直白、最直率的评判。育，是引导孩子主动地学习知识；教，是让孩子被动地接受知识。“教”得再好，也不过只是复制，“育”之得法，才能促进突破和蜕变。教育并非将知识和经验塞给孩子，而是通过言传身教让孩子找到自己要去的地方，相信孩子能抵达你没有抵达过的地方，这才是教育的终极目标。

网络语言中称孩子们为“神兽”，虽然是一个新比喻，却富含中国传统文化的韵味。“神兽”，有“神”的一面，神通广大，无所不能，让人顶礼膜拜并寄予希望；有“兽”的一面，桀骜不驯，难以理喻，让人担惊受怕且心有忐忑。它是一个矛盾统一体，是人们心理上的主观臆想物，而非自然存在的客观实体。其实，在人们的心目中，“神兽”就是形态像“兽”的“神”。孩子们被称作“神兽”，将家长对孩子的那种难以言表的情感体验，用简单的两个字精准地概括出来了，既包含了对孩子的“爱”，却又有些许不满意，且又无可奈何的复杂情感，也表现出为人父母的难处和养育孩子的不易。其实，教师又何尝不是如此呢？都眼巴巴地盼着孩子们好学上进，又对他们的调皮捣蛋颇感头痛，但终究是爱他们的，心甘情愿为他们的成才竭尽所能、呕心沥血。是的,所有的孩子在成长的道路上,都应该理解、感恩父母之心、老师之心,这样,你就有了律己的自觉、前进的动力。当然,这需要教育的引导。现在的青少年,生长在民主、开放,信息发达、科学技术日新月异的时代,聪明伶俐又不乏幼稚,天真活泼又不免顽皮,自信自主又不无依赖……这些正是我们教育工作者体现自身价值、凸现教育智慧的“现实基础”,只要引导得法,就能去“兽”成“神”,化腐朽为神奇。

1. 学校,应该成为视野宽广的舞台

教育是追求未来的事业,因为教育培养的是未来的建设者。但教育现实中,我们好多学校、教师则是着眼于“现在”,且这种所谓“现在”定义很窄,不过只是定位于急功近利的“分数”而已。就多数学生家长而言,有两根线束缚住了他们的思维:一是所谓“起跑线”,二是名校的“分数线”。在这样的氛围中,我们的学生学得很苦、很累,什么兴趣爱好、生动活泼、个性特长,都成了空谈,都化为泡影。

学校教育究竟是“育人”还是“育分”?在目前看来,这好像还是一下子难以回答清楚的问题,因为“人”与“分”往往是很难完全“切割”的。不过,有一点是肯定的:不能见“分”不见“人”。我觉得,“分”是为“人”服务的,最后还是要落实到“人”。试想一下,很多家长对孩子的分数看得很重,你以为他们真的是眼睛只盯着分数,心里只有分数吗?完全不是!说到底,他们其实还是为了孩子这个“人”。学校的根本任务是“育人”,是教育学生学会学习、学会生存,学校所做的一切,都是为实现这一任务所采取的手段,学习、活动是手段,检测、考试是手段,分数作为一种量数、测度,也不过是评价手段,不能将手段当目的。招生工作中“以分取人”,具有一定的公平性、合理性,但在日常学习、工作、生活中“以分论人”,肯定是片面的,因而是不科学的。

我感觉,现在的“育人”,似乎成了异化的“高结构设计”,停留在观念中、言谈中;倒是“育分”,仿佛处于所谓的“低结构实施”,使出了浑身解数。这不是一种良性互动状态。挑明了讲,育人,就要顾及人的本性,培养孩子们对这个世界“天真的”甚至是“傻傻的”好奇心和求知欲,让教育教学回归常识、回归本分、回归初心、回归梦想;育人,就要让孩子们解放自己的身心,从课本、习题集中解脱出来,多领略一些生活的多姿多彩;育人,就要让孩子们冲破“标准答案”的禁锢,敢于质疑,勇于挑战,鼓励他们的质疑和求异思维,培养他们的创新精神;还要让学生知道,分数是有意义的,但分数以外的世界更广阔、更精彩。

我主张，学校教育要立意长远、放眼长远、着力长远，真正做到从“育分”向“育人”转变，真正实现为学生的人生发展、终身发展奠基。

2. 学校，应该成为学生自主学习的舞台

人生有涯，学海无涯。学习，是人生成长的基石；学习，是人生走向成熟的桥梁。从古至今，无数的贤人志士从书本、学海中跋涉而来，是学习成就了他们的人生辉煌。世界上没有先知先觉者，只有学而知之者。那些在人生路上走得快一点儿，走得远一点儿的人，无不都是孜孜以求、学而不倦的人。“悬梁刺股”、“囊萤映雪“、“凿壁偷光”等故事都成为激励一代又一代学子的经典。学习，让我们走向开放；学习，让我们拥抱希望。

当今社会，是一个不断变化、飞速发展的社会；当今之人，面对知识爆炸的世界，更应该把学习当作人生的第一需要。只有知不足而倾心向学，才能保持不懈的追求，才能充满活力和希望，才能不断走向成长、成熟和成功。

学校，应当成为学生自主学习的舞台。尤其是基础教育阶段，要让学生懂得，学习是自己不可推卸的责任，没有责任感，找谁教也是教不好的。所以，要通过学校教育，让学习成为学生的生活习惯、生活方式、生活常态，使之在学习中奏响生命旋律，体现人生价值。正如有专家所提出的，教育应该使学生成为两种人：第一，爱上学习，做知识的“恋人”；第二，学会自学，做知识的“主人”。这是抓住了教育的根本，学生倘能做好这两种人，则将终生受益。

然而，在应试教育的束缚下，学生的学习被设定在“应试”的圈子里，自主性、主动性被大大削弱。对标中考、高考口径的大运动量“刷题”，应接不暇的模拟测验，名目繁多的校外“提分”补习，让学生一个个都成了“提线木偶”。这，不是真正意义上的“学习”，而是做应试的奴隶。真正的学习，是伴随着渴望、期待、憧憬的自觉行动，是与坚持、坚强、坚定同行的意志磨炼，这是任何被动学习所不可能达到的境界。学校教育，恰恰正是要引导学生一步步接近这样的境界。最近，我在网上读到一篇文章，其中一段是讲一位家长为孩子择校的经历：当初可以考虑的有 A 和 B 两所升学率都很不错的民办学校，A 甚至还要高于 B。参加了学校的宣讲会后发现，A 对学习抓得更严，而 B 更偏向全面发展。举棋不定之际，他在学校放学时到两所学校门口都转了一圈，之后果断拍板选择了 B。其理由是：从 B 校走出来的学生，脸上洋溢着比 A 校学生更灿烂的笑容。这位家长说，如果成绩少几分，换来孩子三年这样的笑容，值得！怎么样，这是不是对我们如何对待学生的学习有所启发呢？家长尚且有如此的理性，我们作为专业的教育工作者,难道不应更是如此?

3. 学校,应该成为学生挑战自我的舞台

“EDU 视点”公众号 2020 年 7 月 27 日有一则报道,题为《打工 10 天后》,文章最后写到,学生恍然大悟:原来读书才是最好走的路!

报道称:浙江师范大学有 19 名学生在嘉兴开始了 50 元过 10 天的暑期生存挑战。他们选择“打工”,有早教机构老师、景区讲解员、卖饮料、发传单、话务员以及滑梯组装员,等等。

挑战过程中,有人一天步数突破 3 万,有人背诵景点解说词到凌晨 2 点,也有人背着 10 公斤的传单,走了 1000 多家商铺。每天同学们还要上交 35 元,作为住宿费。10 天下来,同学们互相帮助,靠着努力和坚持,完成了挑战。还留下了 1 万多元,用作今后的实践经费。

事后,同学们深有感触:之前觉得读书很累,经过这次生存挑战终于明白,原来读书算不上累!

这虽然是发生在大学生身上的故事,但对我们依然不无启发:学校,要积极创造机会提供舞台,让学生在求学生涯中学会挑战自我;要教育我们的学生,不仅要志向高远,而且要心理强大。

在风范中学,全员育人、全程育人、全面育人、全方位育人的工作格局,借助“梦想舞台”这一载体,取得了良好的教育效果。

“梦想舞台”举办之初,只是以丰富学生课余生活、展示学生才华、发掘学生才智为目的,学校起初只想创造条件,为学生提供一个全面融合、全员参与的立体化的学习、活动、展示的平台。经过一年多的实践、丰富、完善,“梦想舞台”活动逐渐发展成为展现学科特点、展示主题创新的特色活动。在实践过程中,她引人注目的德育效果也让风范人不断思考和总结,大家一致认为“梦想舞台”是学与思、知与德有效融合的全新尝试。所以,从最初的才艺表演秀,到现在的以德育为主,兼具传统文化、人文情怀、学科融合的崭新舞台,她已经成为风范中学体现“风范教育”特色的一个品牌、一张名片。

有专家指出:最失败的教育,是让子女成为长不大的孩子。其实,这也是讲的要教育孩子从小学会挑战自我。

学校成为学生挑战自我的舞台,不仅是在校内,还要向校外延伸。其中很重要的一点,就是要引导家长鼓励、支持孩子们挑战自我。

现在的一些家长,对孩子太娇生惯养了。在某个居民小区,夏日的每天早晨，我都会看到这样一幕情景：不到两岁的孩子仰卧在精致的手推车中，外公推车，外婆挥着扇子，似乎是在驱赶其实并不存在的蚊虫，一马当先在前面开路，左右两边，年轻的父母也各拿着一把扇子，不停地为孩子扇风，可谓前呼后拥，左右保驾，成为小区里一道独特的夏日风景。虽然我能理解家长们的本意和行为，也根本无意于对别人的家事妄加评论，但作为教育人，我总觉得这样的情景与"教育"的意义还是有差距。可以想象，如果这个孩子以后一直是在这样的氛围中长大，而且他自己也始终满足、陶醉、沉浸于这样的氛围，要想成为独立支撑的大树，可能性不是很大。

上两代对下一代长时间的溺爱，可能导致下一代感恩、服务、奉献意识的淡薄，以及家庭责任感、社会责任感的缺失，妨碍其作为社会人的成长。在这样的情形下，学校教育需要有效发挥引导、调节、补充的作用，培养孩子独立自主的意识和能力，包括教育他们懂得感恩，感恩父母家人，感恩真诚教导和帮助过自己的师长、朋友，感恩时代的发展，感恩社会的进步，感恩为发展和进步做出贡献的人。

记得一次参加同事的生日 party，我与同事的女儿有过一段对话：

"你知道妈妈的生日是哪一天吗？"

"知道，我还知道我爸爸的生日。"

我有点惊奇："你怎么知道的呢？"

"爸爸妈妈每年都会给我过生日，我想，他们一定是爱我的。我也爱爸爸妈妈，以后我也要为他们过生日，所以我就问了他们，从此我就记住了。"

"好一件'贴心的小棉袄'啊！"在场的人赞叹不已！我心中默默地想：这是一个有爱心、知感恩的孩子！

现实生活中，父母大都记得孩子的生日，但孩子们记得父母生日的可能为数不多，未经大人引导或要求而能记住父母生日的孩子更是凤毛麟角。

父母的爱感染了孩子，这就是潜移默化、不教而教的魅力，它体现了教育的真谛。学校作为孩子成长的舞台之一，为了让他们学会挑战自我，是不是也应该充分体现这样的魅力呢？答案是肯定的！

"学霸废人"是近几年新出现的一个新词，主要是指那些在学校成绩很好的学霸，除了读书考试啥也不会，毕业之后无法适应社会和工作，最后选择长期在家啃老的"废人"。这不是个例。在这里，我们无意于指责这样的人和现象，而是要分析这些人和现象背后的缘由，探讨我们的学校教育在这方面可以怎样去做。

比方说，是不是我们太过于强调了“分”而忽视了“人”？是不是我们太过于迁就家长而忽略了家庭教育的正面引导？

我们知道，孩子的认知、能力和思维，很大程度上都依靠父母，如果没有得到正确教育引导，容易导致他们成年后缺乏自我意识和独立能力。因此，作为学校，要想避免教出“学霸废人”，除了自身端正教育思想、综合施策，还要指导孩子的父母做好以下两件事情：

一是培养孩子的独立自主能力。孩子总会离开父母的怀抱，奔向远方，独立自主是他们走向成熟的第一步，如果家长习惯于“包办”一切，那么孩子自然会越养越废。家长要从小培养其独立意识，让孩子自己的事情自己去做、自己的问题自己解决，因为“你做得越多，孩子会做得就越少”。

二是进行必要的抗挫应变教育。现在的孩子大多是独生子女，就算条件一般，也还是“集万千宠爱于一身”的，这就意味着他们很少会遇到失败和挫折，像温室里的花朵，心理承受能力和生存能力都比较脆弱。家长应该帮助他们从小就能正确面对失败，应对突发变故。有时候大人眼里的一点事，在孩子心里则是一道坎，家长需要为孩子解开心结，锻炼他们的心理承受能力。

2018 年 11 月 21 日，《现代快报》报道：“孩子考了 7 分，家长放一车烟花庆祝。”《中国青年报》《都市快报》、东方网等媒体也相继转发了这一报道。说的是江苏宿迁一位年轻父亲为了“庆祝”自己 11 岁的儿子考了 7 分，用小轿车拉了一车烟花爆竹在镇上燃放。故事的主角周先生从事水泥运输工作，他说孩子成绩一直不好，经常考 0 分，这次考了 7 分，自己并没生气，为了激励孩子，便带孩子买了 1 000 多元的烟花。这位家长的洒脱，确实让人刮目相看。很多家长如果得知自己的孩子只考了 7 分，恐怕只会忧心忡忡，甚至暴跳如雷。像周先生这样云淡风轻，乃至反其道而行之地开展庆祝，绝对是家长中的异类。而且这种“鼓励”已初见成效，用周先生的话说，孩子现在十分懂事，主动进步，最近一次考试已考到 57 分，他燃放烟花的目的已经达到了。

绝大多数人对此进行了点赞。“有进步就得肯定，这对孩子也是很值得鼓励的事。有可能改变孩子以后的人生轨迹。”“只有不入俗流的家长，才能培养出与众不同的孩子。这个父亲值得赞扬！”东方网评论称，“庆祝儿子考 7 分”不仅不可笑，而且是值得提倡的。其本质还是我们所提倡的“鼓励教育”、“叫好教育”。打骂教育、棍棒教育之下，考了 0 分的孩子可能依然是 0 分的成绩。而“庆祝儿子考 7 分”的鼓励结果，见证的就是科学教育的美好。

《现代金报》指出："只要能善于发现孩子闪光点或细微进步，就当给予正面肯定和热情鼓励。围观周先生此举，其最大亮点就在于其始终没有给经常考零分的孩子以'差生'的标签，极尽讥笑、嘲讽、歧视之态度，而是不松手、不放弃、不失关爱，这对于那些动辄施以棍棒、辱骂、体罚等家庭暴力的家长，显然不无启示意义。"

不少老师也在讨论此事。《都市快报》采访了一位班主任，这位班主任说："这位爸爸心态真好啊，方式也很特别。我去家访时也发现，大部分都是物质奖励，比如给孩子买买玩具。其实，我跟家长沟通时经常会说，尽量不要用太物质的东西奖励孩子，时间长了可能就没效果了。"讲到每次考试结束家长(特别是成绩中上学生的家长)都集体焦虑时，这位班主任说："平时成绩不好的孩子吧，稍微有些进步家长就满足了。但成绩好的这帮孩子，父母要求往往都比较高，最好多一分再多一分，满分最好。但大家冷静下来想一想，怎么可能人人满分、每次满分？少的那一两分真的有那么重要吗？其实很多时候，我们都欠孩子一句鼓励、一个拥抱。"

的确，有些家长总是把上了什么样的学校、考了多少分、学了什么特长，视为孩子成长的标志，却不够重视培养孩子的独立人格和优秀品质。家长应当看到，每个孩子都是独一无二的个体，都有自己的秉性和天赋。家长要学会客观看待孩子的缺点，发掘孩子独特的优点，在尊重教育规律、尊重孩子独立想法的基础上，为孩子选择合适的教育路径。越是在浮躁的环境下，家长越要修炼自己的内心，保持教育定力。教师，也是如此！

四、引导学生"学会学习"

学习从来就不是一件简单的事情，正因如此，联合国教科文组织倡导"学会学习"(learn to how to qearn)，强调更重要的是要学会学习方法。因此，"学会学习"可再浓缩为两个字——会学。真正的"会学"，是要有动力地学习、有能力地学习、有活力地学习和有可能地学习。

(一) 有动力地学习：心怀梦想

前不久，一则"无人机男孩"的视频走红，他骑着自行车飞奔而来看无人机："给我看一下你的无人机可以吗？"网友都说他语气中单纯的热爱和不卑不亢的态度，非常打动人。

淳朴的孩子对科技充满向往，目光所及满是希望。某无人机品牌听说后就派人来赴小男孩“明日之约”，不仅送给他一架新的无人机，还邀请小男孩参观制造工厂。

这里，不禁要为这家工厂点赞，他们不只是在做产品，生产无人机，而且也是在做教育，发现和培养人才！

是的，学习须心怀梦想，有梦想就有动力，有动力就能成长。所以，每一个梦想都值得认真对待。心怀梦想的孩子，眼里有光，心中有希望，总有一天，小小的树苗会长成参天大树。

然而，现在学生的学习动力太单一、太狭隘了，考上“名牌”，成了心中最大的愿望。由于各种主客观原因，其结果，他们的“梦想”往往很容易“梦断”或者“梦碎”。我有时在想：是不是现在事实上的“重点”(冠名是不用这个词的)学校太多了一点？据说，上海每年有近三分之一的初中毕业生进入市、区实验性示范性高中就读。众所周知，多中心等于无中心，同样的道理，多重点等于无重点。尽管对学生来说，学校的“名头”也许他们并不十分在意，反正自己就这么个“斤两”，到哪里都不会陡然增重或者减轻，但对学生家长而言，却会产生一种误导，造成认识上的偏差甚至混乱，似乎自己的孩子是理所当然进“重点”的料，于是“快马加鞭”，“应试”动力“强劲”起来。其实，由误导产生的动力是弱不禁风、难以持久的，终究经不住实践的考验，结果反而递减。

梦想应该立意高远，指向未来。要教育我们的学生，梦想进入“重点”“名校”应该鼓励，但这并非最终的目标。即便有一天你走进了心仪的高中、大学，更长、更远的路还在延伸，更美丽的风景还在前面。因此，梦想也是需要与时俱进的，前进中的每一个重要关口，都是“梦想”的“加油站”，高中、大学都不过是这样的“加油站”而已。从这个意义上说，人，只要生命没有停息，其梦想就没有止境。

(二) 有能力地学习：培养元能力

我们常常可以看到，有些人生活经历和受教育程度相似或相近，但在日常生活和工作中的能力表现却千差万别：有的理解力很强，能够提纲挈领抓住要点，而有的却总是不知所云，久久理不清头绪；有的能直面困难或挑战，平和沉稳且能激起奋发之心，有的回避问题或矛盾，感到压力山大，手足无措。究其原因，应该与个人的思维素质、心理因素、人文品质有关。对此，我们可以用“元能力”来予以说明。

所谓“元能力”，简而言之，即获取和运用能力的能力，它是专门能力的基础。

对学生而言，元能力的范畴主要涉及认知能力、情绪能力、情境适应能力、抗逆境能力、社会价值取向等。

学生元能力的培养，总结有关学者的研究，主要应从以下三方面入手：

一是修炼思维方法(Thinking method)，有效提高智力能力显现水平。思维工具可以改变个人的心智结构。思维能力强的人，有较强的分析、综合能力和感悟力，能够快速学习理解新事物，能够围绕特定任务高效收集和处理信息，快速把握本质解决问题。思维方法的修炼目标，着重于提高认知力、逻辑组织力、思维效率，这可以通过逻辑和批判性思维、分步思维、结构化思维和系统训练等方式实现。

二是修炼心理能力(Mental power)，有效提高情商表现和心理调适力。心理能力是理性能力的基础。心理能力强的人，自我认同感好，能够接纳自己，有较强的心理调适能力和情绪能力。心理能力的修炼目标，主要包括自我认同、情绪能力、同理心、心理调适力等，它主要通过了解情绪机制、典型心理规律，掌握情绪和心理调节方法(如认知法、觉知法、澄清法等)来实现。

三是修炼人文品质(Humanistic quality)，提升人格力量。人文品质涉及人格成熟度、社会价值取向、内驱力、格局境界等内在品质，这些品质是一个人区别另一个人的根本。较高的人文品质表现为人格成熟，能够在社会文化的大背景下很好地理解个人、社会需求，并与之互动；内驱力强，在困境中不失奋斗精神，在平淡中富有生活情趣。人文品质修炼的目标，在于提高社会认知、人文底蕴和人格力量，它可以通过自我认知、人格自塑以及增进人文知识、优化认知观念、人文实践锤炼等途径实现。

元能力培养不只是学习一些知识，而是最终要实现心灵、习惯的转变。此处讲的是“培养”而非“培训”元能力。一是专门知识能力可以靠外部灌输、机械记忆而习得和应用，但元能力只能靠内驱力来提升，外部只能起到辅导作用；二是专门知识学到了就可以用，但元能力相关知识光知道没有用，它需要经过“知识转化为观念、觉性实践、习惯成自然”三个过程，才能达到提升元能力的功效。因此，提升元能力是个外“培”内“养”的过程，亦即修炼的过程。

元能力属于个人修炼范畴，本身不具有功利性，它是在专门场景下通过支撑专门能力发挥作用的，其支撑效果有赖于元能力的综合展现。因此，元能力高低只能自我比较，通过修炼让自己的今天比昨天高点——认知水平、心理能力、境界的提高。可以肯定的是，具备“元能力”的孩子不仅学业出色，未来也能应对挑战。

（三）有活力地学习：努力与主动

在人才培养方面，我们往往比较多地强调教育的广度、高度，这固然没有错，但仅有广度、高度还不够，还得有活力。缺乏活力，再“广”再“高”都只是空有其表。

首先，要努力。一个人的成功与否，靠的终究是个人努力。很多人都把自己失败归结于输在起跑线上，或者是自己背景太差了。其实那又怎么样呢，无论你处于怎样恶劣的环境，在人生漫长的道路上，终究靠的是你自己的努力，只有你自己才能去改变你的人生，如果连你自己都不想要去改变自己混沌的人生，那又有谁能够帮助你呢？你也注定永远都接触不到成功的那一条线。

学习是播种，成功是收获。因为播种和收获从来都不在同一个季节，中间隔着一段时间，所以要“坚持”。要让每一个学生明白：放弃努力的人，即便曾经是“学霸”，最终难免泯然于众人；坚持努力的人，哪怕是曾经的“学渣”，也可以创造属于自己的辉煌，但千万不要因为某个“学霸”的失败就否认努力的价值。有一句话说得好：高处的风景，是低处仰望的人永远也见识不到的。因此，不要停留于仰望，而要脚踏实地去攀登！

其次，要主动。活力在很大程度上体现出教育怎么把每个人的内在能量激活。好的教育应该是每个人的能量都能被激发出来、调动起来。有活力的教育在于充分尊重每个人的内在能力，把每个人的主动性激活起来，让每个人成为更好的自己。因此，我们需要打破现有的学校教育教学体系，让每一个学生富有个性地学习，主动自觉地建构自己的知识、能力体系。

主动学习需要独立思考。人云亦云，亦步亦趋，让别人的脑袋为自己思考——没有独立思考、没有批判性思维、没有创新意识的孩子，就是被教傻了。缺乏独立人格、自由思想、质疑精神、创新意识，其人格必然是有缺陷的。教师要注重引导学生“主动认知”，把学生逐步引入想象、探索、创造、批判、审视、抗挫、反省、推理、归纳，培养他们的自主意识、探索精神，发展他们的发散性思维、逆向思维、批判性思维。

（四）有可能地学习：建构全学习系统生态

课堂教学，虽然是学生在校学习的主渠道，但它毕竟只是提供了学习可能性中的一种。处在信息时代、网络社会，特别是在科学技术突飞猛进、知识量激增的背景下，在学习方式快速迭代的今天，学生的学习渠道需要进一步拓展、补充。

全学习系统生态，最大程度地拓展了学生在校学习的时空，使学生的学习无时不有、无处不在成为可能。

事实上，学习者的智能素养会对空间环境提出要求，空间环境也会对学习者智能的培养提供更全面的支持。“全学习系统生态”通过规划与开发运用学校文化、空间和环境，以丰富学习资源、方便学生学习为追求，满足学生学习的兴趣、愿望和心理需求。如现今广泛兴起的科学与人工智能课程，就需要科学教室、STEAM学习中心、编程教室、创客教室等空间。课程发展、教学创新与空间重构的目的，都共同指向为学生建构“全学习”系统生态。

风范中学形成了一套全学习生态系统建设流程：学校前置规划——课程规划及校园文化设计——建筑空间打造。学校对校园的空间功能进行了整体性再构，将课程理念和学习方式转变为看得见的空间课程，让空间最大程度地满足不同学生多元化学习的需要，实现空间重组带动学习资源的链接，营造全学习氛围，使学习无处不在。学校入口、长廊、教室、活动室、图书馆、餐厅等建筑，操场、球场、停车场等场地，橱窗、专栏、墙壁、电子屏等设施，都可以成为学生学习内容的载体；各楼层过道、楼梯间，甚至茶水间、洗手间、电梯内，都有可供学生学习的东西，真正实现了“人人、时时、处处”皆可学习。

记得初一年级有一个女孩，她家是拆迁户，举家移居郊区。父母几次劝她转学她都未答应。三年中，她坚持每天起大早，挤公交，从来没有迟到、缺席过。知道情况的老师们都很感慨。一次，我和她所在班的班主任老师一起同她交谈，当时她说的话我至今记忆犹新：“风范的每一个角落都清晰地印刻在我的脑海里，挥之不去，我习惯这里的氛围，也爱这里的老师，在这里读书，我安心、放心，也有信心！”

实践表明，从育人目标出发，让文化价值观、课程设计与时空环境融合，让校园更加适应学生的学习方式，全方位促进学生的学习，学生就会对学习有感情、对老师有感情、对学校有感情。所以，全学习系统生态建设，学校是可以大有作为的。

说到底，我们还是要坚持自己的理念：面向全体，让每一个生命得到充分发展。

这么多年来，风范中学优异的教育质量获得了社会广泛的赞誉。这，不仅仅在于中考高考中风范学子成绩优异，还在于每学年都有100多人次在各级各类竞赛中频频获奖，更在于风范毕业的学生具有很强的后续发展潜力。许多学生就读于高中、大学名校，在激烈的竞争中崭露头角，有的成为学校主要的学生干部，有的在全国或国际竞赛中连创佳绩。学校每年都能收到10多封来自各著名学校的喜报或感谢信。的确，“让每一个生命得到充分发展”的教育理念，使学生、教师、学校收获良多！

第五章　固本强基，精心锻造一流师资队伍

校长的首要职责是抓好教师队伍建设。如果要讲校长对于教育的贡献，造就一支德才兼备的教师队伍就是最重要的贡献；如果要讲校长对于学校的功绩，促进教师的专业发展就是最突出的功绩。道理很简单，只有首先实现教师的发展，才能达至学生发展的目标。

——题记

教师，人才培养之本，学校发展之基。一所学校，学生的流动是一届跟着一届，而教师的流动却相对有限，处于一种“稳态”。因此，教师队伍建设，事关学校的长远发展。

或许有人要问：教师发展是不是办学目的之一？要回答这个问题，可能先要认识这样两对概念：近景性目的和远景性目的；直接性目的和间接性目的。学校办学的远景性目的、直接性目的，毫无疑问是促进学生的成长。教师发展即便作为目的，那也只能有两种解释：其一，近景性目的，是服从并服务于远景性目的——学生成长的；其二，间接性目的，是间接服务于直接性目的——学生成长的。

我对这个问题的回答是，它有目的的成分，但不是目的的全部。学校注重教师发展，既是近景性、间接性目的，也是为远景性、直接性目的服务的，而且更主要的是具有方法、策略的属性。校长心目中的教师队伍建设，更多的是关注教师多方面的、整体性的发展。

一、教师队伍建设在学校治理中举足轻重

2017 年 11 月 20 日，中央全面深化改革领导小组审议通过了《中共中央国

务院关于全面深化新时代教师队伍建设改革的意见》,提出要"创新教师管理制度""改进各级各类教师管理机制",从而将推进教师队伍建设与教育治理体系和治理能力现代化密切结合起来。这为学校治理中的教师队伍建设指明了方向。

(一)教师是学校治理的主体

我们一直都在讲教师是学校发展的主体,这是人们广泛认同的。再深入一步思考,学校的发展又是怎么来的呢?当然是有效"治理"的结果,所以,教师也是学校治理的主体。

1. 在思想认识上确认教师在学校治理中的主体地位

教育治理体系和治理能力现代化,对学校治理提出了更高要求,完善学校治理结构,提高学校治理能力,教师在其中扮演的角色至关重要。

如今的教育和学校,或多或少存在一些"乱象",必须强化"治理"。比方一直为人们所诟病的某些现象:歧视所谓"差生",将教育辅导的责任转移给家长;中、高考前,淘汰班级中成绩排序靠后的几名学生;课上不讲补课讲、复习课上如"放羊";广种薄收、浪费学生精力的题海战术;教辅资料、复习资料满天飞代替正常教学;有偿家教、有偿补课,等等。从自省的角度来看,不能说这类现象均是捕风捉影,只不过严重程度各有不同。这些情况都在"治理"之列。试想一下,如果只靠学校领导时时讲、处处讲,没有教师的积极支持、自觉配合和主动参与,能够达到"治理"的目标要求吗?恐怕很难。结论就是:现代学校治理离不开教师的参与,必须确立教师在学校治理中的主体地位。

2. 在治理实践中确立教师的主体地位

更新传统的学校管理理念,确立教师在学校治理中的主体地位,充分发挥教师参与学校治理的主动性和积极性,是当前和今后一段时期学校内部运行机制改革的重要任务。

一是健全学校治理中的教师参与制度。为了完善学校内部治理结构,需要持续推动学校内部的多元主体参与管理,教师作为学校内部的核心要素,必须从制度上保证他们参与学校治理。制度建设的重中之重,是要建立与完善保障教师基本权利、促进教师专业发展的一系列制度与程序。首先,健全教职工代表大会制度,保障教职工参与学校民主管理、民主监督的权利,以及对学校重大事项决策的知情权、参与权,依法维护教师权益。其次,进一步完善支持教师专业化发展的相关制度。以教师教育为例,应该建立一个在教师培养、培训、资格认证、聘任、管理、评价等方面基于标准、认证及其程序的规范性制度体系,以支撑教师教育的实践,促进教师的专业发展。

二是建立学校治理中的新型人际关系。良好的人际关系有助于满足人基本的心理需要,有助于使人保持愉快的心情,有助于提供有效的心理支持。不管是什么人,当他面对挫折、苦恼、逆境时,往往会本能地产生情绪宣泄、情感释放、内心倾诉的需要,希望能有人倾听、共情、安抚,而良好的人际关系本身,就能够提供这样一种温馨、宽松的心理氛围。相互之间的真诚、理解、宽容和信任,可以让人毫无顾忌地畅所欲言,这是一种有效的心理支持系统,是减轻心理压力的有效方式,对于提高自我调节水平、增强心理承受能力具有明显的促进作用。校长与教师之间也要建立起良好的人际关系:校长对教师要关心、爱护、尊重、信任;教师对校长也要尊重、支持、理解、信赖。

新型人际关系可有多种模式,如友好型、对话型、期待型、民主型、合作型等。前三种是人们在交往中应用最广泛的模式;民主型模式普遍适用于上下级关系的处理,当然平行层级的双方之间也有民主的问题,包括互相尊重、平等待人,让对方充分表达,讲话留有余地等;合作型模式对任何人、任何事情、任何情境都很适合也非常必要,因为个人力量往往很难突破时空、环境的障碍,而合作的群体则可发挥团队的作用。合作共事的人际关系有助于团队文化的形成、传播与变革,有助于教师发展意愿的激发与强化,有助于学校治理目标的实现。

三是畅通学校治理中的信息交流渠道。此处所谓畅通渠道,非就交流方式而言,主要在于要落实教师的知情权、参与权、表达权和监督权。

首先,要坚持信息公开,落实知情权。需要着重解决目前存在的某些不足:在公开内容上,形式上公开多,实质上公开少;在公开渠道上,仍习惯于传统做法,利用公告栏公开多、利用新媒体公开少;在公开范围上,大家容易知道的公开多,不易知道的公开少;在公开效果上,以我为主、自说自话的多,群众意见、公众呼声少。这些问题的产生,在一定程度上使教师的知情权打了折扣。

信息公开的广度与深度决定着教师知情权的落实程度。学校治理中,学校领导要进一步增强法治意识,强化公开理念,坚持把信息公开作为履职尽责的重要环节,既要从思想上增强责任意识,做到主动自觉公开,又要从行为上克服随意性,做到依法依规公开,切实提高信息公开的全面性和时效性。

其次,要广泛听取教师声音,落实参与权。随着学校治理的改革与进步,教师参与治理的意识不断增强。学校要顺应教职员工的新期待,重视保护好大家参与学校治理的热情,通过易为他们接受的方式和方法,调动他们为实现学校发展提供更好的思路、建议和对策的积极性,通过听证会、恳谈会、民意调查或咨询、质询、旁听等途径和方式,形成有效沟通、良性互动的交流机制,落实好教师的参与权。

再次,要充分尊重教师之意,落实表达权。要把教师的聪明才智汇集到学校治理中来:学校决策与制度建设要听取教师呼声,使决策和制度符合民意;通过各种方式,培养和引导教师参与学校治理的责任感和合作精神,增强参与意识,提高参与能力和水平;为教师参与学校治理搭建更多更好更方便的平台,拓宽教师诉求表达渠道,创新诉求表达方式,增强诉求表达实效。

此外,要拓宽信息反馈通道,落实监督权。完善信息反馈机制,为教师充分行使监督权创造条件,提供方便;完善诉求表达机制,及时掌握舆情民意,不断提高大家的监督意识、监督能力、监督成效;完善监督长效机制,清除影响和妨碍监督的各种障碍,并及时纠正失误,取信于民;完善舆论监督机制,充分发挥会议、传媒、大众新媒体的功能,保证教师监督权的有效落实。

在校长看来,更值得一提的是:教师参与学校治理,还有一个特别重要的意义,即教师在"参与"过程中实现了高度"自治"。这对整体提升学校工作的质量和效益,作用极其巨大,也是现代学校治理所追求的理想境界。

(二)建设教师发展共同体

如何在构建完善的教师队伍治理体系的同时有效推进教师队伍治理实践,对于实现促进教师专业发展从而提升教育公共服务质量与水平的目标与使命具有至关重要的意义。我认为,加强教师发展共同体建设,是一个很好的选项。

所谓教师发展共同体,是指教师为了更好地提升自我,增强自身教育教学实践能力而结成的相互学习、共谋发展的专业学习与教学改进的组织形式与实践过程。这一过程强调教师之间的交流、合作探究、分享学习。建设这样的共同体,可考虑从两个层面入手:区域层面和学校层面。

1. 区域层面的教师发展共同体建设

在区域层面,构建一个以政府主导、教师队伍治理主体参与的教师发展共同体,不失为系统开展教师队伍治理实践的一条重要路径。

区域内教师发展共同体以促进教师专业化发展为共同愿景,在政府、教师与教师教育机构、教师专业组织之间建立以合作对话、沟通协调为主的治理机制，营造互相理解、互相分享的治理实践的氛围，从而形成合力，共同推动区域教师队伍治理体系与治理能力现代化水平的提升。

区域内教师发展共同体建设，关键是要形成以大数据为支撑、分步推进、分项实施的行动计划，实行项目化运作，以共同体建设项目为载体，形成梯队式人才序列，进而通过优秀人才发挥引领、示范作用，带动区域教师队伍的整体、协调发展。

2. 学校层面的教师发展共同体建设

在学校层面，要为教师搭建研究、实践平台，促进教师多方面、整体性发展。

(1) 催生自由共同体

不是刻意去组织而是在日常工作实践中自主、自发地开展具有共同体性质的教师专业发展活动。这样的“共同体”，具有较高的自由度，既可以在实践中“催生”而展开活动，也可以相机渗透、融入学校的其他活动，借题发挥、乘势而上。如学校各种沙龙、论坛、案例研讨、现场模拟、经验分享、技能培训、互动交流等活动，都可以灵活锲入或关联共同体的内容。虽然这样的自由共同体活动具有一定的随机性、现场性，但事前也需要酌情做适当的策划和准备。

(2) 成立项目共同体

学校也可以按项目建立教师发展共同体。比方说，学校推出研究项目，由名优教师担纲组团，教师也可以自荐参与，一个名师可以带三个左右普通教师，通过项目共同体的运作，提升教师的教育研究能力和水平，培养和壮大学校骨干教师队伍。

(3) 组织校际共同体

相关学校在认真分析现状的基础上，提出共同体建设项目，从关键点入手，在学校优势互补的基础上，嵌入行政支持、专业支持的力量，开展共同体活动。活动形式可以是名师讲座、同课异构、技能竞赛等，以活动来促进教师能力和水平的提高。

当然，就一所学校而言，全体教师也构成了一个发展共同体，这种大共同体的发展，需要学校做好顶层设计，让每一位教师都能主动作为，都能不断地得到发展。

实践表明，教师发展共同体建设是学校具有“固本强基”意义的重要工作，也是精心打造一流师资队伍的有效路径。有一流队伍，方有一流治理；有一流治理，方有一流学校。在教师发展共同体建设方面，尤其是关于共同体建设如何助力现代学校治理，我们还可以持续进行新的探索。

二、建立关于教师职业角色的全面认知

对教师角色的认知，可以有多种角度，包括学生的认知、学生家长的认知、领导者的认知、教育专家的认知和教师的自我认知，等等。作为校长，我主要还是从校长的角度来谈一谈这个问题，适当兼顾其他角度的认知。

很多人惯于用忘我、无私之类的高层次标准要求教师。领导说得最多的话，常常是"选择教师，就意味着选择清贫""选择教师就是选择奉献"之类，似乎教师都是不食人间烟火的，都是命中注定为他人而生的。据传，某地每年 9 月初举行教师节庆祝大会，地方领导在讲话中都少不了勉励教师们要发扬"红烛"精神，为了"照亮别人"，不惜"燃烧自己"，因此，领导们一进会场，教师们都悄悄调侃道："点蜡烛的来了。"即便是学校领导，也多数希望教师把工作放在第一位，讲不计得失，讲乐于奉献。虽然诸如此类的要求本身并无不妥，但总感觉有那么一点"道德绑架"的意味。教师不是神，除了工作，还要吃五谷杂粮，照顾一家老小，尤其是现在的年轻人，他们大多是独生子女，身上的负担更重。负重前行的人，很难做到轻松上阵。所以在学校层面而言，不能一味要求教师付出，一所长远发展的学校需要有人文的关怀，不仅是对学生，还有对教师。我常常在想：为什么要让教师们以"燃烧自己"的代价去换取"照亮别人"的结果呢？何不提倡让教师们做航道上的"灯塔"，在"照亮别人"的同时也"照亮自己"，满足其自我实现的高层次需要呢？变换一下思维方式，可能效果大不相同。

（一）真正地认识教师

教师，是一个人数众多的群体，世界的每一个角落，几乎都有教师的身影，但是，人们未必能够真正地认识教师。我认为，要认识教师，需要透过教师的外表去体会他们的内心，从教师也许并不起眼的行动去体验他们高出常人的精神境界。

1. 师魂，平凡中见伟大

军人有军魂，教师有师魂。

魂，本身是抽象的，以至关于师魂的诠释自然也难免抽象，可能一百个人有

一百种理解,因为它与每个人的经历、境遇、体验、思想境界关联太紧密了。

先讲一则"中国最后一位女先生"叶嘉莹的故事:①

叶嘉莹,出生于上世纪初叶,历尽命运颠簸,遭遇多次变故,却焕发了人生风采。她曾任美国哈佛大学、哥伦比亚大学等世界一流名校的教授,并受聘于国内多所大学任客座教授。她教了 74 年书,为传承中华文化付出了全部的青春,90 多岁高龄了还在教书育人,培养了一大批中国传统文化和古典文学专业人才,是名副其实的"大师的老师",获得了"影响世界华人大奖"终身成就奖!94 岁高龄时,她将毕生积蓄 1857 万元全数捐给了南开大学教育基金会,支持中华优秀传统文化的研究。她不惜为祖国千金散尽,是当今我们最该珍惜的国宝级人物!

她曾深情地说:"我愿意生命结束在讲台上,如果有来生,我还要教古典诗词!"生活曾给她无尽的磨难,但她依然善待整个世界,豁达柔和地直面厄运;不求虚名,不为私利,不迎合风气,不依附贵人,一世多艰,却痴心不改,从里到外都是最干净的灵魂!她,是当之无愧的师者精英!

让我们再来了解一下浙江省杭州市富阳区新登中学一个从教 23 年的英语教师的故事:②

故事的主人公叫冯亦斌。2019 年 12 月 24 日晚,冯老师因病离世,享年 51 岁。

冯老师得的是肠癌。据他大姐冯丽霞回忆,2017 年下半年已有征兆,"阿斌那时候总是说自己肚子胀,到了 2018 年上半年,又出现便血,专家号给他挂了好几回,他说:'姐,我来不及,我今天有六节课。'然后又跑去新登了。"有时候再催他看病,他都是那句话:"再等等,等学生进考场。"

"大家平时有个头疼脑热,教师们都是咬咬牙忍过去,不敢耽误学生。"学校英语教研组组长李文科老师深有体会,"到了高三,学生时间宝贵,教师也紧张。这么大工作量,又是临门一脚,换教师,肯定会影响学生,大家没有时间再去适应别的教师了……"

高考刚结束,冯丽霞得知弟弟每天只吃一个苹果,其他什么都吃不下时,急了,这样身体怎么撑得住,马上盯着他去医院检查,但已经是肠癌晚期,错过了最

---

① 德国优才计划.她的一生积蓄也只有 1857 万元,而刚刚,她居然把 1857 万元全部捐了出去[EB/OL].(2018-10-19)[2020-04-08].https://www.sohu.com/a/260450276_210210.

② 噩耗!他走了,最后一条朋友圈让人泪崩[EB/OL].(2019-12-29)[2020-04-09] https://baijiahao.baidu.com/s?id=1654211173645195004&wfr=spider&for=pc.

佳治疗期。

“我父母都是教师，我们兄妹四人从小就在校园里长大。阿斌 1992 年大学毕业后，从杭州回新登教书，我父亲很高兴……教师这份职业，似乎是生长在他血液中，”冯丽霞深情地说，“在工作上，阿斌和我父亲一样，都是一心扑在工作上，每天早出晚归，再正常不过的事……不想别的，就想踏踏实实做一名好教师，找个爱人也是教师。两个人一个忙高三，一个忙初三……”

冯老师癌症刚确诊那会儿，新登中学校长周喜军去看他，冯亦斌说：“校长，我不怕死，就怕孤独。”

“他满脑子想的全是学生。”面对采访的记者，周校长擦了擦眼泪，“还问我们成绩出来没，学生考得怎么样。”春节后的学校第一次教职工大会，校长周喜军特地请来冯老师给大家讲几句。“能安安心心工作，是一件多么美好的事情……我是多么想念大家，病痛又是多么无情……我还是非常希望能够回来跟大家一起工作……”听到冯老师这番话，大家都不由得泪流满面。

冯老师去世后，校长周喜军写下这样一段话：

“2018 年 4—6 月，因为怕耽误学生高三冲刺，耽误了最佳治疗期。平凡的教师啊，总是用实际行动践行奉献精神。敦厚朴素、敬业勤勉的冯老师在直面生死之际，表现出惊人的坚强、平淡与大局观，还有对亲人、学校、教育与生命无限的眷恋。坚持回来上班、坚持不要捐款、坚持不打扰学校，并对自己无法效力学校而反复道歉。临走还祝福所有人，品德高尚，体现出一个共产党员崇高的党性。”

再说一个感人的故事：为了山里的孩子走进最好的学校[①]

故事发生在云南的大山深处，故事的主人公叫张桂梅。

张桂梅 1957 年 6 月出生于黑龙江省牡丹江市，1975 年 12 月离开东北到云南支援边疆建设，后来跟随丈夫在大理市白族自治区喜洲镇第一中学任教。1996 年，她的丈夫因胃癌去世，伤心的张桂梅放弃了在大理优越的工作环境，申请调到深度贫困山区，在华坪县民族中学任教。

她发现华坪县的教育条件非常落后，而且班上的女学生数量时常在减少。为了一探究竟，也为了寻回那些“消失”的女学生，张桂梅走进了大山深处。她了解到，当地很多小姑娘仅十几岁就出嫁了，或是留在家中干农活。此情此景深深

---

① 综合腾讯新闻客户端自媒体、网易新闻、《云南日报》《云南教育》杂志等报道。

触动了她，为了改变当地“低素质母亲和低素质孩儿恶性循环”的局面，2001年，张桂梅决定在华坪县筹建一所女子高中，她知道这很难，但还是想试一试，因为她觉得女孩子受教育，可以改变三代人。

“我想让山里的孩子，也能走进最好的学校。”这是张桂梅创办华坪县女子高级中学的初衷与使命，“我觉得我再难，办好这个高中都是对的，我把命搭上也要办。”于是，筹集款项、动员生源、招聘师资等，让张桂梅经历了六年的辛勤奔波和操劳。2008年8月，华坪县女子高级中学终于建成，9月份迎来了第一批100名来自贫困家庭的女学生。

这也是当时全国第一所全免费的女子高级中学。为了这所学校，张桂梅噙着眼泪说：“我几乎付出的是我的生命，这是用命换来的。”

十多年来，张桂梅既是校长，也是保安，更是这些孩子的母亲。她献出自己的全部，没有成家，和学生们一起住在学校宿舍。所有的奖金和工资，全部捐献给了山区的孩子。当记者问她：“人这一辈子的价值在哪儿呢？”张桂梅说：“我这辈子的价值，就是我救了一代人。不管数量是多是少，毕竟她们后面走得比我好，比我幸福就足够了。这就是对我最大的安慰。”

自2008年建校以来，从第一届毕业生参加高考开始，患有11种疾病的张桂梅连续10年坚持送考，让1800多名大山里的女孩改变了命运，从华坪女高走进了大学。

张桂梅被人们誉为“中国最牛女校长”。2020年教师节前夕，她光荣地成为中宣部、教育部联合宣传表彰的当年12位“全国教书育人楷模”之一。2020年12月，中共中央决定授予张桂梅“全国优秀共产党员”称号，中宣部决定授予张桂梅“时代楷模”称号，表彰她创造了大山里的“教育奇迹”。

其实，生活中这样的教师，很多，很多，他们的灵魂，崇高、伟大、圣洁；诸如此类的事例不胜枚举，在人们的心目中留下一首首壮丽的歌！叶嘉莹、冯亦斌、张桂梅……他们用自己实实在在的、平凡但并不平淡的行动诠释了什么是“师魂”！

朋友，读到这里，关于什么是师魂，你心中有答案了吗？当然，这不是几句抽象的语言所能完全概括的。我认为，师魂是一种看不见、摸不着的，但教师心底里有位置的精神存在，是一种自觉意识，是一种使命担当！

2. 师德，平淡中显修养

人类享有的财富、智慧、地位等，我们的老祖宗用一个字——物，做了精辟的概括。其实，这里的“物”，就是人们常说的“福报”。我们知道，清华大学的校训是“厚德载物”。“厚德”，即德行修养深厚。“物”，靠什么来“载”？靠的就是你的德行，靠你给社会创造的价值。换言之，“厚德”方能承载万物，才能引来福报。相反的情形则是“德不配位”。位，就是待遇，德不配位就是德行不配福报。

师德是什么，这也是见仁见智，不同的时代背景解释会有所不同。在我看来，师德的核心是师者之心。师者之心集中体现为事业心、责任心、爱心。

事业心反映精神境界。事业心往往与成就意识相联系，是一个人努力成就一番事业的精神追求和热爱本职工作、希望取得良好成就的积极心理状态，是一种高尚的职业情操。从某种意义上说，事业心就是对待工作的态度：将工作仅仅看成“饭碗”，那是为谋生养家，通常会持“做一天和尚撞一天钟”的心态，“过得去”即心安理得；将工作看成是“事业”，则意味着视之为人生理想、人生抱负的寄托，是人生意义之所在，必然会全力以赴。事业心也有强弱之分：事业心较弱的人，缺乏一定要把工作干到最好的决心和信心，满足于完成领导交给的任务，做得“差不多”就行，比较看重眼前，缺少长远规划，在意享受生活带来的乐趣；事业心较强的人，工作上追求“要做就做到极致”，对自己高标准、严要求，积极主动、勇于创新，有远大理想和抱负，愿意享受工作带来的乐趣。事业心的差别，从表面上看，似乎只是心理状态上的不同，从实质上讲，它对人的成长和发展会产生长期的决定性的影响。

把工作当成事业，其意义便超出了工作本身，而与更高层次的东西相联接，这种更高层次的东西，让人以事业的眼光来看工作，以事业的追求来做工作，它，就是人的境界——精神境界、人生境界，是人发挥主观能动作用、创造性地做好本职工作的动力之源。

责任心反映工作质量。在日常工作中，我们常常可以看到：有的人，基础条件不错，脑子灵活，业务能力不差，具有脱颖而出的潜质，但在实际工作中却表现平平，容易满足于简单完成领导布置的任务，除了偶尔显露一点“小聪明”，没有多少“亮点”，给人的感觉似乎总是缺少一股热情、一股干劲，工作质量和实绩没有达到与其水平、能力相称的层次，时间一长，领导很难放心地将重要的工作任务交给他；有的人，基本条件未必有太多优势，甚至不如前者，但工作主动性、积极性很强，经常创造性地多想多干，总是激情满怀，浑身似乎有使不完的劲，再大的难事、难题也难不倒他，时间不长便崭露头角。分析两者的差异，可能有多方面的原因，但从个人主观角度来看，是其工作责任心的直接反映。

爱心反映品性。爱是教育永恒的主题，爱是教育学生的前提，没有爱就没有教育。

网络上流传着这样一则题为《蒙眼》的故事，文字表达的、视频讲述的都有：①

在一次婚宴上，一位中年男士认出了他中学的老师，于是上前恭敬地说："老师，您好！您还认得我吗？"

老师："对不起，我实在记不起来。"

学生："老师您再想想，我是当年在课堂上偷同学手表的那个学生。"

老师看着面前的这位学生，还是摇了摇头说："我真的认不出你了。"

学生："当时您叫全班同学都面向墙壁站着，再用手帕蒙上各自的眼睛，然后您一个个搜查我们的口袋。当您从我口袋里搜出手表时，我想我一定会受到您的严厉的训斥并予以严肃处理，从此以后我在班里是抬不起头来了，这将给我人生留下不可磨灭的耻辱和创伤……

"但是事情并没有如我想象的那样，您把手表归还给失主后，就叫我们坐回原来的座位上继续上课。一直到我毕业离开学校那一天，偷手表的事从来没有被提起过。老师，现在您应该记起我了吧？"

老师微微一笑说道："我怎么会记得你呢？为了同学之间能保持良好关系，为了不影响我对班上同学的印象，当时我也是蒙上自己眼睛来搜查学生的口袋的。"

学生听完，眼泪夺眶而出，他紧紧地把老师抱在怀里，一句话也说不出来，彼此就这样默默拥抱着……

故事一开始便称这是"一个真实的故事"。我没有考证过这是否真的是"真实的故事"，但我情愿相信这是真的，因为类似的场景并非绝无仅有，我们的身边不乏这样的充满爱心的老师。的确，给人容身的空间，给人转身的台阶，给人改过的机会，这不仅是老师的善良和智慧，更是一种崇高的慈悲境界和人格魅力。真正的善，是要把成全和尊重变成一种习惯。想要人健康成长，最好是尽量使之少受一些心灵的创伤，当面对他人隐私和软肋的时候，更应该选择高情商的处理方式，而不是直接戳中其痛处。

教育有爱才有灵魂，教育有爱才有希望。教育是一项"仁者爱人"、塑造人的

① https://tieba.baidu.com/p/6747836507

心灵的伟大事业，这就要求我们的教师必须具有仁爱之心，以爱育爱，通过行为的感染、情感的迁移、教育的智慧，唤起学生爱的共鸣，最终教会学生理解爱，主动体验爱，自觉付出爱。冰心说过："有了爱，才有教育的先机。"所以，没有爱心的人不可能成为好教师。教师的爱心，就是对本职工作的热爱之心，对学生的关爱之心。对学生的关爱，主要表现为同情、共情和融情，给学生以真诚无私的帮助、支持和激励等。至于品性，是指一个人的品格和个性，它决定着一个人的人生修行所能达到的高度。大方得体、优雅恬静、温暖阳光、真诚善良，这些都与人的品性有关。有爱心的人，都是品格、性情、心态充满了正能量的人。他们的魅力由内而外，令人赏心悦目。

3. 师风，平常中寓高尚

师风，我个人理解，即教师个体的风格、风度、作风，教师群体的风尚、风气。师风中最主要的，是做人之风和工作作风。

做人之风是指主体在待人接物、为人处世中所表现出来的风格特点或思想行为作风。教师良好的做人之风，主要表现在：具有坚定的专业信仰，忠于职守，爱岗敬业；坚持职业操守，为人师表、教书育人；尊重他人、关爱学生、善于合作、严于律己。

教师做人之风最宝贵的，就是成全与成就他人：看到同事的发展，会由衷地表示祝贺，并分享他人的快乐；教学时倾囊相授，看到学生成功，比自己成功还要欣喜。教师的"做人"，是落实在"做事"上的：工作中全力以赴，盼的就是学生的成功；教师劳动的全部意义，就在于学生的成长、成才。

工作作风是指人们在工作过程中所体现出来的行为特点，是贯穿工作全过程的一贯风格。教师良好的工作作风，通常表现为：工作有高度，即坚持高标准、严要求；工作有深度，踏实细致、精益求精；工作有创意，更新观念、推陈出新。我们风范中学倡导的工作作风主要概括为：求真务实，一丝不苟；雷厉风行，讲究效率；勤奋好学，精通业务；遵守纪律，严守规矩；顾全大局，勇于开拓；注重细节，追求极致。

师魂、师德、师风密切联系、相互映衬。师德是师魂的内在反映，师风是师德的外在表现，"三位一体"，共同模塑现代教师的良好形象。其实，我们所讲的师魂、师德、师风，应该是教师习以为常的，然而，"平常"中蕴"非常"，倘若能真正内化为教师的素质，那就一步步接近"高尚"了。

（二）真诚地理解教师

校长特别需要理解教师，因为教师也是普通人。生活中，我们常常会看到这样的镜头：课堂上，学生突然不舒服，家长不在身边，教师只能亲自送学生去医院；回到家，还有许多与学生有关的事情要急着去做，顾不上陪伴自家的孩子。之所以很多教师永远教不好自家的孩子，因为他们根本没有时间和精力。有的教师，在教学工作岗位上兢兢业业、尽职尽责数十年，不一定能评上高级职称；有的教师，对学生关怀备至、尽心尽力，未必能换来名师称号。学生成长的背后是教师们辛勤的付出，这是我的亲身体验。在风范中学，我们的学生能够获得全面而富有个性的发展，就得益于学校有一支先进教育理念武装、充满爱心、尊重包容、乐于奉献的教师队伍！

作为校长，关于教师，我想说一句心里话：教师，有“师者”的一面，这是职场中的角色，因而在职场中，作为教师自己，就要坚持职业要求的高标准，以“为人师表”作为言与行的准则；教师，也有“常人”的一面，这是生活中的角色，因而在生活中，作为公众，要知道他们同样须面对妻儿老小柴米油盐，而不必苛求太多。

校长对教师的理解，我觉得可以把握几个要点：在“名”和“利”面前，教师最在意的是“名”；教师对“名”的注重，非为名誉、地位，而更在乎“名声”；教师有时候的急躁情绪或言行失当，多数是出于善意的动机；职场的磨炼，铸就教师善良的本性，学生的成长与进步，是教师最大的心理安慰；教师也需要信任、鼓励，这方面与小孩子没太大区别。实践证明，把握了这几个基本点，我们与教师的交往会深入得多，处理事情、解决问题也会容易得多。

我个人感觉，总体上看，教师，依然是当今社会上素质较高的群体，是国家宝贵的人才资源，是“民族的希望”的希望。令人欣慰的是，我们的国家已经在行动，近几年出台了不少利于教师发展的好政策，相信教师的人生岁月会越来越美好。

三、大力促进教师的专业化发展

锻造一流师资队伍，关键是要促进教师的专业化发展。通常所讲的教师专业化，其内涵应该是：与你所承担的教师角色所必需的专门素养的总和及其实现过程；所谓教师的专业化发展，是指教师作为专业教育工作者角色相应需要的多方面的发展。这与一般意义上单纯的“专业发展”是有区别的。

（一）教师专业化发展的途径

我们常常讲“以人为本”，人，具有自然属性、社会属性和自我属性。据此，我们可以打开教师专业化发展的思路。

1. 与"自然"结合，实现规律性、持续性的终身发展

尊重人的自然属性，就要遵循人的身心发展规律，因势利导、顺其自然地促进人的发展。

比方说，人的自然发展通常呈现为"U"形轨迹。虽然总的趋势是这样的，但其中还有一种自然现象，叫作"用进废退"，我们可以根据这一现象，来影响(延缓或加速)这个过程，这不是违背人的自然发展规律，恰恰是对自然规律的灵活运用。据多领域科学家的协作、综合研究，现代科学对人体的奥秘存在许多困惑和未知，有待认识和开发的方面非常多。以人的寿命为例，单从自然生命科学的角度分析，理论上人应该活到130岁以上，60岁左右还只是人的青春时期，这样看来，我们每一个在职的人，应该是处在"U"形轨迹的顶端。深入一步分析，现在人的平均寿命在70岁以上，而现代人的所谓"终身发展"，其意识深处不过是七八十年的发展。从理论上讲，现代人类结束其生命旅程的时刻，其实恰恰是其生命的黄金时期，如果我们将七八十岁视为"终结"的话，那么，人的终身发展就是有物质基础的，因而是完全可能的。

需要进一步说明的是：我们将"专业化发展"与人的自然属性连在一起，是想揭示这样一种现象：只要是正常的人，其职业生涯的全过程，都始终具有持续的"专业化发展"的潜力。特别是人的大脑器官，隐藏着无比巨大的潜能。美国知名学者奥图博士说：人脑好像一个沉睡的巨人，我们平均只用了不到1%的脑力。一个正常的大脑记忆容量有大约6亿册书的知识总量，相当于一部大型电脑储存量的120万倍。如果人类发挥出其一小半潜能，就可以轻易学会40种语言，记忆整套百科全书，获12个博士学位。据研究，即使最聪明的爱因斯坦，其大脑的使用也没有达到其功能的1%，人类的智能和知识，至今仍是"低度开发"！人的大脑真是个无尽的宝藏，可惜的是每个人终其一生，都忽略了如何有效发挥它的潜能。"年龄大了，脑子不灵了"，很大程度上是心理因素在起作用，生理上并不是真的如此，这可以用来解释为什么高级干部没有谁说自己"不灵"、"不行"。

每一个人都要依据并充分利用自然规律，对自己的职业生涯(包括专业化发展)做出分期(阶段性)的、全程的、终身的设计。一个人的职业生涯大体上可以分为三个时期：成长期、成熟期、成就期。尽管各人在每一时期的进程(具体时间分期)可能不尽相同，但这三个阶段的运行轨迹却是有序的、规律性的。特别是在成长期的职初期，是一个关乎整个职业人生的关键期，是人的职业生涯的第一步，举足轻重，切不可掉以轻心。

2. 与“社会”结合，实现多元化、综合化的全面发展

尊重人的社会属性，就要遵循人和社会发展的规律，根据社会的需要促进人的发展，加速人的社会化进程。

教师的专业化发展与社会结合，实质上就是要将教师的专业化进程与社会化进程有机地统一起来。也就是说，专业化发展是社会化发展的必然要求，社会化发展是专业化发展的归宿。这就需要学会多视角地观察社会，多维度地去认识复杂的社会现象，进而科学分析教育实践中的各种问题，并寻求解决的途径。教师在这一过程中的发展，是多元化的能力发展和综合化的素质提升。

教师的专业化发展不能脱离当时社会的现实需要。作为“社会人”的角色，教师的专业化发展不能单纯从个人的愿望、兴趣、爱好出发，而要首先考虑当时社会的需要。尊重人的自我属性，并不意味着可以不顾社会需要。社会需要是大前提，这一点前面已经反复提及。举例来说，当前的“二期课改”强调要转换教师角色、变革课堂教学方式，这对于习惯并擅长于“传授”、“讲解”、“灌输”的教师而言，可能是一个脱胎换骨的改造过程：也许你以往实践中的“强项”，将面临新的考验、新的挑战；你曾经引以为自豪的适应“应试教育”且“行之有效”的那一套“经验”，有可能遭遇被否定、被摒弃的危险。但是，社会的发展、教育的发展需要我们去改革、去扬弃，我们就不能墨守成规，抱着原来的“坛坛罐罐”舍不得丢掉。另一方面，现在的家长对孩子的学业成绩(特别是考试分数)极为关注，社会方方面面对学校教育的评价往往多与中考、高考挂钩，作为教师，我们同样不能无视社会的需求而忽视文化知识课教学质量的提高。我们的选择只能是：在“教书”与“育人”的结合上，找到一条适应社会发展、教育发展的有效途径。欲达此目的，需要我们不断地修炼、充实和提高自己。正是从这个意义上，我们才说教师的专业化发展应该是多元化、综合化的全面素养的建构和提升。

当然，以社会需要为转移，并不等于不要有自己的思维。专业化发展与“社会”结合，作为教师，很重要的一点，就是必须学会以社会的大视野来观察、认识和思考教育现象和教育问题，学会“跳出教育看教育”。比如应试教育，作为教育工作者应对其如何认识呢？如果我们跳出教育这个圈子，将应试教育置入社会这个大背景中，便可见其存在的合理性。“存在的就是合理的”，这是先哲的一句名言。应试教育至少在目前还是有其存在的合理性，即仍然具有其存在的思想

基础、政治基础、社会基础、经济基础，因而还具有一定的生命力。

以高考为例：高考并非导致应试教育思想的直接根源。美国也有高考，但并没有导致中小学的应试教育。关键要看整个高等教育的机制，特别是高校如何录取新生。如果仅凭高考分数录取，那么，考分就成为应试教育的催化剂。因此，我们不要只在基础教育内部找原因、找途径，而要跳出中小学教育来看中小学教育。中小学应试教育是现象，不是本质；是结果，不是原因。本质和原因都在高校录取。

还是谈谈美国在这方面的做法吧。据《素质教育在美国》的作者、黄矿矿的父亲黄全愈教授做客上海教育电视台《世纪讲坛》时的介绍：美国高校录取新生，不仅看高考成绩，还要看高中阶段的成绩，以及考生平时（特别是高中阶段）学习、生活、工作情况，以及参加各类社会实践活动的情况，还要综合考察考生的家庭经济状况、父母受教育程度等。与我们不同的是：这许多情况在录取几率中占有很大的比例，而我们对这方面的情况虽然也讲，但只是一个形式，甚至根本不起作用。就以父母的受教育程度来说吧，在美国，如果考生父母的文化程度高而子女学习成绩不突出，录取的可能性则低于其他考生。在中国情况就不是这样了，也许父母是清华、北大毕业的，其子女即使相差几分，也是有可能被录取的；而父母文化程度较低的，尽管相差同样的分数，那就不一定有这样的待遇了。

令人欣慰的是，一些有识之士，一些高等学校，已经在探讨这方面的改革。

在这个问题上，关键是要"疏"与"导"，而不是"堵"或"禁"：即不要将所谓"应试教育"与"素质教育"对立起来看，而是要恰当地将"应试教育"纳入"素质教育"的体系，使之不是作为一种教育思想来主导学校的办学，而是作为一种教育方式来设计我们的教育教学活动。换一句话说就是，将"应试教育"纳入方法论的范畴来考虑，而不是作为"原理论"来对待。

这就是"跳出教育看教育"，将教育放到"社会"这个大背景下来考察、来认识。教师要想实现"专业化发展"，实现"专业化发展"与"社会"的结合，就是要在"社会"这个大舞台上，"全面"地提高自己的专业化素养，包括辩证地来看待和分析各种教育现象，以及现象背后的本质。

3. 与"自我"结合，实现有特点、有特色的个性化发展

一是要有一个个性化的总体设计。对自己做"五势"分析：优势、弱势、潜在的优势、潜在的弱势、新的发展趋势。

二是要在进行"五势"分析的基础上，确定自己专业发展的主攻方向。

三是要确定阶段性目标。确定目标的原则是：专业上，纵向提升，尽量向本专业领域的前沿阵地靠拢；横向拓宽，跨专业地充实和丰富自己的实力水平。个性上，深度挖掘，扬长避短。

一般说来，要制订好个人以三年为一个发展周期的专业化发展规划，其内容包括：自我分析、环境分析、发展目标、发展途径（包括进修、培训）、建议与要求等。

在青年教师个性化发展方面，风范中学有自己的独特做法。学校研究设计的《青年教师职业素养发展记录册》，成为青年教师专业化发展轨迹的实录。其中包括十大内容：我的基本信息、我的发展目标、我的培训学习、我的德育素养、我的学科素养、我的信息素养、我的科研素养、我的阅读记录、我的职责担当、我的自我评价、我的总结反思。多年实践下来，大家反映：通过记录册中的信息，可以及时回望自己的发展足迹，知道自己的发展状态，促进自己认真反思，找到与预定目标的差距，明确下一步努力的方向。青年教师普遍认为：记录册具有对照功能、督促功能、调节功能和导向功能，是我们成长之路上的“良师益友”。

（二）正确认知教师专业化“标准”

“专业”有标准，这是毋庸置疑的：修习什么课程、涉及哪些内容、完成多少学分……这些都有“量”与“质”的规定，“规定”就是“标准”。“量”就是“标”，“质”就是“准”。

教师有“标准”吗？有的！拿到了教师资格证书，可以认为你达到了教师的“标准”，尽管“标准”仍有高、低之分，但你至少是达到了“入职”层次上的、起码的“标准”。

教师作为专业有“标准”吗？答案也是肯定的。早在 2012 年 2 月，教育部就颁布了《幼儿园教师专业标准（试行）》、《小学教师专业标准（试行）》和《中学教师专业标准（试行）》，虽然是“试行”，但“标准”还是建立起来了，成为教师开展教育教学活动的基本规范、引领教师专业发展的基本准则，以及教师培养、准入、培训、考核等工作的重要依据。

“专业化发展”有“标准”吗？比起“专业标准”来，“专业化发展”标准可能更动态一些，不似前者相对稳定，但还是需要有一定的标准。只是我们必须搞清楚，教师是“人”，是活生生的不断发展、变化着的人，与物质产品不同，衡量人的标准无法完全量化，更无法精确量化。同一个人，今天的“量”是如此，也许明天（甚至是“过一会儿”）的“量”就变了。从这个意义上讲，这种“量”的规定或测定，其实是无意义的。因此，教师的“专业化发展”的“标准”只能是描述性的，而且应该是动态性的、发展性的，即便对同一个人而言，也不可能永远只用同一个标准，必须是不同时期用不同的标准。如此看来，对教师“专业化发展水平”的评价，需要制定一整套分阶段评价的“标准”。

“发展”是一种形态、一个“过程”，“标准”则是相对固定的东西。什么东西一旦“标准”了，也就“定型”化了。物质产品可以，人可以吗？“标准”对“人”而言，其实是最不“标准”的，正因为不“标准”，所以人才要不断追求新“标准”，人就是这样一步步发展起来的。

“专业”也好，“专业化”也好，都离不开一个“专”字。专，就是专门、专有，既然是“专门”、“专有”，那就意味着个性、相对独立性。比方说，医生与教师都是“专业”，都具有“专门性”，不能相互取代。所以，“专业化发展”，应该是有特点、有个性的发展。

我们无法否定专业化发展的个别性、特殊性。工业产品中的“标准件”，讲的是互通、互用，从工业化大生产的角度，从成本利用、生活中的方便实用角度来说，都是非常需要的。但“人”不同，“专业化发展”更不同。“标准”常常是就“共性”而言，不能反映“个性”。“标准”了，“个性”也就没有了。

从这个意义上可以说，教师的“专业化发展”没有标准。

（三）辩证地开展专业化发展评估

我们可以建立教师专业化发展的评估体系，这是科学的；但无法建立一套评估“指标体系”；“科学”向前多跨一步，很可能成为“谬误”。正如当初泰勒的“量”性管理曾被称之为“科学管理”一样（泰勒本人也被称为“科学管理之父”），用现在的人本主义观点来看，倒是并不“科学”了。

“专业化发展”覆盖面很广，但又不能涉及太多，太多了那就不“专业化”了，与教师角色的基本要求无异，换一句话说就是，对“专业化发展”的“要求”可以高，但“要求”的涉及面不能太广，太广了，则连陈景润这样的科学家恐怕也难以戴上“专业化发展”的桂冠，那岂不成了天大的笑话?！再说“发展”，它是一种渐进的、不断提升的要求，不能只停留在“规范”的层面，因为“规范”是相对稳定的，否则那就不是“发展”了。

所以，“专业化发展评估”，必须区别于“职业要求”，体现“专业要求”；必须区别于“职业规范”，体现“专业规范”；必须区别于“静态”的结果性评价，实施“动态”的生成性、过程性、发展性评价；必须区别于普遍性、同一性、共性化的一般性评价，实行个别性、差异性、个性化的特殊性评价；必须区别于物化形态的“量”性评价，实行以人为本的"质"性评价。

不管面对什么样的"标准"，也不管面对怎样的评价，我们的取向只能是：从"以人为本"的立场出发，在"专业化成长"目标的引导下走和谐发展的路。

（四）积极开展促进教师专业化发展的实践

风范中学坚持将教师队伍建设作为学校长远发展的根本大计。我们的主要做法是：分类指导、分层施训、分步推进。分类指导，即按工作年限，对不同教师提出不同的目标要求；分层施训，即依据校、区、市三个不同层次强化骨干教师、学科带头人、专家型教师的在职培训。当然，在实践中，我们并不是机械地、孤立地分类、分层、分步，而是三者有机融合，互为补充的。

1. 职初教师，适应性培训

经验告诉我们，预测一个人在职场的发展，关键是看入职的前三年，而前三年的发展，关键是看第一年。因此，作为校长，要有一种责任感、紧迫感，扎扎实实抓好新教师的培养，为其职业生涯大厦奠定稳固的基础。

每年，区域层面会组织开展见习教师规范化培训，使职初教师通过系统的学习培训如专职导师带教、聆听专家讲座、"头脑风暴"式讨论、现场观摩交流等方式，增广见闻，拓宽眼界，启迪思维。在学校层面，我们也会采用师徒结对、优秀教师传帮带等方式，耳提面命，手把手指导。学校主要是配合区域层面，起一种补充、细化、具体化、操作化作用，将重心定位在"适应"上，主要包括：通识性的应知应会、班级管理、班队活动设计、家访工作等；开展听课评课，参加备课组、教研组活动；进行教学或活动设计，举行汇报课、研讨课等，以及为学校教育科研课题的实施做好有关基础性工作如文献资料收集、样本抽取、问卷调查等。通过这样的适应性培训，帮助职初教师缩短磨合期，尽快适应岗位要求。我们感到，如果一开始不抓，等到他们习惯、风格形成后再抓，那就事倍功半了；如果让他们随波逐流，任其自然发展，就会误了他们的前程，就是对他们放弃了培养的责任。

让新教师尽快地适应岗位、适应教学，就要给他们提供相应的学习、锻炼、发展平台，即为他们"搭台子"、"压担子"，使之有"用武之地"。对此，学校领导管理者一定要做"有心人"，有心观察，有心培养，有心提携，有心创造各种可能的条件，有心利用各种不期然而然的机遇，让新教师得以高起点快速成长。

2. 中青年教师，发展性培训

中青年教师多数已具有一定的实践经验，需要进一步提升自己的专业技能，促进经验由感性认识上升到理性认识，发现、总结和运用教育教学的客观规律。

因此，我们对中青年教师主要是进行发展性培训。

发展性培训的内容和目标，随着教育大环境的变化和教改方向的调整呈动态性跟进，培训的思路或模式依循成人学习和思维的客观规律。我们引导参与发展性培训的教师通过多样化“自培”提升自己的专业化水平和能力，如：表述客观现象，提炼关键问题；分析问题成因，寻求理论借鉴；形成应对思路，尝试问题解决；检验处置结果，反思不足之处；梳理成功经验，物化已有成果。这其实是一个环环相扣、层层推进的过程。随着一个个问题的解决，经历一次次这样的过程，循环往复，拾级而上，教师就能一步步接近专业化发展的目标要求。

风范中学开展中青年教师发展性培训的主要模式有以下两种：

一是“名师工作室”模式。学校成立有由本校、区、市资深或知名的老校长、老教师、教研人员等组成的专家团队，借鉴目前普遍施行的“名师工作室”的运作方式，以专家、名师自身及其所掌握的专家资源，对培训对象进行个性化的培养，如帮助教师制订个人专业发展规划、指导他们申报区级以上教育科研课题并开展研究、设计和实施教育教学交流研讨活动、赴名校学习观摩考察、参加区级以上学术研讨、进行个人成果汇报展示，等等。

二是“学习共同体”模式。除各科教研组作为稳定型、规范型的学习共同体之外，我们近几年还尝试组建各种专门型、灵活型的学习共同体，如：专题学习共同体；课题研究学习共同体；网络学习共同体。在抗击“COVID－19”新冠病毒期间，教师们根据实际需要，以年级、班级或学科为“单位”，组成了各类“学习共同体”，利用“钉钉”、“腾讯会议”等软件，卓有成效地开展了线上备课、工作研讨、信息交流、经验分享等活动，保证了疫情期间教学工作的顺利进行。

各类学习共同体组合成为中青年教师滚动式发展平台。通过引导并指导教师提炼学习和研究的成果，包括教学反思、理论感悟、案例分析等，为青年教师向智慧型教师过渡，发挥了很好的支持、激励作用。

3. 专家型教师，创新性培训

风范中学不乏实践经验丰富、个性特色鲜明、在学术上有所建树的中老年教师，这部分人便是学校的专家型教师。在专业上，他们都有持续发展的愿望，并具有进一步上升的空间。为此，学校充分调动他们的工作热情，挖掘和拓展他们的潜力，让他们在承担更高层次的工作任务中开辟新领域、创造新业绩，实现自我培训、自我提升，我们称之为创新性培训。比如：让他们带教骨干教师、学科带头教师；示范教学、举办专题讲座；领衔或主持区级以上课题研究，等等。虽然这些都是在本校层面进行的,但他们都非常乐意去做,认为这是学校对自己"高看了一眼",是帮助自己升华专业境界和生命价值。

4. 以校为本,常规性培训

以校为本的培训即一般意义上的"校本培训",是指在教育专家的指导下,以教师任职学校为基本培训单位,以提高教师教育教学能力为主要目标,通过教育教学和教育科研活动来培训全体教师的一种全员性继续教育形式。它具有基地性、针对性、灵活性、全员性、多样性等优点,我们称之为常规培训。

风范中学的常规性校本培训,在内容上,强调结合形势,突出重点,紧扣热点,针对问题;在路径上,注重充分利用本校资源,积极引进校外资源;在管理上,重视发挥年级组、教研组功能,强化培训监督考核。我们感到,这样的培训尽管是属于常规性、普及性的,但有利于全员参与,有利于激发群体智慧,是促进教师专业化发展的有效形式之一。

在抓好教师培训、促进教师专业化发展实践中我有以下几点体会:

第一,作为校长,关注教师队伍建设,不仅要重视教师的师德修养,还要重视在实践中进一步提升他们的教育教学素养;与此同时,要不断引导他们努力升华人文、艺术、科学素养,积极发展生活情趣。

第二,校长抓教师队伍建设,就是要千方百计为教师搭建成长、成熟、成就的平台,不断地为他们创造在专业上持续发展的条件,让学校成为教师成长的精神家园,让教书育人生涯成为教师人生中最美好的时光。

第三,校长不光要善于识才、用才,还要善于育才。只要我们下功夫加强师资培训,采取有效的措施、适当的方法,有计划有目的地进行培养、考察,不胜任的教师,可以尽快成为胜任教师。校长不能因教师有不足之处就忽视他们,而应该做到:当教师缺乏积极性时,能通过自己的率先垂范唤醒他们的进取意识;当教师遇到困难而消沉时,能以自己的坚定信心激发他们知难而进的勇气。校长的责任之一,是要让每一个教师认识工作的意义,感受工作的成就和获得专业化发展的快乐。

四、让每一个教师体验生命的精彩

教师的职业生涯大致上有三四十年,几近人生一半,是体现教师人生价值最重要、最宝贵的一段时期。学校有责任帮助教师"自树树人",并使之一步步达至

"自我实现"的人生目标,让每一个教师都能津津有味地体验自身生命的精彩。

(一) 教师,展现教育最美好的一面

教育本应是美好的,但现实中,我们可能要面对很多不如意的事:难管的学生、焦头烂额的杂务、突然发生的状况、教育的无效乃至失败,等等。面对纷繁复杂的教学任务,教师常常难免心情烦躁、情感抑郁、情绪低落。的确,每个教师都和风细雨,每个学生都温顺可爱,每堂课都如沐春风,那只是教育的理想状态。所以,我们不能责备、嘲笑某个具体的教师,而应当更能理解这个职业的艰难,并且为教师解除过重的负累,加强职业素养的培训,积极地加以引导,帮助他们管理好自己的情绪,把教育最美的一面展现给学生。

不过,我们需要引导教师明白,无论如何,不把消极情绪带入课堂,不让消极情绪影响孩子,不被消极情绪轻易左右,是教育工作者必备的情绪控制能力。一个不能控制自己情绪的教师,在孩子心目中是没有威信的;一个不能控制自己情绪的教师,也是一个不健康的人。

作为校长,要引导我们的教师懂得:教师,是职业,更是事业;为事业奋斗的过程往往是漫长的、曲折的、艰辛的,酸甜苦辣可能都有,还难免遭遇种种的不理解、曲解或误解;只要我们有坚强的事业心,努力调整好心态,以积极心理乐观面对,我们就一定能超越自我、砥砺前行。

作为校长,我们还要劝导我们的教师:当孩子犯错的时候,你严厉的措辞可以适度温和一点,尽量不要伤了他们的自尊;在你恨铁不成钢的时候,你愤怒的情绪可以收敛一点,尽量不要因为自己的怒火而灼伤了他们对未来的梦想;在他们胆小自卑、实在无法提高成绩的时候,你可以对他们稍稍怜悯一些,有的孩子真的不能靠成绩吃饭,但谁也不敢保证,他们的内心世界里就没有风花雪月、诗词歌赋。

任何一份感情都是相互的,而不是你的一厢情愿。教师个人的情感、意志、个性特征以及与学生交往的方式,教育学生的方法,都会对学生,尤其是年纪较小的学生,产生潜移默化的影响;反过来,也会影响学生对你的感情。因此,教师的情绪管理至关重要。作为校长,平时需要多注重对教师的职业道德教育和心理情绪疏导:

将提升教职工情绪管理列入培训内容。情绪管理能力具有养成性、可塑性,学校应该将员工情绪管理能力的培养作为一项主要内容,如多组织心理健康方面的教育讲座等。

加强对员工的人文关怀，理解教师的心理需求。管理者与教职工多一些沟通，搭建教职员工说话表达的平台，让大家有倾诉的机会。例如学校建立“心桥驿站”，成立“教工之家”，搜集教职工意见和建议，定期召开教职工代表大会等。

引导教师保持良好的心理态势，拥有“同理心”“宽容之心”“感恩之心”，调节消极情绪。用“感恩”激励大家与人为善，多交朋友，愉快合作。引导教师调适自己的心理，营造“与孩子和颜悦色，与同事和衷共济，与家长和乐共处”的和谐氛围。

除此之外，我还要劝我们的教师：

把心胸放宽，做自己情绪的主人。教师应该从自身加强自己的情绪管理能力，了解自己的情绪变化，知道什么样的生理、心理或外部因素会影响自己的情绪，可从平时生活习惯进行调整。

培养一些陶冶情操的艺术类兴趣爱好。如琴棋书画、唱歌、跳舞等艺术类活动，给人发泄感情的空间。既培养兴趣，又能抒发情感。

运动活动。比如健身、打球、舞蹈、做按摩，深层放松。想象着坏情绪像球一样被打出去，或者随着汗水挥洒出去，会给人一种痛快的感觉。

要保持积极心态、释放正能量。当我们把人生当成是一次有终点的旅行，我们才会懂得珍惜这旅途中的每一分、每一秒。因为生命有终结，我们才要在这有限的一生中尽情奋斗、尽情享受、尽情绽放生命中的每一天，这才是人生的价值和意义。我始终记得这样一句话：学生能和教师交流情感，是教师最大的幸福；教师肯向校长吐露心声，是校长最大的成功。

（二）教师，在读书中丰富和完善自我

前面讲过校长要读书，这里再讲一讲教师读书的问题。

一个教师上课时，是带着他全部的阅读史走进课堂的。一个真正的教师，一定是读书爱好者，一个优秀的教师，更是一个对书有着独特情感的读书人。

曾在网上看到一句话：“毁灭一个人最好的办法，就是让他忙到没有时间成长。”我深有同感。忙碌是成长的最大敌人，它会让人丧失创造力，陷入低效、重复的工作状态。读书，从某种意义上说，恰是一种自我拯救，使我们从周遭的繁杂事务中抽身而出，以超脱、高远的姿态重新审视自我。其实，读书的主动权，一直掌握在我们手里。改变自己，从读书开始；一个人的成长停滞，往往是从不读书开始。

1. 越忙越要读书

我问过很多教师：影响你读书的最主要因素是什么？

“没有时间!”很多人脱口而出。

是的,在这个节奏越来越快的时代,我们越来越忙,忙着备课上课,忙着参加各种培训,忙着开各种会,等拖着疲惫的身子回到家,还要辅导孩子完成作业……但是,“忙”不应该成为不读书的借口;读书,应该成为我们的一种生活方式。

有两种生活状态:越忙越不读书,越不读书越忙;越忙越要读书,越读书越悠闲。读书能使我们掌握处世之道,以更智慧、高效的方式节省时间成本,从而为自己争取更多的自由;读书,总能让我们在忙碌的生活中找到内心的清宁,让眼神变得纯净,活成自己喜欢的样子。而不读书的生命,会处于一种消耗的状态,消耗着美好的生命能量,这种消耗会让你感觉疲劳、厌倦。

2. 拥有自己的阅读信仰

信息时代,我们缺的不是阅读信息,而是阅读信仰。阅读信仰,是一个人在阅读过程中所形成的基本的阅读判断和价值观念,影响其阅读内容与阅读方式。教师应建立自己的“阅读中枢”,两三年研读一个专题,等自己对这个专题的认识比较深入了,再换一个专题来阅读。两三年一个“阅读中枢”,10多年就有了好几个“阅读中枢”,这些“阅读中枢”会在某一天神奇地连接起来,形成一个大的“阅读中枢”。这样一来,就可以过滤掉那些于专业发展无用的阅读,在有限的时间内能多读一些于专业发展有益的书。这种阅读看似功利,但对于想专业发展快速的教师而言,却是极为有效的方式。人一生可读的书是有限的,阅读信仰可以帮助你在读书上形成聚焦,借助主题式阅读,在“点”上实现突破,进而构建自己的阅读系统。

3. 正确把握经典阅读

何谓经典?不同的人有不同的定义,但似乎有一个约定俗成的观念,那就是:经典是一些“上了年纪”的老书。这些经过时间淘洗的好书,沉淀着人类的优秀文化,散发着恒久的魅力。在有限的时间内,与其泛读一些二流、三流的书,不如精读几部经典好书。但是,仅仅阅读这些“上了年纪”的经典好书已远远不能适应当前社会。当今,人类处在信息化、数字化时代,人工智能、大数据、物联网等新兴产业蓬勃发展,我们的阅读也必须经历一次脱胎换骨,否则就要被时代所抛弃。因此,经典应该是注入时代特征、时代意义的“经典”。事实证明:没有绝对的经典,只有相对意义上的经典。真正的读书,正是不断寻找、发现“经典”的过程。每个人的生命都是独一无二的,每个人的阅读也应该是独一无二的。

你不仅要学会读什么，还要学会不读什么。学会不读什么，才是真正会读书的人。

4. 速度与深度兼容

数字化时代的本质是速度。在海量信息中，快速浏览、迅捷提取有效信息，已成为一项重要能力。有人认为：速读接近于快餐式阅读，信息过眼即忘，很难抵达作品的深度；而如果追求阅读的深度，又会慢下来。速度与深度，难以兼容。这其实是一种误解。速度，强调的是阅读量的增加；深度，强调的是阅读品质的提升。二者非但不矛盾，而且可以兼容共生：具有长期影响、需要系统把握的，读慢一点儿、深一点儿，集中一段时间阅读；有特定指向、只需大致了解的，读快一点儿、简一点儿，利用零星时间碎片化阅读。特别重要的是，读书要与思考结合，动脑要与动手结合，有想法，就把它写下来，长期积累，就会形成自己的认识、经验、观点。

（三）教师，在平凡中追求卓越

教师，作为职场中的一员是平凡的，但在学生心目中却意味着正确、智慧和伟大。不谈别的大道理，单就回馈学生的这份信任，教师也要奋斗不息，追求卓越。

卓越的教师各有各的优势、各有各的特点，但他们都有若干共同的特质：

一是富有活力。将自己和工作结成一个整体，全力以赴地投入事业；喜爱与努力向上的教师一起共事，乐于分享。

二是情感积极。对学生真挚关怀，充满爱心；课堂上激情洋溢，充满活力；身教重于言教，充满正能量。

三是富于创造力。睿智、敏锐，思维活跃，想象丰富，并以此影响学生，潜移默化地引导学生学习中的好奇心、问题意识、成功心理，实现“教学相长”。

四是善于反思。优秀教师比普通教师更能区分工作中的得失。不足感是追求卓越的巨大动力，高要求意味着不断改变自我，愈是积极投入工作并对自己的工作认真反思，愈能在这一过程中趋向完美。

此外还须强调一点，追求卓越就是实现优势最大化。每一个人都是有其优势的，优势的深层意义，在于能将优势发挥到极致，卓越的根本意义主要就体现在这里。前些年，我们喜欢强调一个理论——木桶理论。其大意为：一只木桶，所能盛放的水，不是由最长的那块板子决定的，而是由最短的那块板子决定的。于是乎，人们耗费大量时间和精力，去提高自己的短板。应该说，在以前的传统时代，木桶理论非常有效，但在如今这个分工越来越细的年代，木桶理论就显得有点过时了，长板理论已经代替了原来的木桶理论。长板理论有两大核心点：比起短板，真正能让你脱颖而出的，是你的长板；决定一个人上限的，不再是短板，而是你的长板。所以，一个人成长最重要的事，不是去弥补和规避弱点，而是将自己的优势最大化，因为把时间和精力花在长板上获得的效益，会远远高于花在短板上获得的效益。

这又使我想到一个热词——单点极致。所谓单点极致，是指认定一个细分领域后，就专注、深耕，不需要面面俱到，不需要十全十美，只需要聚焦这个领域，把它深耕到极致，就能获得巨大成功。网上曾流传过这样一则故事：2005 年，一个青年去阿里巴巴求职，面试官问："你有什么能力？"青年说："懂一些安全技术。"面试官把笔记本电脑推给他："你展示一下。"看着青年快速敲打键盘，面试官有点不屑地说："我们的技术人员都会写代码。"这时，青年敲了一下回车键，阿里巴巴的内部网络瞬间瘫痪，就连技术人员也不知发生了什么。面试官赶紧上报马云，马云当即批示："不惜一切代价，留住这个人。"为了留住这个人，阿里开出了 500 万元年薪。这个青年就是吴翰清，后来的阿里云盾总负责人。现在很多人喜欢搞副业，针对这种情况，马云有句话说得特别好："本职工作还没做到极致，就千万别去做副业。成功的最优策略，永远是单点突破。"不求多点开花、十全十美，但求单点突破、单点极致，应该也是一种职场智慧。你可能会说："凭我的天赋，做不到吴翰清这种程度啊！"其实用不着做到这种程度，你用不着成为万分之一，只要能成为百分之一，在行业挣口饭吃就完全没问题了。不要觉得打造单点极致很难，你只要专注于某个细分领域，投入一定量的时间和精力，很容易就能成为该领域的百分之一，因为大部分人努力程度之低，根本轮不到拼天赋。人与人的比拼，不是一开始先拼天赋，而是先拼努力。先努力，天赋就能发挥到极致；不努力，再好的天赋也无济于事。专注就是努力，就是年轻人最好的修养。

（四）教师，在"转型"中促进"发展"

如今，我国仍处在社会的转型期，教育也在转型发展之中。从教师专业发展的角度来看，教师的转型发展也是当务之急。在新课程改革背景下，教师必须主动适应新课改的要求，并在适应过程中完成必要的"转型"，在"转型"中不断实现自身的"发展"。

1. 从"单科型"转向"多科型"

长期以来，我国教师的专业生态基本上是单科独进的模式，这在中学教师中尤为突出。虽然多数教师在执教一门主科的同时会执教一门副科，但这主要是从工作量的角度所采用的权宜之计，“搭配”的色彩较浓。这不仅直接影响了副科的教学质量，而且造成了人才资源的浪费。相关研究及资料表明，在多数发达国家，中小学教师多为多科合成型人才，我国港澳台地区也大致如此。从现代教育对教师的专业要求来看，这样的人才更具有广泛的适应性。随着网络和信息技术的飞速发展，学生在学习中对教师的专业素养有着更全面、更广阔的需求，中小学教师由单科独进型向多科并进型转变势在必行。像医学专业培养全科医生那样，我们也需要培养一部分教育专业的全科教师，特别是义务教育阶段更有必要。这种转型，可以通过第二学历进修、在职实训等途径来实现。

2. 从“单一型”转向“复合型”

由于各种主客观原因，致使现今的教师队伍或多或少存在着单一化职业追求倾向。有关问卷调查表明，三成以上的青年教师倾向于或者单纯从事学科教学，或者单纯做德育、班主任工作；相当一部分教师满足于能教好一门课程，其他的追求就相对有限了。其实，我们有必要调整自己的角色认知：在中小学，教师不能单纯只懂学科教学，还要会做班主任，会进行班级管理，会组织团队活动，会开展社会活动，会做德育工作，会进行心理辅导。现在的课程设置，非常强调社会实践课程，可是我们有很多教师对此类课程的实施心中无数，甚至一筹莫展。因此，教师要实现专业化发展，必须克服单纯掌握学科知识和教学技能的偏向，向复合型人才转变，注重教育境界的提升和专业整体素养的完善。在这个问题上，不能搞“从一而终”。自古而今，练武之人讲究“十八般武艺”，除精通一样主要兵器外，至少还得学会剑术、射箭等。文武虽异，其理同一，每一个教师也得有自己的“十八般武艺”。再者，“转型”也需顺势而为，与时俱进。比如，上海目前正在积极推进学区化、集团化办学，相应地要求教师从传统“属班化”的模式中解脱出来，适应“走班制”、“走校制”的新格局，这必然引起教师教育思想、工作方式、教学策略以及教学管理行为的系列改变。实现这类转型，其主要渠道是在职进修、岗位实践。

3. 从“劳力型”转向“智慧型”

长期以来，谈到抓教学质量，我们习惯于从外延上打主意，拼时间、拼力气，搞题海战术，最终往往事倍功半甚至劳而无功。这就要求我们的教师从内涵上寻求提高教学质量的出路，相应地转变自己的工作状态，从“劳力型”向“智慧型”转变，即跳出传统思维的藩篱，积极探求如何以尽可能少的时间、精力消耗来换取尽可能大的教学效果，如精讲精练、一题多练、举一反三、融会贯通等。实现这种转变，需要教师在教育实践中摸、爬、滚、打，有心学习、有心反思、有心总结，不断发现自己、完善自己、超越自己。在这方面，我们只有脚踏实地去做，没有其他捷径可走。

4. 从“经验型”转向“专家型”

研究表明，一个人从职初教师成长为经验教师，难度并不是很大，多数人都可能达到这个目标。而要完成从经验型向专家型的跨越，尽管从理论上讲人人都有可能，但实践中常常达不到这种理想状态，因为它需要人们付出相当大的努力。特别是在这一步跨越中，有一个心理学上称之为“高原平台”的难关需要突破，突破了这个难关，距离专家型教师的目标就会愈来愈近。经验型教师往往在战术上考虑得比较多，而缺少战略上的整体把握，如课程标准意识不强，对教育理论、教育规律研究不够等。这里特别需要提及的是：老教师有丰富的经验，但也要转型发展，单纯满足于以往的经验，这些经验反而可能成为继续发展的包袱。所以，我们需要甩掉包袱，破茧化蝶，实现从偏重战术型向战略战术结合型转变。实现这种转型，关键是要提升自己的教育理论素养，要善于带着实践中的问题向理论请教，边读书、边研究、边实践。如果我们在教育教学中既有战术的手段，又有战略的眼光，那就具有了专家型教师的特质。

教师的转型除了以上四个主要方面之外，还有其他方面的转型，如：从教学型到教育教学结合型、从知识型到知识技能结合型、从自然生长型到自主提高型、从职业型到事业型、从守旧型到创新型，等等。当然，教师的转型因人而异，不同的人有不同的情况、不同的需要，因而有不同的“转”法。不过，有一点是共同的、肯定的：“转型”是教师实现专业化发展所必需的。

当然，教师的转型不可能也不应该是孤立的、自发的，它与教师自身以外的外部环境是密切相关的，需要相应的学校层面的转型与教育大环境、大气候的转型。

总而言之，学高为师，身正为范。学不高者，枉为人师；身不正者，不堪为师。广大教师要深刻认识自己肩负的职责和使命，锤炼教育报国之志，坚守为党育人、为国育才初心，自觉坚守精神家园、坚守人格底线，率先垂范，以身作则，引导和帮助学生把握好人生方向，培养社会主义建设者和接班人。

第六章 突出重心,聚焦课堂提升教学质量

多年来,聚焦课堂已经成为教育界的热门话题,就学科教学而言,这是经验之谈,更是规律使然。教学工作是学校的中心工作,是教书育人的重心,因此,聚焦课堂也是现代学校治理的题中应有之义。

——题记

教学工作是学校的中心工作,课堂教学是师生学校生活的主旋律。虽然信息、传媒、通讯技术的发展,必然引起教育教学格局、方式的改变,但目前课堂教学依然是“主渠道”,且短期内不可能发生很大的改变。所以,我们的学校教育还是要下大力气聚焦课堂。

一、学科教学,学生智能发展的支柱

关于学科教学,重视“双基”(基础知识和基本技能)是我们的优良传统,也是中国基础教育阶段学校教育教学的优势。我们只有在充分发挥现有优势的基础上,借鉴国外的先进经验,吸收现代科学技术,才能收获教育教学改革的成果。这也可以视为“中学为体,西学为用”在新时期教育领域的实践探索。

(一)教师,辩证地认识教与学

关于教与学关系的讨论非常多,关键是要全面地、辩证地去认识。在此,我只想表明以下三层意思:

1. 教,的确重要,但好学生也的确不是靠单纯的“教”培养出来的

就学生而言,“教”只不过是外因,“学”才是内因。按照唯物辩证法的观点,外因通过内因起作用,所以,真正的智慧教师,不会把“教”的作用放大到不适当的程度,而会千方百计引导学生有效、高效地去“学”。

2. 教，有高效、低效之别，但真正的高效学习取决于学生主动地“学”

对此，我觉得有必要多说几句。

信息时代的重要社会特征之一，就是将效率、效能、效益问题提升到了前所未有的高度。效率、效能、效益，其根本点是在“有效”，倘若“无效”，所谓效率、效能、效益便是空谈。教学也是这个道理。只有提高教学的有效性，才能促进学生的健康快乐成长，才能促进教师的专业化发展。

怎样的教学才是有效的教学？提高教学的有效性可从哪些方面入手？这里谈一谈教师们在实践中体会特别深刻的几点：

有效的教学是井然有序的教学。提高教学的有效性，必须强化教学工作的计划意识，学校必须严格执行课程计划，不要“剜肉补疮”、“拆东墙补西墙”；必须立足课内，不要加班加点，“堤内损失堤外补”。

有效的教学是标准明确的教学。提高教学的有效性，必须强化“标准”意识，各科教学都要严格执行课程方案，不应随意增加课时和提高难度，减少作业量和考试次数；按“课程标准”办事，不要盲目拔高，以免“种了人家的地，荒了自家的田”。

有效的教学是视野广阔的教学。提高教学的有效性，必须“跳出教学看教学”，而不是囿于课堂、囿于教材、囿于应试。当我们站在一定的高度拓宽自己的视野来审视教学问题时，就不会在诸多似是而非的观点、理念以及时髦的口号面前困惑、纠结甚至迷惘。

有效的教学是充满情趣的教学。必须变革教师照本宣科、一讲到底的“满堂灌”、“填鸭式”教学，要注重提升学生的学习兴趣，合理且恰到好处地运用多种教学技术手段，教师乐教，学生乐学，让课堂充满生机与活力。

有效的教学是知能并进的教学。教师在教学中既要注重知识的传授，又要重视能力的培养，帮助学生建构科学的智能结构，促进学生将知识转化为能力，方法转变为技能。

有效的教学是师生互动的教学。随着教学活动的逐步推进，师生之间、生生之间的互动持续不断，信息彼此沟通，情感相互交流，问题合作解决，授受互谐，教学相长，师生共同演绎课堂的精彩，共同建构新的知识体系。

优质的教学不只是体现“有效”，更要力求“高效”。因此，我们要从聚焦、梳理、分析、改进课堂教学中的低效行为入手，探索建构高效课堂、智慧课堂、绿色课堂的路径，从对课堂教学细节的关注中，落实新课改所倡导的“以人为本”、“为了每一个学生的终身发展”、“让每一个孩子健康快乐成长”的教育理念。

高效的教学有两个最典型的特征：一是时效，即教学时间得到充分、合理的利用，用尽可能少的时间取得尽可能多的成果。二是能效，包括两层涵义：其一是“节能”，能耗低，用尽可能少的精力消耗达成学习目标；其二是“扩能”，尽可能使学生的能力扩容，实现四级飞跃：触类旁通→融会贯通→举一反三（演绎）→举三得一（归纳），以把握规律，学以致用。

根据上述两大特征，我们对高效教学做四点描述（当然远不止这四点）：

真正高效的教学是最大程度调动学生积极性主动性的教学。教学过程中，要始终注重激发学生学习的内在动力，真正变“要我学”为“我要学”，同时要注重培养学生战胜学习困难的坚韧毅力。

真正高效的教学是叩开学生智慧之门的教学。要注重学思结合，将激发学生的思维活力作为坚持不懈的追求，注重培养学生的实践能力和创新精神，促进学生对所学知识能够由表及里、由浅入深地理解和由知到行、知行合一地运用。要积极倡导启发式、探究式、讨论式、参与式教学，打造智慧课堂，帮助学生学会学习。

真正高效的教学是面向全体学生的教学。课堂上，没有学生是“局外人”，没有学生被“边缘化”。人人都有表现的机会，尤其是学习困难学生会得到更多的关注。这样的教学，可能会牺牲一点眼前的利益，但往远处看，其作用是持久的，比之“尖子生撑市面”的课堂，其效益也会得到更大的发挥。

真正高效的教学是着眼长远的教学。教学作为育人的重要工程，更需从长计议。有些教学内容可能即时效果并不明显或者不很显著，但我们不能因此而忽略。教学既不可好高骛远，也不能急功近利。应试教育的最大弊病之一，就是只顾眼前，因“应试”而致“近视”、“短视”。

当然，教学要达到“高效”并非易事，但这并不妨碍我们在教学实践中去探索、去追求，恰恰相反，正因为其不易，才体现出为之努力的价值。

为方便讨论问题，这里使用了“无效”这一概念。其实，纯粹无效的教学是不存在的，因为“有效”与“无效”都不可能是百分之百的：“有效”中或许潜藏着“无效”的因素，“无效”中未必没有“有效”的成分。因此，一方面，我们要善于找到“有效”中的“无效”，让“有效”变得更经济、更纯洁，使“有效”进化为“高效”；另一方面，我们还要善于发现“无效”中的“有效”，让“有效”得以被发掘、被利用，使“有效”发扬光大起来。正是从这个意义上，我们可以说，完全无效的教学实际上是不存在的，至多不过是“低效”而已。

“有效”，是“高效”的基础、前提；“高效”，是“有效”的发展、升华。因此，我们首先要通过开展课堂教学有效性研究，促进教师进一步更新教学观念，改进课堂教学方式与方法，寻求更好的教学策略以实施课堂教学。

3. 教，有智慧之教与非智慧之教之分，智慧之教“智”在不教而教

教师的智慧之教，在于遵循教育教学的客观规律和学生认知、身心发展的基本规律，帮助学生改进学习方法，做到科学学习。

教师的智慧之教，还在于师生都要努力减少“低效”甚至无效的劳动：减少形式主义的备课、大面积补课式的“辅导”，以解放教师；减少机械的、大运动量的、无意义重复的训练，以解放学生。切实减轻教师、学生过重的教学负担、课业负担，让“投入”更节俭，让“产出”更丰硕。

教师的智慧之教，更在于不教而教。知识技能的掌握，并不是仅靠教师施教所能实现的，最终还得靠学习者自己，不教而能收获教的效果，这才是教学的大智慧。其关键是要让学生真正成为学习的主体，教师不是灌注式地“教”给现成的知识，授之以鱼，而是启发、引导，授之以渔，让学生自己去发现、去认知。这样做，一开始可能有难度，效率低，但假以时日，学生形成了习惯、掌握了方法，其收获是难以估量的。强加于人、非理性干预、让学生死记硬背、盲目地浪费学生精力的“题海”战术，诸如此类的做派，是教学活动中最大的“不智”。

（二）学生，逐步走向深度学习

应当承认，在基础教育领域，教师教得很苦、学生学得很累是一种普遍现象；同时还应该承认，这“苦”、“累”之中或多或少存在着低效甚至无效劳动的瑕疵。由于受应试教育思维和传统教学模式的影响，目前仍有相当一部分教师摆脱不了课堂教学的概念化、模式化和单纯任务观点的束缚，方法单调，过程乏味，效果低微。有学生家长曾一针见血地指出：“有的老师布置了大量的作业，孩子做不出或者做不完只好让父母代劳；有的老师将本该属于自己的辅导任务转嫁给我们家长……无论是出于怎样的考虑，这样的教学，又有多大的意义呢？”这，其实就包含了对孩子学习深刻性的质疑。因此，我们的教学要注重引导学生逐步走向深度学习。

什么是深度学习？这里所讲的深度学习，与当前比较热门的人工智能、机器学习语境下的“深度学习”不是同一回事：人工智能是一个很大的概念，机器学习是其中的一个子集，而深度学习又是机器学习的子集，是机器学习中一种基于对数据

进行表征学习的方法。基础教育领域讲深度学习，依然是从传统意义的视角来考察的。借鉴美国教育心理学家布卢姆(Benjamin S. Bloom，1913—1999)关于认知领域教育目标分类的理论，可以将学生获取知识的能力分为记忆、理解、应用、分析、综合、创造六个层次。其中，前三种属于浅层学习能力，它与人的遗传及初始学习所形成的习惯等有关；后三种属于深层学习能力，它与人在持续学习过程中所获得的学习策略和学习方法有关。浅层学习能力是深层学习能力的基础，发展得越好，就越能促进深层学习能力的提升。随着学生年龄的增长和学段的升级，深度学习能力的地位越显得重要。

怎样才是深度学习？从初、高中教育的实际来看，我觉得需要重点关注以下三个方面：

1. 重视主体性学习

有学者指出，人的主体性是人作为主体的质的规定性，是在与客体相互作用中得到发展的人的自觉、自主、能动和创造的特性。按照这样的解释，学生的主体性学习，应该是学生作为认知主体而存在，在主体意识指导下主动参与教学活动的能动性，是学生自主、主动、能动、自由、有目的的学习活动。因此，重视学生的主体性学习，必须注重学习过程中学生主体性品质的培养和建构，主要包括：学习动机上，主体意识充分觉醒，参与热情高；学习活动中，主体能动性、主动性充分发挥，特别是课堂上尊重学生的主体地位，尽可能地给学生多一些思考时间，多一些活动余地，多一些表现机会，多一些成功体验；学习效果上，潜能得到充分开发，个性得到和谐发展。

重视学生的自主性学习，并不否定教师的作用，而是意味着教师的作用不再是传递信息，而是将碎片化信息适当整合以辅助学生的学习。深度学习不很看重对知识的认识，强调的是知识信息的连接性。因为碎片化的知识信息到处都有，获取它们并不是一件难事，但对知识信息的加工连接却需要思维、方法、技术的参与。这才是深度学习所看重的，也才是自主性学习的要义之所在。

2. 强调自主性学习

所谓自主性学习，是指学生在明确学习任务的基础上，自觉、主动地进行学习，并努力完成学习任务的一种学习模式。自主性学习是主体教育思想在教学领域的反映，是学生自己的学习活动。

自主性学习是一种自律的学习、主动的学习，是目标、任务导向下的自由学习,而非强迫的、被动的学习,更非盲目的、放任自流的学习。因此,作为教师,要引导学生将求知的需要与自我实现的需要密切结合起来,不断获得学习的成功,并从中体验成功的快乐。这样,学生就会在学习中正确面对困难和挫折,变信心不足为充满自信,变拒学、畏学为想学、乐学。

自主性学习的实质就是独立性,它至少具有两方面的涵义:学生不能依赖教师,只能自己感受事物,即自己阅读、观察、思考,从而掌握知识、明白事理;每个学生都是独立于教师头脑之外的客观存在,教师要将学生当作具有独立性的人来看待,使自己的教育教学适应每一独特个体的特点和需求,并从中引导学生学会自主、独立学习。

自主性学习并不排斥学习中的合作。讲究"独立性",主要是指"自己的学习自己做主""自己的时间自己安排",以及一定学习时段学生个体的全身心投入状态,并不意味着在全部学习活动中做"孤家寡人",搞"自我封闭",而依然需要交流、合作,只不过这种合作也应该是学生自发的、自动的、自主的。

3. 鼓励创见性学习

我们一直鼓励学生学有创见。所谓创见,即创造性的见解、独到的见解,或第一次提出的新鲜看法。创见性学习是指遵循学习者的个性特征和自主动能,运用创造思维潜能和独到的认识问题、解决问题的方式,提升学习成效的学习实践活动。创见性学习的表现形式很多,如创见性质疑、创见性释疑、创见性作业、创见性测试、创见性评价等。在日常教学工作中,教师应当积极鼓励学生:能够发表与众不同的看法、想法;能够发现别人难以发现的问题、情节;能够想出、采用人们通常想不到的解决问题的办法,等等。注重培养学生的高阶思维能力,引导学生学会逆向思维、求异思维、辩证思维、立体思维等思维方式,学会分析、综合、评价等。要认准学生的"最近发展区",作业设计要适当增加思维含量,学习活动要强化实践创新环节。

有人总结了"三以三不四先"方法:即以"活动"为主,不"锁住"学生;以"发现"为主,不"代替"学生;以"鼓励"为主,不"钳制"学生;让学生"先看、先想、先说、先练"。我想,这不失为创见性学习的有益尝试。

讲到这里,我还想补充说明:"深度学习"也许仍然摆脱不了"苦"和"累"的嫌疑,但深度学习情境下的"苦"和"累"比之单纯拼时间、拼消耗的"苦"和"累",少了盲目、少了蛮干、少了被动,更能激发学生的进取意识,优化学生的学习方式,增强学生的成功体验。"深度学习"将有可能颠覆当前许多似是而非的教学模式。

(三) 教学,助力学生智能发展

前面已经涉及智慧之教,这里再做进一步的讨论。目前,智慧教学、智慧课堂已经成为学校教育教学改革的热点问题。关于智慧教学与智慧课堂,人们有两种不同的视角:其一,教育信息化视角,受IBM提出的“智慧地球”的启发,认为智慧教学与智慧课堂即应用先进的信息技术实现课堂教学的智能化;其二,经典教育论视角,认为教学活动并非简单的知识授受过程,而是师生情感与智慧综合生成的过程,现代教学和现代课堂的根本任务是“开发学生的智慧”。我认为,将智慧教学、智慧课堂定位在现代信息技术应用上,这未免狭窄了一些,反而将概念的丰富内涵弱化了、浅表化了。从思想与方法的结合上看,应该将以上两种视角有机合成。

1. 教师,智慧地教

智慧地教,需要智慧教师来实施。怎样的教师才是智慧教师?智,是聪明、有见识;慧,指灵动、有悟性。教师之智,“智”在对学生身心发展规律的把握,“智”在对教育教学规律的运用;教师之慧,“慧”在能随机激发教育教学机智,“慧”在对新思维、新方法、新技术、新事物的迅速认知和驾驭。智慧教师应该是这样的:在共性素养上,具有先进的教育理念、高水准的职业素养与高度信息化社会相适应的教育教学技能;在个性特质上,自信但并不自负、有主见但并不固执、能继承但并不守旧、能创新但并不冒进、善于总结经验但并不回避问题、善于借鉴他人但并不完全照搬。概括地说,智慧教师不是那种单纯意义上的“教书人”、“知识分子”,而必须成为具有较高综合素养的“教育家”、“智识分子”。

我们主张教师要努力形成“智慧教学”风格:

一是善于“启智”——开智慧之门。如在理论层面,讲授规律、定理、公理、推论时,能用原理启发;在方法论层面,通过对比、类比、反比,能用比较启发;在生活层面,能用经验启发;在操作层面,能用实例启发;在样本层面,能用原型启发。

二是善于“培智”——育智慧之能。如引导学生:博闻强识以完善知识体系、有效练习以完善方法体系、任务驱动以完善内容体系、情境模拟以完善实践体系、完型加工以完善原型启发下的“智造”体系,等等。

三是善于“创智”——出智慧之新。如指导学生:打破常规探新路,将知识、方法、技术灵活而恰当地“移植”、“嫁接”到新的情境或用于解决新的问题。努力培养学生的创新思维：思维性质上，发展求异思维；思维方向上，发展逆向思维；思维方式上，发展聚合思维、发散思维；思维时空上，发展超前思维、跨界思维。

2. 学生，智慧地学

智慧地学，主要体现在“四个学会”：学会积累，在生活中广泛汲取知识，并与所学内容建立内在联系；学会运用，将所学的知识、技能在练习、实验、实践中付诸行动；学会评价，对自己的学习效果进行评估、验证、反思；学会创新，运用比较、联想和想象，改进方法，发展创意。

为了落实“四个学会”，不断提升学生的学习能力，在具体学习行为上，我们要求学生着重把握“四慧”：

“慧”建构——旨在把握学科体系。具体包括：目标建构，实行学习目标导向；内容建构，学会学习内容组织；方法建构，注重学习方法选优；价值建构，学习意义认同。

“慧”认知——旨在完善心智过程。具体包括：认识，即知道、了解；理解，即解释、转换、推动，说明、识别、描述，比较、辨别；列表，即记录、整理、归类；陈述，即语言组织、表达；呈现，即行为展示、成果外化；记忆，即重复、再现。

“慧”加工——旨在培养思维智能。具体包括：分析，即检查、实验，区分、辨析；综合，即梳理、提炼，条理化、系统化；应用，即融会贯通、举一反三，由此及彼、由表及里；形成技能，即付诸实践，有所创新。其间，特别注重发展学生的高阶思维能力。

“慧”评析——旨在学会自主调节。具体包括：自觉检视，即回溯目标、过程、方法、效果；自我判断，即进行反思、得出结论；自主纠正，即纠错、反馈；自我完善，即重组、创思。

总之，要引导学生努力形成“智慧学习”品格：学习策略上，勤学而非苦学，深度体验学习的乐趣；学习方法上，多问但不滥问，深度思考问题的解决；学习态度上，应对而非应付，深度发挥主观能动作用；学习行为上，依靠但不依赖，深度推进先学后教的实践。要鼓励学生善问、善思、善解、善为，让刨根问底、探源溯流、一题多解、举一反三、触类旁通成为学生学习的常态。

3. 课堂，智慧地建构

智慧教学并非传统教学中的记诵之教、记诵之学，而是彰显现代教学理念的创思之教、创思之学。因此，在智慧课堂上，智慧地教，“智”在引而不发，教者往往以“知”为“不知”，而将“知”的空间让给学生，比之“知之为知之，不知为不知”，这是更高一层的境界;智慧地教,“慧”在不教而教,不是直接回答学生所有的问题,更不是将结论一股脑儿抛给学生,而是一步步引导学生去探索、去发现。智慧地学,“智”在“行”而“知”之,即在做中学,在行动中知,而非停留在单纯的“读”然后“知”,“读”固然是必要的,但不是“知”的唯一途径;智慧地学,“慧”在变“一人之智”为“众人之智”,集“小智”为“大智”,即开发集体智慧,众“智”成城。智慧课堂应该体现这样一些特征:疑问迭出的课堂、思维碰撞的课堂、探求不止的课堂、人际互动的课堂、个性凸显的课堂、资源共享的课堂。主要包括以下内容:

营造教与学的智慧氛围。首先,教学氛围的营造与教师个体知识、经验、能力等息息相关,教师要努力设计好教学过程的各主要环节,优化教学方案。其次,教学氛围的营造与教师教学中的心理智慧密切关联;教师要始终注重有效激发学生的学习兴趣,引发他们的好奇心和求知欲。再次,教学氛围的营造也与教师运用教学方法技术的智慧有关,教师要发挥现代信息技术的功能,将人工智能、数字技术等引入课堂,促使学生学习方式的转变,使学生乐学、善学。最后,教学氛围的营造还与教师的临场教学机智有关,教师在教学中面临突发情境时,要敏感、迅速、准确地做出判断和采取正确行动,保持正常、稳定的教学秩序。

克服课堂中的“非智”现象。主要表现在:一是课堂负荷过重,一堂课的功能被无限扩大,教学容量水涨船高,学生处于压抑状态,难以获得自主成长的空间;二是教学活动繁杂,游戏、比赛、表演、对话、演讲“热闹”有余,学生缺乏思考,难以深度参与;三是频繁干涉学生,将自己作为课堂的“主角”,而将学生推至“配角”地位,限制学生自由发展的空间、缩短学生独立思考与合作交流的时间、减少学生提出问题与解决问题的机会;四是单纯钟情优生,以优秀学生的参与来推进教学流程,烘托课堂气氛,大多数学生被搁置一旁,置之不理;五是过度利用媒体,“人灌”改为“机灌”,由教师中心变为媒体中心,真正的教学主体——学生依然被忽视。

要让课堂尽可能简约。一是教学目标简明化。不要期待一节课能解决许多问题、实现过多愿景、达成太多目标。一堂课若能透彻解决一两个问题,认真完成一两个重点任务,启迪学生一两个学习技巧或策略,足矣;二是教学活动简易化。课堂不应该只看教学活动的数量,以及所谓的独特性、奇异性,更应该看重活动的内涵与实质,面向全体而又注重个体差异,让课堂成为展示学生学习过程的场所;三是教学语言的简洁化。教师在课堂上的语言应该追求简洁、清晰、准确;四是教学参与全员化。在教学目标的设定、教学内容的选择、教学过程的编排、教学评价的使用和教学资源的利用与开发等方面都应考虑全体学生的学习需求,只有最大程度地满足个体需求,引导学生最广泛地参与,才有可能使教学整体效益达到最优化;五是教学媒体选择化。教学媒体只能起到辅助教学的作用,不是每堂课都需要多种教学媒体的参与,也不是每堂课一定要有教学媒体的参与,要对教学媒体进行精心挑选、加工与利用;六是教学智慧随机化。合理压缩事先预设的空间,适当留有随机生成的余地。

二、聚焦课堂,质量取胜的必由之路

课堂,作为学校教学的主渠道,其对于教学质量的意义是不言而喻的。学校治理体系的完善、治理能力的提升,在很大程度上有赖于课堂教学及与课堂教学密切相关的课程体系的完善、课程实施能力的提升。

(一)完善学校课程体系

学校治理体系和治理能力与学校课程密切相关。课程是为实现教育目标而规定的学科及其目的、内容、范围与进程的总和。和课堂一样,课程也是教学的载体,学校的教育教学活动多数也是经由课程得到实施的。

1. 课程体系

课程体系是在一定教育价值理念指导下,将课程的各个构成要素加以排列组合所形成的相对稳定的学校授课系统。在现阶段,与治理体系相联系的课程体系,按照课程设计、开发的主体来分,由国家课程、地方课程、校本课程三级构成。

国家课程是由国家教育行政部门编制、审定和管理,并做出规定的统一课程。国家课程体现国家意志,具有统一规定性、权威性和强制性,是决定一个国家基础教育质量的主要因素,是学校必须不折不扣执行的课程。

地方课程是指地方(一般为省级)教育主管部门根据国家课程政策,以国家课程标准为基础,在一定教育思想和课程观念指导下,依据当地政治、经济、文化、民族的发展水平及其对人才的特殊要求,充分利用地方课程资源而开发、设计和管理,在地方范围内推行的课程。如 2005 年开始纳入上海市基础教育实施的"两纲"教育(民族精神教育、生命教育)即属于上海市地方课程。前者以国家意识、文化认同、公民人格为主要内容,后者以帮助青少年学生认识生命、珍惜生命、尊重生命、热爱生命，促进身心健康发展为主要内容，着重从基础型课程、拓展型课程和研究型课程中提取民族精神和生命教育的要义，针对中小学生的身心发展规律，在教学与活动中主动地、灵活地、创造性地、有效地加以落实，不断培育民族精神，提升生命质量。地方课程也是学校必须认真贯彻实施的重要课程。

校本课程是学校在具体实施国家课程、地方课程的前提下，分析评估本校学生的学习需求，根据国家的教育方针、课程管理政策和课程计划，针对学生的兴趣和需要，结合学校自身的传统和优势，充分利用学校、社区的课程资源，自主开发的、多样性的、可供学生选择的课程。校本课程多为体现学校个性和特色的实用课程。

通常我们所讲的“学校课程”，是以上三级课程的统称，这与“校本课程”的概念相区别。

风范中学多年来在校本课程结构化方面做了一些探索，即基于学校实际情况，在一定的教育理念、价值引导下，对各类课程内容进行规整，使课程目标、课程内容、课程实施、课程评价等构成的课程体系具有高度的内在一致性，核心价值一以贯之，从而使得内容简约、成本经济、富有实效。目前，学校校本课程形成两个系列：一是相对稳定课程，我们称之为长课程，如“核心素养”课程、“梦想舞台”课程、“行走探究”课程、“STEAM—X”课程等，通常采用固定课程形式；二是相对灵活课程，我们称之为短课程，如媒介素养、美化生活、疫情防控等，通常采用 PBL 项目学习方式。

2. **课程能力**

课程能力主要是指规划、开发、实施学校课程的能力。与治理能力相联系的课程能力，表现为学校(以校长为核心)的课程领导力和执行力。与课程三级构成相应，主要包括：国家课程的实施、地方课程的执行、校本课程的开发。就学校而言，校本课程的开发是专业含量较大的系统工程。

校本课程开发的过程大致为：通过需求分析确定课程目标；根据既定目标选择某一(或多个)学科(也可另拟课程名称)；确定教学内容和相关教学活动；对课程的计划、组织、实施、评价、修订等事项做出具体安排，提出具体要求。

校长的课程领导力是校长的关键能力和核心竞争力，在学校治理能力结构中处于重心地位。每一位校长都有责任有义务将对课程的领导作为自己的第一要务。首先，加强对学校课程规划与计划的领导，始终坚持“以学生发展为本”的理念，本着有益于提高教与学的效率、有益于促进学生全面而有个性地发展、有益于体现学校办学理念与特色等原则，科学制订和有效实施学校课程计划。其次，加强对课程实施过程的领导，用正确的教育思想引领教师实施新课程，深入课堂教学第一线，分析教学动态，研究如何改革教学过程、教学方法。再次，加强对校本教研的领导，为教师参与课程改革营造民主、开放、合作、共享的氛围，共同探究课程问题，为每一位教师创设发展的机会、条件和空间，并对校本教研工作过程与质量进行监控和评价。

（二）增进课堂综合效益

近年来，聚焦课堂，提高课堂教学整体效益，成为教育工作者研究的主题。上海在这方面进行了多角度、全方位的探索，如教学设计中课程标准的导向、教学活动中绿色课堂的建设、教学质量评价中绿色指标体系的建构，等等，这些都为新课程改革向纵深推进拓宽了空间。

1. 努力实现从关注教到关注学的转变

教学的根本目的在于保证所有学生的学，而不仅是保证所有学生被教；重要的不是教师在课堂上讲了多少、讲得如何，而是学生在过程中学了多少、学得如何。因此，教师的全部着眼点应该集中于此：让学习真实地发生。

以线上教学、“空中课堂”为例。由于技术的限制，很多教学活动不便于在线上开展，比如科学课中的实验，人文课程中的讨论，数学课中的几何推演等，可能就难以在线上很好地实现。如果你还是用以讲为主的方式，效果肯定很差。本来该是做实验的，或是画图的，或是讨论的方式，结果你都变成了讲授的方式，我讲你听，那么学生不会感兴趣，当然不会有好的教学效果。这种对着屏幕的隔空讲授，教师自己也找不到感觉，学生在电脑屏幕的另一端，到底听了几何，不得而知。所以，我们应该实现教学方式的转变，从关注教走向更多地关注学；必须以任务驱动学习，让学生动起来，让学生在完成学习任务的过程中，掌握知识和技能，形成能力和素养。

从教走向学，教师的角色转变了，成为学生学习的设计者、资源的提供者、自主性学习的支持者、教学活动的对话者。这样，教师的主要任务则变为以下内容：

第一，目标定位。要让学生有非常清晰的学习目标，知道这个单元我们要实现什么目标。没有目标感，也就没有方向感。在诊断中发现，学生的目标感还是非常欠缺的，所以，首先要让目标对学生可见。不仅教师清楚目标，学生也需要知道目标。

第二，任务设计。这是教学设计的核心。线上教学应该是任务驱动的，必须根据目标设计核心任务。学生的学习过程就是完成核心任务的过程，不是你讲他听，而是做中学。这个核心任务必须有张力，既承载学习目标，又对学生友好，让每个学生都可以上手，又能挑战每一个学生的潜能。这就需要我们重构学习内容，围绕那些知识颗粒度大的内容，以目标为导向来设计核心任务，让学生在完成任务的过程中，进行实践应用的输出式学习。

第三，资源支持。为了帮助学生完成这些学习任务，教师要推送一些学习资源，提供一些工具、"脚手架"、策略和方法，为学生提供学习支撑。同时也为个别化的学习提供资源支持，以资源的丰富性来支撑学生学习的个别化，满足不同学生的不同学习需求。

第四，及时反馈和诊断。无论是线上学习还是线下学习，及时反馈非常重要。这不仅可以给漫长的学习过程以节奏感，完成一个闭环，同时也让学生知道自己究竟学得怎么样。这样，学生不仅能够发现学习中的问题，也能从中获取新的能量。

总而言之，一切的学习本质上都是自我学习。学习永远不是一个被教的过程，而是一个主动学习的过程，没有学习的行为发生，就不能说完成了教学。无论是线上还是线下，都是如此。

2. 高度重视学生自我系统的启动和元认知的培养

有关研究表明，自主性高的学生，学习效果也好，二者呈正相关。这给我们一个重要的启示：学生的自主性和自律性、学习习惯和生活习惯，与学习效果呈高度正相关。所以，学习成绩的问题往往并不在学习本身，或者说，影响学生学业成绩的因素，恰恰是学习之外的非认知因素，最重要的是自我系统和元认知系统，是学生的生活习惯、行为习惯、学习态度和方法，等等。很难想象，一个平时生活中没有规划的人，学习上会有计划；一个生活习惯上马虎的人，学习习惯上很细致。

按照美国中部地区教育与学习实验室（McREL）高级学者马扎诺（Robert J. Marzano）博士的理论，人的行为过程分为三个系统：自我系统、元认知系统、认知系统。自我系统解决的是人的学习内动力的问题，元认知系统是解决学习的方法、策略、自我认知和监控的问题。于是，人的行为模式是：当个体面对新任务时，新任务首先接受自我系统的判断，决定是否接受新任务；当学生判断该任务非常重要或任务成功概率很大或效果积极时，个体接受新任务的意愿就会比较强烈，反之则弱；当个体接受新任务后，新任务就会进入元认知系统环节，个体首先建立与完成新任务有关的行动计划或目标，并选择适当的策略执行行动计划或目标；然后，由认知系统对相关的信息进行有效处理，最后进入具体的知识领域。①

这一过程可图示如下：

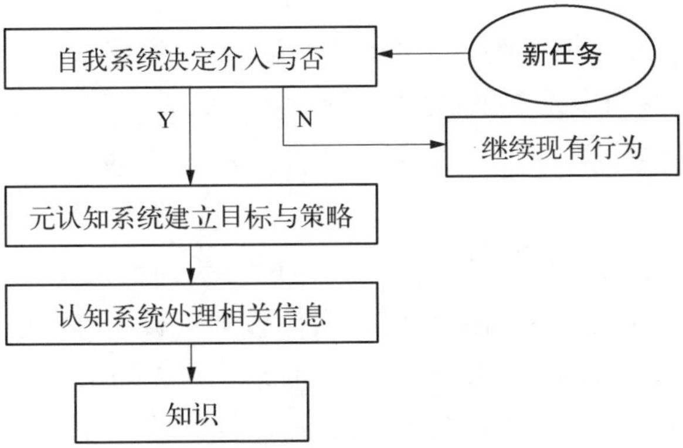

人类学习行为模式

从某种意义上说，影响学生学习的因素不仅是认知系统的问题，往往更重要的是自我系统与元认知系统的问题。

自我系统是动力系统。如何启动内动力，也就是说，如何抓住和保持学生的高度注意力，让学生全身心投入学习中。在教学设计的时候，必须考虑这个问题。一般来说，需要考虑三个要素：一是有意思，激发学生的兴趣；二是有意义，有用，有价值，激发学生的意义感；三是有挑战，能胜任，激发学生的成就感。这三者都能够点燃和启动学生的内在动力系统。有了内动力，学生的学习自主性就被激发了。

元认知系统是人的自我认知和自我监控系统，也是体现人的自律性的所在。他知道自己做得怎样，运用了什么样的策略和方法，运用得是否得当，是否按照计划和规划去学习，等等。人贵有自知之明，也最缺乏自知之明；人贵有自律，也最缺乏自律品质。自我认知和自我监控的元认知能力的培养，也是学生学习习

① 黎加厚.新教育目标分类学概论[M].上海：上海教育出版社，2010.4.

惯和自律性的培养。

所以,无论是线上学习还是线下学习,我们都要充分关注学生的自我系统的启动和元认知的培养。要把自我系统和元认知提升到教育目标的层面。也就是说,我们在设计学习目标的时候,并不仅仅关注知识和技能、能力与素养目标,更要关注自我系统和元认知目标,也就是关注学生的学习态度、情感、价值观,关注学生的学习方法、策略、自我评价与监控。

3. 切实珍惜课堂教学中师生情感的连接

课堂教学是近距离的、面对面的、直接的人与人的连接。我们一定要重视这样的连接,尤其要珍惜人与人之间的情感连接。在课堂上,我们要特别注意捕捉师生直接交往当中那些敏感的、隐蔽的信息,并予以及时回应;要努力做到面向每一个学生,关注他们的神情、态度和心理反应,实现有效的情感沟通。

教育是人对人的影响,教师的工作不可能为机器或人工智能所替代。记得马云曾说过这样一句话:不用担心机器人像教师一样工作,倒是应该担心教师像机器人一样工作。的确,教育是有温度的,是人对人的影响,是心灵唤醒心灵,情感触动情感。所以,我们用不着担心机器人会取代教师的职业,除非教师像机器一样只教书不育人。

(三) 摆脱应试教育羁绊

2020 年高考过后,网传"南京一中家长要求校长下课"。讲的是高考分数公布后,南京一中高一高二学生的许多家长手举"一中不行""校长下课"等标语,围堵在校门口表示不满。看了这一报道和配发的现场照片,我想到了很多。

据民间提供的 2017 年中考录取数据,南京一中录取成绩为 631 分,二十九中录取分只有 589 分,两者相差 42 分。但 2020 年高考,二十九中的高分人数和一本率均超过了一中。按照一些家长的说法,南京一中不抓学习,轻视高考。这成为家长们不满的理由。查阅网上资料,有人说南京一中更注重学生的均衡发展,二十九中则更侧重高考。但在家长的思维中,高考看的是分数,不管学校怎样做,学生在高考中考出高分才是硬道理。

2020 年 7 月 31 日,南京一中发布《告 2021 届高三家长书》,在说明学校整体成绩还是很好的,但也承认高分考生较少的同时,表示会推出一系列改进措施,包括研究新高考,做好明年新高考应对;加强对学生学习的要求与管理,比如延长晚自习到 22 点;加强尖子生培优,比如分层教学,组建尖子生团队,等等。简单地说,就是接下来要满足家长们的诉求,提高学生的成绩。

其实,这也是当前中学教育普遍存在的尴尬。每个人都希望,能够有一种更宽松的人才培养和选拔模式,让孩子能够快乐轻松地度过学生时代。但至少在目前,高考还是最重要的人才选拔方式。且大学是分三六九等的,其录取新生取决于分数高低。在这样的背景之下,学校必须对“分数”有所表现,这是无法回避的。

对此,有“教育君语”评论道:“没有分数,学校过不了今天;只有分数,学校到不了明天。”“只要高考的录取方式不变,单位的用人标准不变,今天的高中教育就必须把分数当成重中之重。”作为校长,我非常认同。

每年高考之后,人们(包括媒体)都免不了谈论一下“高考状元”这个话题,这似乎已成了一道独特的风景。从古至今,只要生活在考试、选拔制度下,读书人就必然产生一种对“状元”的向往,人们就必然对“状元”刮目相看,当政者就必然对“状元”寄予厚望,“状元情结”也因此而绵绵不绝,“状元”与学校这一专门教育机构的关联也伴随着历史的进程越来越密切了。其实,懂教育的人都知道,高考状元的产生有一定的偶然性,如果再考一次,高考状元指不定是谁。在一个省,有数以百计的人都具备冲击高考状元的实力。哪所学校这样的尖子生多,哪所学校的学生获得状元的概率就大。

出现一个高考状元当然可以为学校脸上增光,但实际上并不能说明什么。如果在招生均衡的前提下,某所学校能够经常把高考状元收入囊中,才能够证明学校的教学真牛,但实际上没有这样的学校。其实升入清华、北大的人数也是如此,如果招生均衡,哪所学校的清北人数年年远超其他学校,这所学校才是真厉害,但很遗憾,这样的学校也不存在。所以,对于普通的学生和家长来说,不要以学校出没出状元或出了多少清北生去衡量学校的教学质量。我们的孩子,如果现在并不是拔尖的成绩,无论去哪儿上学都是大概率考不上清北的。

那么,学校有没有教学质量好与差的区别呢?当然有,但并不体现在最顶尖的那几个人身上。学校最大的作用,是让那些普通的学生,都能够尽量发挥出自己的潜力,达到最佳的状态。能考状元的学生,在哪儿上都是清北的料。而学校和教师的作用,只是帮助学生在自己的能力范围内实现梦想。我认为,只要各地的学校都能拿成绩说话,教出的学生都能发挥出自己的最高水平,那就应该视为办学的成功，至于出不出高考状元，倒在其次，如果两眼只盯着出一名“状元”，这样的学校未必值得报考。

在我看来，学校要不要抓分数，答案是肯定的。以高中教育为例，普通高中教育是非义务教育，其培养目标很明确，就是为高等教育输送合格的新生，所以，普通高中的性质决定了它必须唯高校招生马首是瞻，始终围绕着高考转，高校怎样录取，高中就应该怎样教学。高校要分数，你就得忙分数；高校要综合素质，你就得培养综合素质。这是完全可以理解的，也是天经地义的。再说了，分数与素质不矛盾，不是有我无你、有你无我的排斥关系，分数也是素质的一个方面。当然，高中教育也不能完全被动适应，可以通过自身的努力影响高校招生，促进高校招生的改革。不过，这是另外一个范畴内讨论的事情。

高中教育现已归入基础教育系列，从基础教育的性质、要求来看，分数不应成为办学的唯一诉求。我们已经看到，这方面目前正在调整、改进、转变，高校招生时引入综合素质测试，就是一个鲜明的标志，可见从高中教育到高校招生都在尝试变革，这方面还需要有一个渐进性的过程，不能操之过急。如果以后高中教育也进入义务教育序列了，那么，培养目标就要做相应的调整了，分数也就自然不是唯一的追求了。所以，衡量学校的办学质量，是与学校办学的目标、任务密切相关的。分数要高，包括分数在内的整体素质也要高，这才是教育的根本追求，无论你是属于何种性质、哪一阶段的教育。这一点，似乎应该成为人们的共识。

有相当一部分学生，看了社会上、电视上、手机上那些天花乱坠、狂轰滥炸的补习班、网课班，或曾经的高考状元、清华北大学霸执教的名师班、“提分”课之类的广告，以为学习有什么“捷径”或“速成”之术，而平时学习不踏实，不想下功夫、花力气，指望到时候参加补习“一口吃成个胖子”，这在一定程度上造成了学生的“自我伤害”。

说到这里，归结到一点：素质教育必须在课堂中落实。课堂是教学的主阵地，聚焦课堂是完全正确的。但是，不能将聚焦课堂窄化、异化为“聚焦分数”，那就背离改革的本义了。

在应试教育的大环境下，广大家长的最高目标，就是让孩子考上一个尽量好的学校；老师、学生也会花大量的精力去为“分数”拼搏，这些我们都可以理解，因为是大环境影响了小环境，大气候影响了小气候。我们现在需要做的，是努力促进大环境、大气候的正常化，让全社会都来认识实施素质教育的重要性、必要性和紧迫性。当然,小环境、小气候也要主动改变,通过小环境、小气候的"量变",促进大环境、大气候的"质变",这样,真正意义上的教学质量才有可能获得提升,素质教育才不会成为一句口号。

不过,在教育内部,我们也得警惕少数人打着不搞"应试教育"的幌子而不作为。空谈误教,实干兴学。"素质教育"不是靠嘴上讲讲、停留在观念层面所能奏效的。其实,实施素质教育并不轻松,责任更大,要求更高,真心诚意、务实于行才能促进学生的学业精进。

三、全程调控,优化教学质量管理

教学质量管理是对学校整个教学活动所进行的质量监督和控制,具有全面性、全程性、全员性、规范性、动态性等特点。教学质量管理作为教学管理的核心,是学校工作永远的话题,有关讨论非常多。我想要说的,一是教学质量管理的"全程调控",二是管理的"优化"。全程调控主要是从常规管理的角度讲,优化的问题着重从管理创新的角度讲。

(一) 常规管理抓好"常规"

抓好教学的常规管理是提高教学质量的重要保证,这是我们在实践中的深切体会。就风范中学而言,学校在这方面主要还是借鉴了传统的做法,适当融合人们在教改中的成功经验,概括地讲,就是"一心、双基、三目标、四要素、五环节、六认真"。

一心,即一个中心——以教学为中心。思想上牢固确立"中心意识",考虑问题以是否有利于教学为出发点;安排上真正确保"中心地位",各项工作的运转坚持以教学为"主轴";行动上有效落实"中心措施",各项举措首先保障教学工作"优先"。

双基,即一直以来人们反复强调的基础知识和基本技能。一方面,"双基"是基础教育的性质、特点和要求在教学领域的体现;另一方面,"双基"是学生可持续发展之"本"。

三目标,即课改中提出的"三维目标体系"。包括:知识与能力,过程与方法,情感、态度和价值观。这是各学科普遍适用的教学目标设置,具有总体的、综合的、导向性的意义。知识与能力目标,反映主要的知识点和能力训练点;过程与方法目标,着眼于知识理解与能力掌握的进程和方式;情感态度价值观目标与德育、心理教育相联系。具体到某一节课，还是要依据本学科的性质、特点、任务和要求，以及学生的学习实际，对三大目标做考查分析，再确定具体的教学目标。不同的学科、不同的课型(如新授课、复习课、练习课)，其目标是不一样的；同时，一节课的目标也不必面面俱到，要区分主目标和辅目标。

四要素，指课堂教学的语言行为、提问行为、反馈行为和等待行为。教师的课堂语言影响学生对教学内容的理解，要多采用引导性、提示性、追问性和激励性的语言，引导学生主动掌握知识，少用命令性语言或过多的陈述性语言，真正体现以学生为主体、教师为主导的教学理念；课堂提问行为严格地讲也属于课堂语言行为，但它是课堂教学中最为普遍的行为，且是教学过程中师生交流的重要渠道，为体现其重要性，我们将其作为独立的教学行为对待，好的提问应具备目的性、启发性、多样性、方法性、示范性和情感性特征，能“牵一发而动全身”，增加学生的思维含量和学习效果；课堂反馈行为对学生的学习具有即时指导和调控的作用，要让学生了解自己对知识的掌握程度，强化正确，修正错误，找出差距，改进学习方法，促进学生更积极主动地参与到学习中；课堂等待行为是教师在教学中根据不同对象、不同问题，区别难易程度，设置合理的等待时间，给予学生一定的时间自我完成相应的认知加工，提升问题的“有效价值”。

“五环节”，即课堂教学中复习、新授、练习、检查、作业五个环环相扣的组成部分，这是人们实践经验的积累，也是教学客观规律的反映。复习未必是每一节课所必须的，但也绝非无足轻重。后次复习前次，有利于课与课的无缝对接、知识与知识的有机联系，同时也体现了认知心理学所揭示的记忆规律；新授对绝大多数课堂教学而言是必不可少的，是课堂进行曲的主旋律，是学生知识内化的关键过程；练习是对所学新知识的强化，也是学生知识与能力发展情况的外化；检查是师生对话、即时评价(反馈)、现场指导、当堂巩固；作业是检查后的修正、知识的再巩固，也是课内向课外延伸。

六认真，即教师认真备课、认真上课、认真布置和批改作业、认真辅导、认真组织考核、认真组织课外活动。认真备课，包括教师独立备课和集体备课，要准确解读教材、有机整合资源、科学设计教学过程，恰当选择教学媒体，充分估计学生学习中可能产生的问题，做好“预设”，特别是要通过备课组活动对课堂教学的目标、重点、难点、疑点及策略、方法开展讨论；认真上课，关键是要围绕目标有的放矢，内容正确而无思想性科学性毛病，方法得当符合学生的认知特点、理解能力和思维水平，结构合理且层次分明，语言流畅且表达清晰，教师因材施教，学生积极参与,课堂生动活泼;认真布置和批改作业,主要是作业须精心设计,力求少而精,一举多得。作业批改注重对学生思维过程的分析,注重针对性和指导性,对学生作业中出现的主要问题及时讲评和纠正;认真辅导,重视分析学习困难学生的学习基础及找出学习困难的症结,采取相应的辅导策略,通过分层作业、作业面批等措施帮助他们逐步提高;认真组织考核,有条不紊地抓好复习、命题、测试、考查、考情分析等各项工作,发现薄弱环节,制订应对方案;认真组织课外活动,主要是结合学科特点制订活动计划,落实好活动组织和活动时间,通过课外活动增进学生的学习兴趣,扩展知识,发展智力和能力。

(二)优化管理重在"创新"

教学管理的优化有很多路径。优化,一方面是对教学管理原有思路、方法的继承和改进,另一方面是结合当前教学改革与发展的特点和要求有所创新,这也是一个与时俱进的课题。我们在实践中注意不断拓展这方面的思维,着重从量化管理和大数据应用两个点上进行探索。

1. 量化管理

所谓量化管理,是指从管理目标出发,用数学的方法来考察和研究事物的运动状态和性能,使用科学、量化的手段进行组织体系设计和为具体工作建立标准,对具体工作做出数字描述,实行标准化操作和科学控制的管理模式。量化管理作为教学质量管理的一种有效方式,从管理的角度看,量化是考核评判的基础,单纯定性而不能量化,往往难以区分优劣,评价就缺少了科学性、可信度和说服力。如何量化教学质量,是管理的难点和关键。

谈到量化,似乎离不开分数,这是最直白的"量"。毋庸讳言,学校、学生几乎每天都是要与分数打交道的,量化管理自然离不开分数。

量化可从多种角度考虑,常用的有:时间的量化,如在校时间、作业时间、体育活动时间、课堂时间的分配等;还有任务的量化,如任课时数、带教人数、承担课题数等;考评的量化,如工作量、合格率、优秀率、学习困难学生转化率等。

量化管理可应用于学校管理的多个方面,我们在实践中曾做了一些有益的尝试。比如以下内容:

班级学生德育工作量化管理系统 主要用于德育积分学分考核、学生操行日常行为规范考核。其功能主要有:根据学校德育量化考核规定,自定项目,自定分数,自动录入情况;手机录入数据,按天、周、月统计班级德育量化分数及排名;查询学生所有记录情况和德育分数,也可以随时查询各班违纪情况，班主任可及时跟进管理，还有留言反馈功能。这样，可以使人们从繁琐的工作中解脱出来，方便学校班级德育量化管理，更方便地服务于学校管理。

教师工作量化管理系统 这是学校整个教学信息管理系统的核心和基础。面对种类与数量繁多的数据和报表，手工处理方式已经很难跟上现代化管理的步伐。我们设计开发了一套教师工作量管理系统，快速地完成与教师工作量化有关的各项数据统计工作，解决计算方法繁杂、工作效率低的问题，推动工作量化管理更好地发展。

教育研究工作量化管理系统 运用 Powerbuilder 开发环境编制了教师教研科研工作量化管理系统，可生成机器代码独立安装、运行，利用不同风格的数据窗口，结合灵活的查询格式，生成的不同报表，能满足职称申报、评优评级、绩效考核等工作所需的真实、准确、具体、详尽的第一手资料。

班级工作量化评价系统 只需要让学生扫描二维码填写考核情况，即可随时随地点评班级、个人；各种图表直观显示，行为记录一目了然；还可以查看往期记录，了解点评情况。其优点在于：引导学生参与管理，实现评价主体多元；自由设置点评项目，实现评价内容多维；评价入口方便，支持二维码扫描和人脸识别；可以一键点评，轻松便捷评价。其突出的功能特点在于：作为学校值巡老师，只需动动手指就可以随时点评任意班级、学生，可随时上传照片及文字点评，并查看统计报告；作为班主任老师，可随时了解班级的点评情况，每个学生及班级的整体风貌一目了然。

其实，量化管理的精髓不在“量”本身，而在于怎么看待“量”、“量”做何用以及“量”怎么去用。量，形式上就是一个数字，本质上是人或事物的属性、状态的反映，可以用以衡量、测定人或事物的即时状况，通过科学的量的分析可以做出关于人或事物的质的评判。但是，这只是人们认识事物的途径之一而不是唯一，特别是在“量”的可靠性程度不高、不能反映事物本质的情况下，任何关于量的分析及由此所形成的判断，都是难以说明问题的。所以，各种“量”的设置要科学、合理，这是需要在实践中反复探讨的。

2. *大数据应用*

在信息技术的支持下，量化管理的实施需要借助数据来进行。伴随着现代网络通信技术、数据库技术的迅猛发展，搭建功能强大的现代化综合性教学信息平台便成为可能。借助这样的平台，就可以实现教学管理工作的信息化、系统化、规范化，提高管理的质量和效益。

量，以及其他关于人或事物的信息构成了“数据”，信息技术学意义上的数据就是数值，即通过观察、实验或计算所得到的结果。它可以是连续的值，如声音、图像，称为模拟数据；也可以是离散的，如符号、文字，称为数字数据。

各种数据的集合，构成了“大数据”。大，是指多、广，大数据其实是一个“数据群”，从理论上讲，大数据是无限容量的。大数据有三个根本属性——海量、开放、连接。因为海量，所以可以利用它做很多事情；如果不开放，数据就不可能有“海量”；如果不连接，再怎么海量、开放的数据也没有使用价值。从这一点上看，数据也是资源，在新科技层出不穷的时代，数据资源可能是意义甚于自然资源的特种资源。

我们在实践中将一些经常性工作模糊（非精确）量化、动态量化，按一定系数赋值，逐步建立和完善了学校教学管理数据库，内设各种数据模块。主要如以下内容：

学生实体模块 为每一个学生建立学习情况数据库，收录学生的学号、姓名、性别、生日、民族、籍贯、简历、登记照、成绩趋势图表、兴趣特长、奖惩记录等，涵盖了学生成长记录册的内容，并适当扩展。

教学管理模块 包括课程表、学生成绩汇总、考试情况分析、教学进度、教学常规管理等相关图表。

教师管理模块 为每一个教师建立教学工作数据库，包括编号、姓名、年龄、学历、教龄、任教学科、专业技术职称、教学个性特点、在职培训进修情况、教育科研成果、教学工作考评等，涵盖了《教师业务档案》的内容，并适当扩展。根据教学工作需要，一名教师可以任教若干门课程，一门课程可以有多名教师来上，每个教师所上的每门课都有一个课程号和课时数。

（三）学校治理楔入课堂教学

学校治理须将课堂教学作为重要内容，对涉及课堂教学的各有关工作纳入监管、整治的范畴，并充分发挥教学评价的导向功能，规范和完善学校的教学秩序。坚持“向管理要质量”的治理思路，通过管理水平的提升促进教学质量的提升。

1. 切实加强课程管理

严格执行上级教育行政部门规定的课程、课时计划，开全、开足各类课程，决不随意增减；将教师执行课程计划的情况作为评先评优的依据，并与奖惩挂钩。

学校对每天的教学活动实行全天候管理，校长室、教导处、值班教师等依据职责和分工，每天从早读、晨会开始到放学结束，安排好巡视、检查，如发现私自调课、擅自改上自习课、不按教学常规上课、未在规定时间段放学等违背课程管理规定和要求的现象，均作为教学事故记录在案并及时向当事人反馈，提出整改建议，对未能及时纠正、造成不良影响者进行批评教育，必要时应采取适当的处罚措施。

2. *切实加强教学流程管理*

教学流程管理是依据学校教学工作运行规律（如阶段性、周期性、循环递进性），对各环节的结构、内容和方法等进行统筹、协调与控制。就教学流程质量控制而言，关键是要掌握几个要点：定向控制，建立质量规范；程序控制，把握质量状态；随机控制，了解质量信息；评价控制，注重质量检查；统计控制，抓好质量分析；条件控制，搞好质量服务。其中，学期与每周的工作流程至关重要。

以下为风范中学教学流程管理有关图表。①

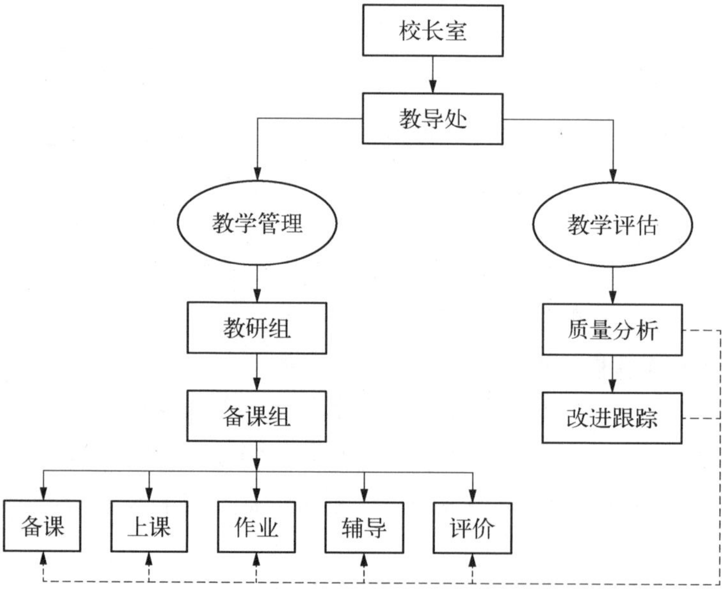

教学流程管理工作关系示意图

① 有关图表参考、借鉴或应用了相关专家、学者、单位的研究成果。

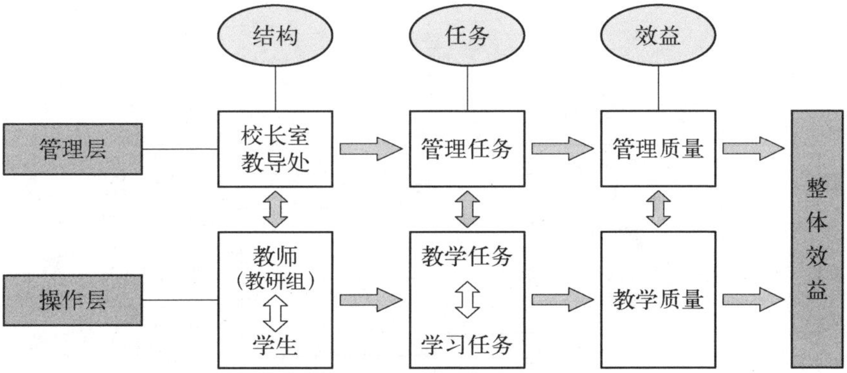

教学流程管理结构、任务、效益示意图

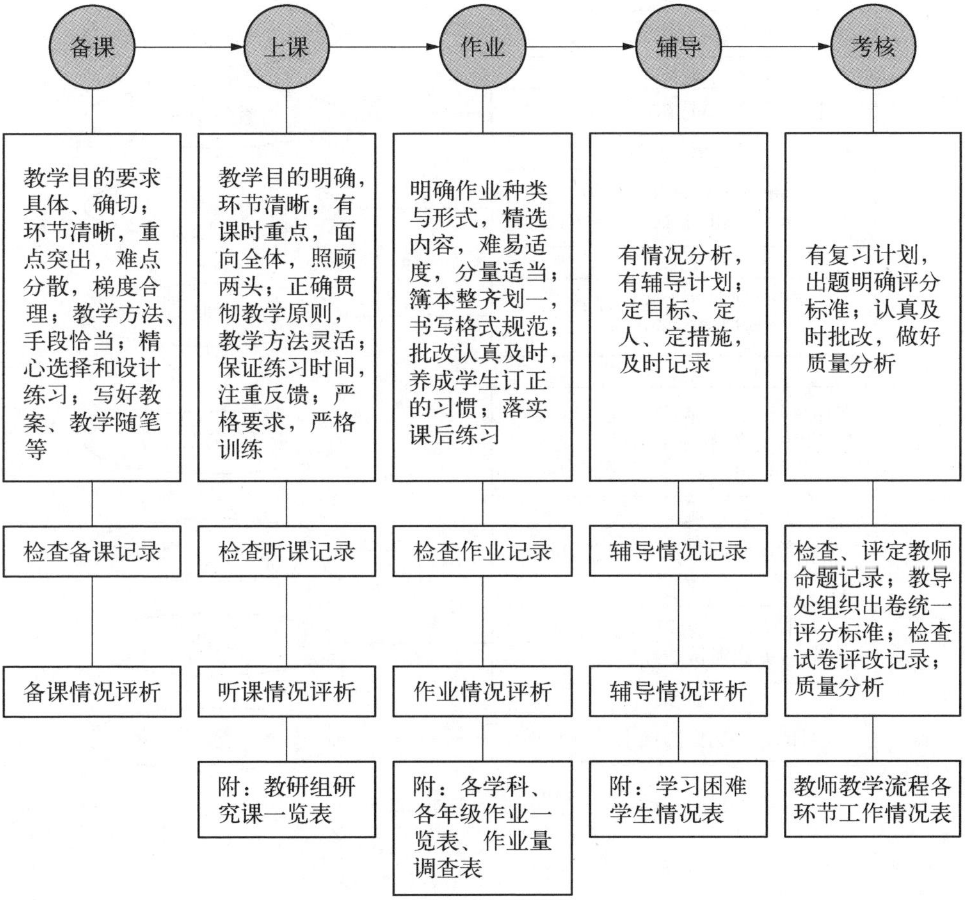

教学工作五大环节流程管理说明图

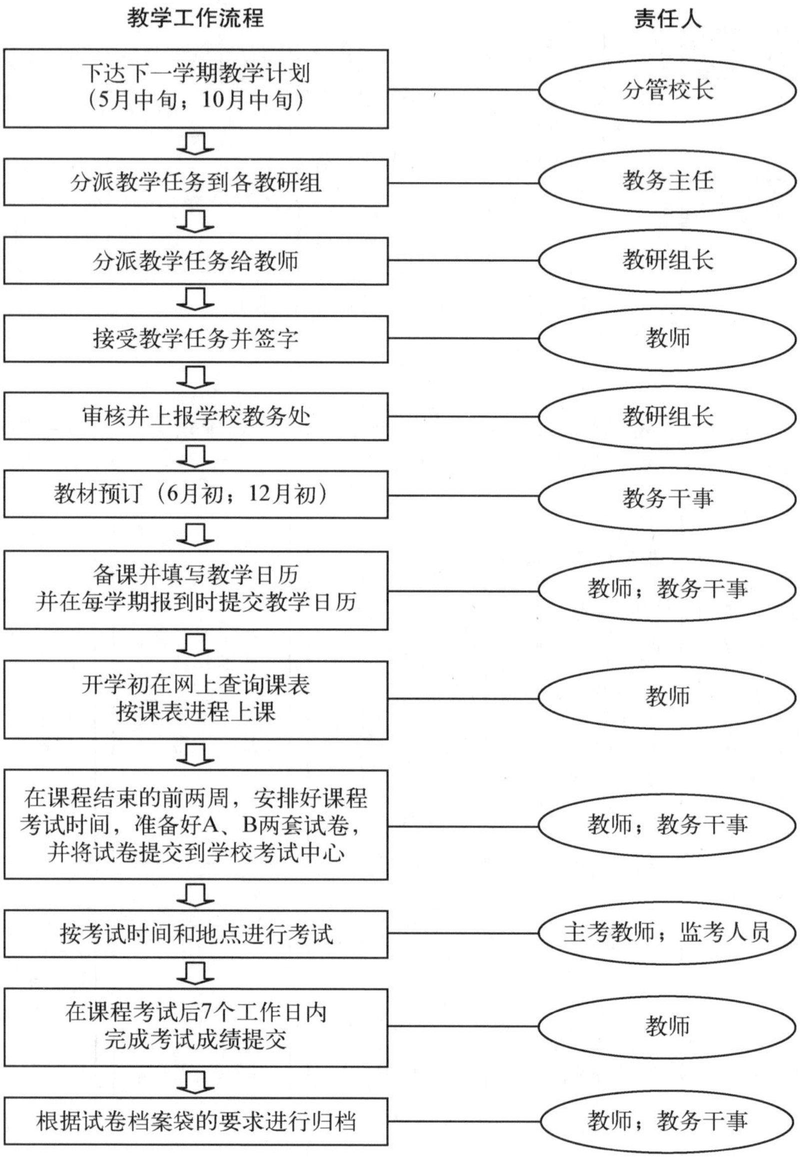
教学工作流程
责任人
下达下一学期教学计划
（5月中旬；10月中旬）
分管校长
分派教学任务到各教研组
教务主任
分派教学任务给教师
教研组长
接受教学任务并签字
教师
审核并上报学校教务处
教研组长
教材预订（6月初；12月初）
教务干事
备课并填写教学日历
并在每学期报到时提交教学日历
教师；教务干事
开学初在网上查询课表
按课表进程上课
教师
在课程结束的前两周，安排好课程
考试时间，准备好A、B两套试卷，
并将试卷提交到学校考试中心
教师；教务干事
按考试时间和地点进行考试
主考教师；监考人员
在课程考试后7个工作日内
完成考试成绩提交
教师
根据试卷档案袋的要求进行归档
教师；教务干事

学期教学工作流程图

每周教学管理工作流程表

周次	工作内容	说明及要求
开学前1周	1. 教师填好教学进度表,实验教学进度表(均一式两份); 2. 检查备课,备课提前量不少于四周; 3. 教师到教务处领取课表并核查; 4. 各班级领取教材、课表; 5. 实验室制定本学期实验、课程设计及集中实践环节安排表; 6. 制订教务、教研组和实验室学期工作计划	教学进度表送教研组长审定、分管主任审批;实验教学进度表送实验室主任审定、分管主任审批;实验由实验室主任负责落实。 前两项周三前完成
第1周	1. 安排补考(缓考); 2. 课程设计教师、其他集中实践环节教师报任务书; 3. 安排辅导、答疑	教务处初审各集中实践环节任务书。补考(缓考)阅卷由教务处安排,试卷与正考试卷一起存放,交接手续要完备
第2周	1. 教学工作委员会审定课程设计和其他集中实践环节任务书; 2. 检查上学期教案并存档	教案检查情况在教研组总结后及时反馈至教师本人
第3周	1. 检查、验收上学期考试试卷并归档; 2. 检查上学期教研组工作完成情况; 3. 教学工作委员会研究决定本学期教学研讨会内容	试卷检查情况在教研组总结后及时反馈至教师本人
第4至7周	1. 教材使用情况问卷调查; 2. 召开学生教学工作座谈会; 3. 召开教师教学工作座谈会; 4. 学习情况问卷调查(教师评学); 5. 教学情况问卷调查(学生评教)	学生座谈会根据层次、年级的不同分组召开。 收集到的各种教学信息要做好分析总结并及时反馈
第8至10周	1. 检查教学进度; 2. 检查教案; 3. 检查作业; 4. 检查辅导、答疑	自查、普查和抽查相结合,检查后形成报告(小结)并做好反馈
第10至11周	1. 根据课程方案,教学工作委员会确定下学期开课计划; 2. 向各教研组下达下学期教学任务; 3. 各教研组遴选下学期教材	根据课程计划和教材征订目录认真核查,避免重订或漏订,教材须符合教学评估要求
第12至13周	1. 确定并征订下学期教材; 2. 检查实验教学	内容包括:实验进度、实验教案、实验报告、实验质量等
第14周	召开全校教学工作研讨会	
第15至16周	1. 教师交考查试卷(两套); 2. 制定考查日程表; 3. 落实下学期教学任务	试卷内容、格式应符合学校相关规定,打印后送教研组长审核签字后交教务处。 过程及操作须符合教学评估要求

续表

周　次	工　作　内　容	说明及要求
第17周	1. 考试试卷(三套); 2. 考查试卷; 3. 制定考试日程表; 4. 组织课堂教学评估	试卷内容、格式应符合学校相关规定,打印后(附参考答案)送教研组长审核签字后交教务处
第18周	1. 考查课完成考核; 2. 印制考试试卷; 3. 集中实践环节检查; 4. 统计本学期教师教学工作量; 5. 期终教学检查	期终教学检查主要检查各教学任务完成情况
第19至20周	1. 组织期终考试; 2. 教师报本学期教学总结; 3. 教师报教学业务档案各项材料; 4. 教研组报阅卷安排表	试卷交接应严格履行手续; 教师业务档案材料由教研组收取,经教务处登记后集中交学校档案室归档
第21周	1. 组织阅卷、成绩评定、试卷分析和装订工作; 2. 复查试卷; 3. 报送考试成绩; 4. 报教研组、实验室工作总结; 5. 教师领取下学期教学资料(任课通知书、教材、教学进度表、大纲、空白教案纸等); 6. 教研组、教务处教学工作总结	试卷由教研组长从教务处统一领取,并组织集体阅卷; 阅卷负责人须对本试卷批阅质量负责,教研组长须对试卷复查情况负责。 阅卷要求参照学校相关规定,试卷移交需手续完备

3. *切实加强课堂教学管理*

提高课堂教学质量是提高整体教学质量的关键。从总体上讲,教师要牢固树立“以学生发展为本”的理念,讲究教学策略和方法,提高课堂教学的效率和效益,坚持面向全体,因材施教,实行启发式、讨论式教学,开展研究性、实践性学习,引导学生质疑、探究,构建自主、合作的课堂模式,激发学生的学习热情和创新动力;从操作层面看,教师要按照前面所讲的“一心、双基、三目标、四要素、五环节、六认真”去践行、去落实,下大功夫于课前、用大力气于课内,并做好课后(外)辅导,使整个教学工作环环相扣,同时又突出课堂教学这个重点。

四、围绕“中心”,校长切实抓好教学

校长作为学校发展的第一责任人,同时也是提高教育教学质量的第一责任

人，必须紧紧抓住教学这个中心，明确在教学及教学管理中的职责，真抓实干，努力提高教学质量和效益。校长对教学方向的引领，对教学管理指挥权的把握，走入教学第一线进行调研、分析的能力和由此表现出来的热情、态度，是促进教学工作深入发展的重要因素。

（一）明确校长抓好教学工作的责任

校长应从以下几方面抓好教学工作：

1. 正确引领教学的方向

校长作为学校的领导者，需要对教学工作准确定位，并引导学校教学管理团队共同预设教学质量愿景，并获得教师的认同，指导教师以研究者、践行者的工作姿态，认真完成教学任务，全面提高教学质量。

首先，引导教师贯彻国家的教育方针，落实课程计划要求，切实做好所任教学工作。校长要采取有效措施，通过职能部门对教师的教学行为进行管理、调控，实施有效的评价，使大家明确各课程承载的育人功能和具体目标，自我规范教学行为，创出教学特色，高质量完成学科教学任务。

其次，引导教师遵循教育规律和教学规律，走出“耗时低效”的教育教学误区，不断走向“节时高效”的教育教学境界。校长既要自己精通教育规律和教学规律，又要大力引导教师潜心研究教育教学规律，做一个规律的研究者和实践者：在工作中，遵照学生生理成长、身心发展和认知特点开展教学，提高教学质量，特别是课堂教学的效益。校长要在制度上逐步规范，采取诸如不无故增加课时、合理控制作业量等措施，让教师将精力和智慧集中于课堂教学，增强教师的教育科研意识，让“向课堂要质量和效益”成为教师的追求和向往。

再次，引导教师建立实事求是的、“跳一跳能摘到果子”的教学质量愿景。校长要把学校明晰的办学思想落实在教学工作之中，引导广大师生确立并形成科学的教育观、教学观、教育价值观、质量观、评价观、管理观。在此基础上，建立被广泛认同的教学质量愿景，发挥学校教学指挥系统的作用，引领和促使广大教师积极主动地、一步一个脚印地不断接近预定愿景。

2. 科学把握教学管理的指挥权

教学作为学校的中心工作，校长必须科学把握教学管理工作的总体思路和策略，驾驭教学工作的决策、实施、评价，不断推进教学工作的改革。

校长应坚决摒弃只靠听取教学管理人员报告或简单过问了解表面现象的做

法，要深入教学管理一线，把握指挥权，促进教学管理工作的制度化、标准化、序列化，推动教学管理向纵深发展，向教学管理要质量、要效益。

第一，建立健全教学管理的规章制度。校长督促建立健全教学管理的各项规章制度，促进教学各项工作的制度化，这是学校治理中以法治校、以法治教的重要体现，也是搞好教学工作的重要基础之一。校长不一定亲自去编制教学管理的相关规章制度，但必须亲自审定，保证学校的办学思想、管理理念能够体现在制度之中，并审查制定的教学管理制度与学校的其他规章制度内容与要求是否相容，使学校各项规章形成和谐的制度体系。

第二，完善和落实教师教学评估体系。为了进一步落实教学管理的规章制度，细化和量化教学各项工作的要求，校长要与教务主任等教学管理人员一起建立、完善教师教学评估体系，制订教学评估方案：横向上，使教师明确教学管理的全部内容和重点事项；纵向上，让教师知道管理工作的各个环节、过程的评价要求。教学评估方案要尽可能形成“板块”，能够“自由”拆卸、组合，以便用以评估整个学期不同时段、不同指标的教学状况。校长要既能根据上级教育行政部门和教研部门的新要求有目的地调整教学评估方案的相应标准和内容，又能突出学校在教学管理中的主体性，总结、提升本校的实践经验，完善教师教学评估体系，不断形成具有本校特色的管理风格。

第三，突出教学管理的“有序”性。校长要根据教学的客观规律和教学活动的阶段性特点，对教学管理进行“序列化”安排，提高教学管理的针对性。学期初的规划性管理，重在要求教师学会“规划”，制订各项计划，明确任务和要求，预设教学进度，整体把握学期教学内容的内部结构及其在整个学科教学中的地位和作用；学期中的调控性管理，重在“检查”计划实施的过程，督促教学管理人员依据教学评估方案中的相应“板块”进行对照检视并及时反馈，提出改进的要求和措施；学期末的终结性管理，重在“总结”整个周期的教学运作，引导教师对本学期教学目标任务的完成情况、教学计划落实情况，以及取得的成绩、存在的主要问题等，进行实事求是的分析和评价，明确下一阶段教学工作努力的方向。

校长把握教学管理的指挥权，还体现在对教师和学生的人文关怀上。校长要关注教师的工作、教学状态，关注学生的生活、学习状态，使他们幸福快乐地从事教学和学习。特别是在评价教师教学问题上，校长要参与其中，在定性与定量评价、自由与规范、标准与个性化等关系上，高瞻远瞩，以人为本，立足教师发展，关注教师思想和情感，解决评价中的相关矛盾，让评价充分发挥促进教师发展和工作推进的作用，将刚性的行政化管理手段与柔性的人文化管理方式有机地结合起来，相得益彰，这是校长需要努力追求的管理艺术。

3. 经常深入教学前沿

校长要引领教学的方向，把握教学管理的指挥权，必须走进课堂教学的前沿，认真地听课、观课和进行课堂教学分析。苏霍姆林斯基曾说过："对一个有经验的校长来说，他的注意和关心的中心就是课……由于学校领导人对课进行深思熟虑的分析而使课堂教学得到不断的改进，就能提高学校整个教育过程的水平……只有当学校的领导人掌握了足够的事实和进行足够的观察时，才能在教学和教育过程的这个领域里达到工作的高质量。经常听课和分析课的校长，才能了解学校里在做些什么……尽管学校领导人有各种活动，而听课和分析课却是应当摆在首要地位的工作。"苏霍姆林斯基的做法和经验更值得校长去学习，他说，"我给自己定出一条规定：如果我没有听过两节课，我就认为今天我在学校是什么事也没有做。"校长要把听课和分析课作为一项极其重要的工作，走入课堂，深入师生。在工作中，校长不能仅为了完成上级规定的听课任务而去听课，也不应仅把听课定位在教给教师一些方法和技巧，提一些建议。作为学校的教育者，校长听课，要重在发现教学中存在的普遍性问题，并分析原因，提出解决问题的思路，抽取与本学科或与整个学科教学关联性大的问题作为教科研课题，深入探讨和研究；要重在研究和发展教师的教学经验，推广成功的教学经验变为全校教师的教学财富；要重在营造教师成长和专业发展的良好环境：对迫切希望指导的教师，校长的任务是帮他们"登高"；对盼望展示自己才华的教师，校长的任务是给他们"搭台"；对害怕听课的教师，校长的任务是为他们"加油"。

以下是我在教学前沿听课、观课和进行课堂教学分析时常用到的、可供选择的图表。

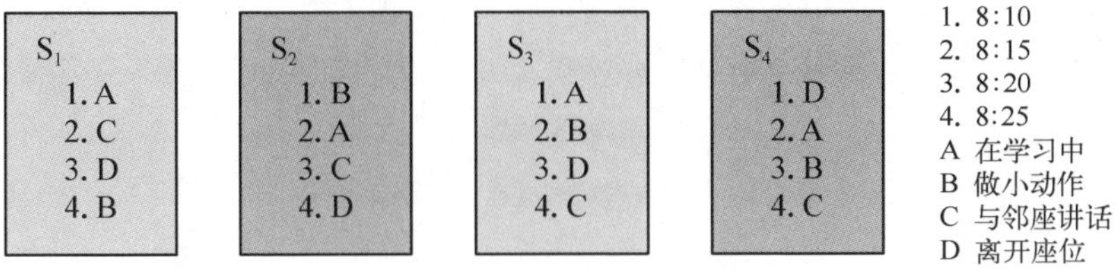

学生课堂表现观察记录图

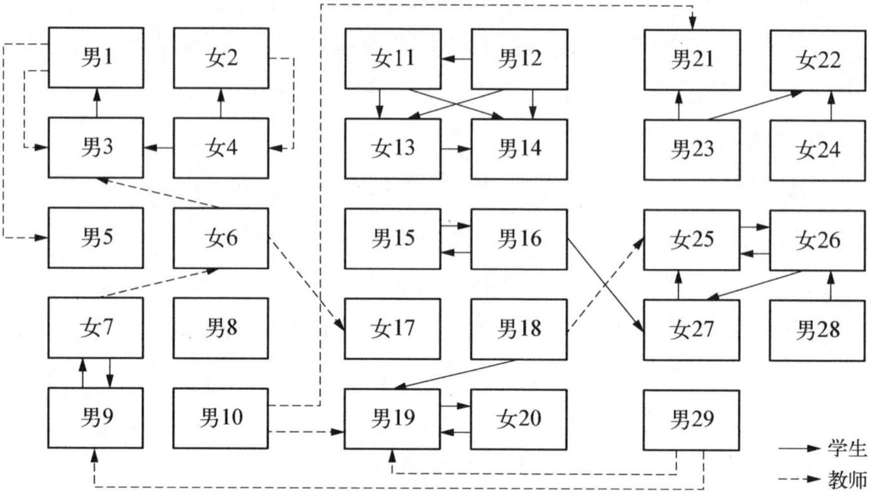

课堂教学师生互动轨迹图

课堂教学观察实录表

执 教 者		班　　级	
时　　间		地　　点	
课　　题		教学目标	
教学重点		教学难点	
教学准备			

教学过程 (上课的事实信息)	观察者的即时 思考与评析	观察者与执教者及其他 观课者交流后的再思考
其他同事的意见		

课堂教学整体水平观察记录表

项目	内容细目	观察记录水平				
		5	4	3	2	1
教学目标	学科的核心教学任务					
	三维目标有机结合,主次分明,重点突出					
	面向全体,促进每个学生有效学习					
教学内容	知识结构良好,主线清晰,重点突出					
	教学容量和梯度把握得当					
	有合理的作业与练习					
教学过程与方法	创设合理的学习认知情境,学生在迫切需求下学习					
	教学结构良好,自主、合作、探究、有意义接受学习有机融合					
	合理开发利用课内外学习资源;科学应用现代教育技术					
	有良好的学习诊断、检测、评价、反馈、校正					
	学生主动学习,积极参与,神情专注,思维活跃,认知有质量					
教学效果	按时有效地完成规定的学习任务,时间利用率高					
	学生感受到学习的愉悦,积累了学习经验					
	各类学生都能不同程度地获得成功体验,增强了学习信心					
教师素养	师生关系和应变能力					
	学科素养和文化修养					

教师提问和学生应答水平观察记录表

序号	问题	问答方式	教师提问					学生应答				
			管理	认记	推理	创造	批判	无答	机械	认记	推理	创造

问题的目的指向观察记录检核表

一级编码	二级编码	总　数	占提问总次数(%)
指向问题内部	获得问题结论		
	引发学生思考		
	合　　计		
指向问题外部（管理）	提　　醒		
	激　　励		
	惩　　罚		
	合　　计		

学生应答方式观察记录检核表

学生回答方式	频　　次	百　分　比
集体齐答		
讨论后汇报		
个别回答		
自由回答		

学生应答类型观察记录检核表

学生回答类型	频　　次	百　分　比
无回答		
机械判断是否		
认知记忆性回答		
推理性回答		
创造评价性回答		

教师理答方式观察记录检核表

教师理答方式	频　　次	百　分　比
打断学生回答或自己代答		
对学生回答不理睬或消极批评		

续表

教师理答方式	频　次	百　分　比
重复自己问题或学生答案		
追　问		
对学生的回答给予鼓励或称赞		
激励学生提出问题		

这些图表的选择运用，主要在于客观记录课堂中“教”与“学”双方的活动情景，原生态地反映课堂教学信息的流向，教与学的方式与即时效应，以便事后与执教教师分析探讨。长此以往，便于发现、总结课堂教学的普遍规律，推广教师们的成功经验，促进大家沉心静气研究教学，提升专业水平和技能。

（二）努力提升课程领导力

校长的课程领导力，主要体现在以下三个方面：

1. 严格执行课程计划

抓好教学领域的学校治理，作为校长，必须注重课程领导力的提升，其关键在于维护课程计划的严肃性，保证课程计划的有效实施。

课程计划也称为教学计划，是课程设置与编排的总体规划，是根据教育目的和学校的培养目标，由国家教育主管部门制定的有关学校教育教学工作的指导性文件，是对学校的教学和各种教育活动做出的全面安排，体现了国家对学校的统一要求，是办学的基本纲领和主要依据，是编制课程标准和编写教科书的依据，也是督导、评估学校教育教学工作的依据。课程计划直接关系到教学质量，进而影响到学生培养的质量。因此，认真维护课程计划的严肃性，是现代学校治理的题中应有之义。

2. 做一线教学的参与者

一是尽量能上课。我们的校长都是从优秀教师岗位上选拔出来的，过去都上得一门好课。但当了几年校长以后，由于各种主客观原因，有些校长感觉自己已经算不上是一个优秀教师了，有的没有再教自己擅长的科目；有的陷入了行政事务堆中。我始终认为，校长最好还是要上一门课，借此多接触教师、多了解学生。

二是坚持多听课。听课是校长了解教学情况、指挥教学工作的一项十分重要的措施。随着素质教育的深入推进，特别是在减轻学生过重课业负担的要求下，如何提高课堂教学的质量和效益，还是要到课堂上去找答案。

三是争取常评课。校长要尽可能抽出时间参与教师的评课活动，引导教师不断提高教学站位，指导他们逐步提升教学设计能力、驾驭课堂能力，帮助他们丰富教学智慧。

3. 组织实施教学质量监控

根据课程对教学的要求，对教学的过程和情况进行了解和监测，找出反映教学质量的资料和数据，发现教学中存在的问题，分析产生问题的原因，提出纠正存在问题的建议，促进教学质量的提高，促进学生学习水平的提升和教师的专业发展，从而保证课程实施的质量。

当然，校长对学校教学工作的领导，不能单纯停留在“管”上。当前教学工作中有许多弊端，如：题海战术，低效甚至无效作业；重教轻导，甚至只教不导；“多媒体热”，不当使用甚至滥用，等等。所以，要强化“治理”意识，瞄准问题，落实矫正对策。

我感到，教学管理中存在的问题主要可从学校、教师、教学常规三个方面来认识和解决。在学校方面，管理制度需要与时俱进，不断规范和完善，那些跟不上形势、不切合学校实际、不利于调动师生积极性的制度不应延续下去。在教师方面，关键是要完善研训、进修、考评、激励机制，使专业化发展之水长流不息。在教学常规方面，强化教案设计、集体备课；从学情出发、克服形式主义、打造智慧课堂；分层作业、把握梯度、质量重于数量；课外辅导注重差异、分类指导，听评课活动常态化、研训化。

第七章　遵从规律，教育研究引领改革创新

教育科研，拓宽了我们的视野，不搞科研，我们就不会看到那么多，看得那么透；教育科研，拓展了我们的思维，不搞科研，我们就不会想到那么多，想得那么深。有了教育科研做引领，我们行动起来更有底气、更添自信，学校工作也会更有思路、更具成效。

——题记

社会在发展中是不断变革的，且有变革的速度日渐加快、变革的周期逐步缩短的趋势。因此，教育的发展、学校的发展也须适应这种趋势，体现变革、创新的要求。

改变、改造、改革，所有的“改”，都是为了使事物比原来更美好。改造自然，是为了使人类和自然相处更和谐；改造社会，是为了人类的进步与社会的发展更协调；改革教育，是为了使教育更适应人、自然、社会发展的规律，以及教育自身的发展规律。所以，讲教育治理、学校治理，就不能不涉及教育改革、学校改革的命题，这，需要我们下功夫去探索、去研究。

一、基础教育学校开展课题研究很有必要

我们是处在日新月异的信息时代，就事物发展变化的速度而言，今天的一天，可能相当于机器工业时代、农耕文明时代的一年、十年甚至百年，知识更新加快，生活节奏加快，新思维、新技术、新问题、新挑战层出不穷。以“脑机接口”技术为例，这一技术的诞生，将彻底改变生存、生活方式。诸如此类的变革，不可能不引起教育理念、教育方式、教育管理行为等的相应改变，加上教育还担负着走在时代前列、引领社会发展的责任和使命。因此，我们就不得不走“办教育、研究

教育、发展教育”之路。

（一）学校生存与发展离不开教育研究

学校是教育事业运行的专门机构，教师是教育使命的履行者、教育行为的践行者、教育改革的实行者。在社会这个大舞台上，无论是学校还是教师，要想扮演好自己的角色，都必须对教育进行适时的、持续性的研究。

我们是处在日新月异的信息时代，就人类自身的发展而言，人们必须靠自己的智慧和判断，从没有路的情况中走出一条路来。那些受到良好“调教”，而一旦没有答案和模板便什么都无法做的人，是最不具价值的一群人，“生存力”也最低。

同样的道理，学校要治理得好，离不开教育研究。首先，教师、学生都要讲究智慧成长，智慧不是凭空产生的，它离不开实践，也离不开研究，唯有研究，方能出大智慧；其次，学校也要讲究智慧发展，智慧发展是在研究前人、他人经验教训基础上的创造性发展，没有研究，则无所谓创造。实践已经证明：教育研究，为学校腾飞赋能！

（二）坚持教学与研究相辅相成

关于“教学”与“研究”的关系处理问题，很多人都纠结于中小学教师是否一定要进行课题研究，我的答案是肯定的。课题研究是解决诸如“盲目的实干家”和“空洞的理论家”之类弊病的“良药”，谁赢得了“研究”，谁就在更高层次上赢得了“教学”。

也许有人会说，中小学教育是打基础的教育，打基础，应该以教学为主，并且主要依靠课堂。中小学以教学为主当然没错，但以“教学”为主，并不排斥“研究”。一方面，打基础，也要打好“研究”的基础。众所周知，中学现在普遍开设了研(探)究型课程，如果要求学生开展研究性学习，而我们的老师却站在研究的大门之外，那结果是难以想象的。事实上，有很多学生的研究课题或项目做得非常好，研(探)究报告写得也很精彩。这就证明了，基础教育打好“研究”的基础是完全可能的，也是非常必要的，教师，更要身体力行。

在我看来，就中学教育而言，还是要坚持“一体两翼”——“育人”为体，“教学”、“研究”为翼，两翼互动，相辅相成。这样的格局，不是权宜之计，而是根本所需；非为名利诉求，实乃质量所系。要而言之，基础教育学校开展教育研究，既与学生成长有关，也与教师发展有关。

实现“教学”与“研究”相辅相成，根据我们的实践，需要在“研究”这一块搞清楚教育科研与教学研究的某些不同之处。之所以要认清这个问题,是因为很多教师对两者的关系认识不很清晰,或者混为一谈,或者认为搞不搞科研无所谓,只要有教研就行了。鉴于此,有必要对之做一番澄清。

1. 教育科研与教学研究的区别

中国基础教育的教学研究,在国际上享有较高的声誉,人们对之也比较熟悉。讲到教育科研,在基础教育领域似乎还处在少年时代,特别是中小学教师对此涉猎有限,参与者不很普遍,或者参与了却程度不深。其原因之一,可能是对教育科研与教学研究的区别了解得不很透彻。

教育科研与教学研究究竟有哪些不同,根据我们的实践,感觉是在以下几方面存在着某些区别:

在研究目标上,教育科研比较在意理论突破、实践创新,注重由感性到理性的认知;教学研究更为强调实际应用、具体操作,讲究感性到经验的积累。

在研究范围上,教育科研可以涉及与教育有关的所有领域,包括学科教学;教学研究则主要面向课堂教学(传统教研),也可以是与教学有关的所有领域(现代教研)。这里特别需要指出的是:两者虽然都研究教学,但还是有区别的,这就直接导致了以下三个不同:

一是视域不同。教育科研中的研究教学,往往要求以点带面,不可就点论点,比较注重广度;教学研究中的研究教学,通常只须就点论点,亦可以点带面,比较注重深度。

二是方法不同。教育科研强调技术引领,规范操作,探讨规律,难度系数稍高;教学研究意在种瓜得瓜,种豆得豆,总结经验,难度不是很大。

三是成果效应不同。教育科研的成果通常需要普遍推广,多为团队课题;教学研究的成果常常旨在自我完善,多为个人课题。

要而言之,教育科研比之教学研究,讲究更高的站位、更宽广的视野,要求尽可能将本来是方法、技术层面的东西上升到法则、规律的层面。通常情况下,科研课题应当具有一定的理论架构,想好了再干,在实干中发现规律,并指导实践;教研课题可以是有了想法就直接去试、去做,干起来再说,然后跟进总结和提炼,上升到理性认识。所以,教育科研课题的研究必须建立在一定的理论基础之上,通过研究的实施,不断有所发现、有所发明、有所创新。

随着教育教学改革不断向深层推进,中小学教育科研与教学研究呈现一种新的发展趋势:两者渐行渐近,相融而不合一。教育科研逐步走下高大上的神坛,放下身段,向教研深入;教学研究渐次走出“课堂”天地,迈向更广阔的空间,向科研攀登。作为教师,要知道两者的区别,但也不必泾渭分明,可以适当打一点模糊牌,“左右逢源”,为我所用,这叫“天光云影共徘徊”。

总之,两者各有特点,都是实践需要的,打一个不算很准确但也差不离的比方:教育科研,是一条高架道路;教学研究,是一条地面道路。两者上下并行,时有互位。至于中小学校以外从事基础教育研究的专门机构,如教育研究院(所)之类,它们走的是一条“磁悬浮道路”,虽然与高架道路、地面道路未必同行,却也互联、互通。所有这些,都是基础教育大地上的“美丽的风景”。

二、学校教育科研工作的组织实施

学校教育科研工作组织实施的关键,首先是人,要有一线教师的积极参与,要有从事课题研究的骨干力量;其次是课题本身,要精心组织选题并设计好课题研究方案,同时要增强课题研究方案的执行力,强化实施过程中以中期评估为形式的自我调节。

(一)教师是学校教育科研的主力军

基础教育事业发展到今天,对教师的角色定位,需要全新的认识。

一方面,素质教育的实施,课程与教学改革,为学校开展教育科研提供了广阔的舞台;另一方面,基础教育的改革与发展,也要求教育科研给予方向上的指引与理论上的支撑。然而,长期以来,教育科研往往成为高校、研究院所教授、专家、学者们的“专利”。究其原因,可能是多方面的,如教育科研体制、传统观念制约、习惯成自然等。当然,我们绝对相信教授、专家、学者们的实力,但限于客观原因,某些先天不足之处还是在所难免。事实上,由于工作、生活环境的限制,他们缺少中小学教育教学的实践经验,缺乏对中小学生心理特征的了解,这种先天不足,导致他们的研究往往是理论性强,具有严密的逻辑理论体系,抽象的概念和专有名词多,但离现实较远,难以解决中小学教育教学的实际问题。正因如此,教授、专家、学者们也一直在努力贴近中小学教育教学一线,并期望中小学教师也能积极投身教育科研,形成专业研究者与一线实践者的紧密结合,共同开创基础教育研究的新局面。

现实生活中,中小学教师往往埋头于备课、上课、批改作业、辅导学生之类的教学工作中,加上需要应付一些日常事务,很少有时间、精力涉足教育科研。长此以往，他们习惯于盯着教科书做文章，眼界、境界受到很大局限，除了参与有限的浅层的教研活动，对教育科研比较陌生，最终难免成为单纯的“教书匠”。这样一来，教师的专业化发展、素质教育的推进都会受到影响。

因此，对这一现象和问题需要综合治理。

1. 切实转变观念，增强对教师是学校教育科研主力军的认识

无论哪所学校，都需要一支具有较高师德水平、现代教育观念以及较强业务素质的教师队伍，需要有一大批具有超前意识以及能在学科业务上起示范带头作用的骨干教师，否则无论教师数量如何充足、学校硬件设施如何现代化，办学水平都将落后于同类学校。

让教师成为教育科研的主力军，这应成为学校管理者的共识。学校开展教育科研，更多的是为了解决教育教学中遇到的问题、困惑。这些问题、困惑，包括教师教育教学中的、学生学习活动中的、学校管理实践中的，等等，从发现到解决，都是教师在亲历亲为，他们最有发言权和处置权。要想使他们想得好、讲得好、处理得好，则要有心关注、用心探索、潜心研究，没有教师参与的教育科研是很难想象的。

2. 教师要牢固树立教育科研意识，全方位提升自己的专业能力

我们经常向教师宣传这样一种理念：课堂教学是立身之本，课题研究是进身之阶。教师能够站稳课堂，就有了从事职业的底气；能够进行教育研究，就打开了发展事业的空间。其实，在学校治理中，校长抓好教师队伍建设，就必须从这两方面入手。因此，广大教师要改变满足于埋头备课、上课、批改作业的传统工作模式，克服对教育科研的神秘、畏难心理，勇于实践，善于思考，勤于总结，敢于创新，使教育教学工作进入全新的境界。

如何定位现代教师的教育科研呢？客观上往往有一个误区，一提到教育科研，许多教师会认为那是专家学者的事，和一线教师没啥关系，甚至对教育科研产生莫名的畏惧感。之所以会出现这样的状况，主要是教师对教育科研的定位出现了偏差。一线教师的教育科研，不是像专家学者那样开展以理论探索为主的研究，而是在科学理论的指导下，运用相关的理论成果，围绕自己的教学实践进行思考、探索，将研究的重点指向课堂教学改革，努力提高课堂教学的效率、效能和效益。教育科研的目的不是仅仅侧重于写了多少文章，发表了多少论文，更不能为了应付上级检查去完成一些毫无意义的总结，那样必然脱离实际。作为一线教师，要努力克服研究和教学“两张皮”的现象，通过参与教育科研，全方位

促进自己的专业化发展。

3. 引导教师处理好专和博的关系，积极投身教育教学改革

毋庸讳言，在应试教育尚有市场的背景下，当前仍然有不少教师习惯甚至满足于用一成不变的模式上课，“填鸭式”“灌输式”的教学方法依然大行其道。他们无论是在教育观念上还是教学方法上，都还难以适应新课程改革的要求。如何解决这些问题呢？还得依靠教育科研！要引领全体教师不断反思教育教学中存在的问题，彻底转变教师的观念，让教育科研成为学校前进的不竭动力。学校领导除了自己要有开阔的视野、理性的思维、开拓的精神、求实的作风，成为教育科研的先行者、教育教学改革的排头兵之外，还要注重引导教师强化问题意识、科研意识，提高教师之间合作的能力，努力把教育科研的理念落实在日常的教育教学行为中。教师既要精通所教学科的专业知识，又要广泛涉猎，扩展知识面，博闻强识，博学精思。从事理科教学的教师，更要注重语言表达能力特别是写作能力的提升，努力扬长避短，激发聪明才智，在教育科研领域更好地体现自己的职业生命价值。

4. 坚持理论联系实际，让教育科研促进教师自我实现

按照美国心理学家亚伯拉罕·马斯洛（Abraham Harold Maslow，1908—1970）的需要层次理论，自我实现是人类的高级心理需要。对于教师而言，参与课题研究的过程就是一种自主认知、自我实现的过程。其间，必须高度重视理论与实践的结合，以理论指导实践，用实践丰富理论，从而促进教师在教育科研中实现专业成长。

一是加强理论学习。有效的理论学习可以丰富教师的理论积淀，让教师变得更加睿智，使教育科研不致茫无头绪，教育教学实践中能多几分思考。学校应重视先进教育理念的传输，可以经常向一线教师推荐优秀的教育理论文章和教育教学案例，组织教师学习讨论。

二是重视信息工作。教育科研是一项长期的任务，重在平时的信息收集、数据整理、资料积累。为了让研究更科学、更扎实，必须做好过程记录，为研究的逐步推进提供真实、准确、详尽、具体的第一手材料。

三是倡导总结反思。以学科教学为例，教师要经常问一问自己：课堂教学设计是否符合新课程理念？有哪些地方没有达到预设目标和要求？这节课最大的失误是什么？如果一线教师都能经常反思自己的课堂教学，把课堂上的得失及时、真实地记录下来，并认真思考改进的策略和方法，长此以往，定能不断

成长。

在教育科研中促进教师自我实现，要特别注重充分发挥群众的智慧和积极性，发挥教师的个人优势，制定教育科研目标要因人而异，不要搞一刀切，更不宜搞单纯行政命令。

5. 为不同类型的教师建构参加教育科研的职业生态

首先，引导青年教师积极投身教育科研。青年教师是教育科研的中坚力量，他们思想开放，对新理念感兴趣；思路开阔，不囿于条条框框；思维敏捷，接受新事物快。这些正是一个人参与教育科研所需要的基本特质。尤其是中学青年教师，多数都具有研究生学历，对课题研究并不陌生，有的还积累了一定的实践经验，这是学校开展教育科研的宝贵的人才资源。

现在各级各类相关部门都专门设置了青年教师研究专项，这是为青年教师参与教育科研营造大环境、搭建大平台，是促进青年教师专业发展的有力举措。以我校为例，青年教师几乎100%直接或间接参与了各级各类课题研究，他们的科研选题多从教育教学实践中遇到的现实问题出发，包括认识上、理论上感觉到困惑或不太清晰的问题，通过开展课题研究，认识了问题形成的原因，找到了解决问题的方法、策略和路径，既使自己的专业水平和能力得到了提升，也使学校形成了一支科研骨干队伍，从而带动了学校教育教学改革的深层推进。

其次，鼓励经验型教师精心总结教育教学实践。教师在教育教学岗位上经过若干年的摸爬滚打，多数会成长为有一定积累的经验型教师。这时，他们的职业生涯发展在一定时段中会处于一种既不容易上去也不大会下来的境地，也就是心理学所指的“高原平台”。实践表明，做一名经验型教师，应该不是很难；经验型教师要想获得持续的、长久的发展，必须突破“高原平台”，努力向上攀登。假如其间存在所谓“捷径”的话，唯有课题研究。这样的造诣，在很大程度上有赖融入教育科研。要结合自身教育教学实践，多做一些回溯研究、比较研究，总结反思经验教训，探讨一些规律性的东西，并上升到理性认识，以更好地指导实践。

在我校，对于有过相当教育教学经历的教师，我们提倡以经验研究为主，同时培养他们的创新意识和创新精神。在实事求是遵循教育教学规律的前提下，要敢于创新，善于创新，不拘泥于传统的教育教学模式，大胆尝试，推陈出新。每学期开始，根据自己的教学实际，确立一个课题，在平常的教育教学中有意识地进行研究。通过几年的努力，我校有许多经验型教师迅速成长为区级以上的骨干教师或学科带头人。

再次，发挥专家型教师的专业引领作用。专家型教师至少在某一方面是有一定造诣的，要支持他们在此基础上致力于形成自己教育教学的独立个性、独特风格、独有特色，并通过开展专门、专项的课题研究，对青年、骨干教师实行面对面、手把手的言传身教，并使自身在传帮带中丰富专业素养，增进专业能力，提升综合实力。

此外，学校要建立科学的激励机制，用制度调动广大教师教育科研的积极性，并为中小学教师创造一种适宜于教育科研的宽松环境，聘请更多的有成果的中小学教师现身说法、临场指导。

总之，教育科研需要教师大量的学习积累、不断的反思实践、长期的坚持努力，它不是一朝一夕的事。我们要充分认识教育科研的重要性、艰巨性、长期性，要努力使教育科研保持长久发展的后劲，要让教育科研为学校课程改革保驾护航，为学生的生命成长奠基！

（二）抓好教育科研选题这一关键环节

教育科研选题事关课题研究全局，选题不当，整个研究就失去了其应有的意义，至少也将使之“身价”大跌。

1. 选题设计的出发点

学校教育科研的选题设计，其出发点大致上是从三个角度考虑：

一是从需求出发。根据教育改革与发展的现实需要，配合上级相关部门的教育科研工作部署，落实学校近期工作的任务与要求。

二是从问题出发。针对学校各项工作，特别是教育教学、学生发展、教师队伍建设、学校治理中的疑点、难点，理清其中暴露的或隐藏着的问题，分析其原因，研究其对策，找到解决问题的方法和路径。

三是从个性出发。有的教师对学校工作中的某一事物感兴趣，有的教师对教育活动中的某种现象有探索的愿望，有的教师擅长搞调查研究，有的教师专注于课堂教学方式的改进，有的教师对教育信息技术情有独钟，等等，这些都可以作为选题设计时的参照。

2. 选题设计的切入点

根据我们的实践，学校教育科研课题大致上可以分为五类：学生发展类、教师发展类、课程建设类、课堂教学类、班级管理类，且各类课题都可融合德育。因此，在选题设计的切入点上，需要突出以下几种视角：

一是围绕学校核心价值理念设计课题。这是科研先行，课题引领。以风范中学为例，学校历来坚持“让每一个生命得到充分发展”的办学理念，围绕“做一个有风范的中国人”培养目标，以学生发展核心素养的培育为主干，从高尚的品格、厚实的知识、宽广的视野、阳光的身心等方面设计研究课题，并将研究成果转化为校本课程推广实施。

二是围绕学校发展亟须解决的问题设计课题。这是从需求出发，“研”以致用。一段时间，我们在学校工作中对综合实践活动课程的认识不是十分清晰，于是，学校组织专门力量对此进行专项研究，特别是对综合实践活动的路径、形式、载体进行了广泛而深入的探讨，在全校按学段、年级建构了“梦想舞台”、“行走探究”两类拓展型综合实践活动校本课程，受到师生的普遍欢迎，多年来实施效果极佳。

三是根据学生身心发展需要设计课题。人都有爱美之心。很多学生对我国古代的服饰文化颇感兴趣，常常对不同时期人们的穿戴打扮津津乐道。于是，我们将最具代表性的汉服文化作为“现代美育融合中国传统文化元素的实践研究”的系列课题之一，组织师生开展专题研究，开发了“汉服华裳”拓展型特色课程，编写了《中华情·汉服韵》校本教材。通过课题研究和课程实施，学生对汉服的主要特点、设计制作、配饰穿戴，以及汉服与华夏礼仪等有了一定的了解。学校还多次组织了相关展示、表演活动，受到师生的普遍欢迎和好评。如“汉服华裳秀妙韵”的舞台展示，让学生们深深感受到身体里流淌着的是中华民族的血脉，骨髓里沁透的是五千年灿烂的中华文明，他们的人文情怀、思想境界在活动中逐步升华。很多学生借此对一些古装电影、电视剧中人物服饰进行了研究，对其中一些值得探讨的问题或某些失误之处，给剧组的导演或演员写信提出了自己的看法并提供了依据，受到剧组及有关专家的赞扬。

四是根据教师专业成长情况设计课题。随着大量的现代信息技术运用到教育教学中来，为了创新课堂教学，我们开展了“基于现代信息技术的教学创新实践研究”，历时多年，经过反复实验、论证，经数十次修改调整，逐步完善，形成集“四叶草”学习平台、希沃教学综合平台和云高清直播平台等多种智能科技为一体的“云”教学平台，初步构建、形成了现代化的“云”教学模式。实践表明，“云”教学模式不仅促进了教学设备、手段的现代化，更重要的是有效地提升了教师职业素养诸元素全面而深刻的变革。正是借助这一课题的研究，我校形成并完善了“在研究中学习——在学习中实践——在实践中提升”的教师专业成长机制。

3. 选题质量的判断

教师参与教育科研,什么样的课题才是比较适合他们的研究课题呢?我们的判断标准主要强调以下四点:

一是要有依据。提出某个课题,必须建立在一定的理论依据和实践依据上,不是单纯服从研究者的兴趣、好恶或个人的某种需要。

二是要有价值。选题必须服从并服务于学生发展、教师发展、学校发展的现实需要,对学校的教育教学改革具有导向、引领、促进作用,即值得研究、确有必要去研究。既要关注当前的热点,体现时代性,又要面向未来,体现前瞻性,还要适当兼顾过往,体现回溯性。将历史经验、现实需求、未来发展有机地结合起来,才能最大程度地促进课题研究的价值实现。

三是要有空间。有空间即课题要有研究余地,有空间、有余地才有可能去研究。实践中我们发现,有的选题视角太窄,如“相似形的判定教学设计研究”,只讨论特定内容的教学问题,缺乏普遍意义,作为教育科研课题,学术价值不高;再如“一题多解”之类的纯粹解题技巧、方法的探讨,都是有定理、定论的,研究空间很小,同样也不适合作为科研课题。不过,它们作为教学研究课题,还是有一定探讨价值的,倘若能够举一反三,触类旁通,从中找出具有普遍性、规律性的东西且能推而广之,那就进入教育科研的范畴了。当然,课题的研究空间也并非越大越好。大而无当,往往不着边际、无从下手,或者定位过高、力不能及。如“初中学生核心素养培育的实践研究”“高中阶段语文课程教材改革的实验研究”之类,前者太过宽泛,后者非一般教师所能为。

四是要有创新。教育必须跟上时代发展的节拍、社会前进的步伐。作为先行一步的教育科研,更需要研究者对课题具有较高的敏感度,能用独到的眼光、超前的思维、非凡的智慧,去发现、去谋划、去建构。创新,首先要“知”新、“悟”新,要认真学习并深刻理解当前及下一阶段党和国家关于教育事业的大政方针。比如:党的十九大报告提出要全面贯彻党的教育方针,落实立德树人根本任务,发展素质教育,推进教育公平,培养德智体美劳全面发展的社会主义建设者和接班人;2018 年 9 月,全国教育大会提出教育学生要做好“六个下功夫”——要在坚定理想信念上下功夫、要在厚植爱国主义情怀上下功夫、要在加强品德修养上下功夫、要在增长知识见识上下功夫、要在培养奋斗精神上下功夫、要在增强综合素质上下功夫;2019 年 2 月,中共中央、国务院印发《中国教育现代化 2035》,提出了推进教育现代化的八大基本理念——更加注重以德为先、更加注重全面发展、更加注重面向人人、更加注重终身学习、更加注重因材施教、更加注重知行合一、更加注重融合发展、更加注重共建共享，以及明确了推进教育现代化的基本原则——坚持党的领导、坚持中国特色、坚持优先发展、坚持服务人民、坚持改革创新、坚持依法治教、坚持统筹推进；2020 年 10 月，中共中央、国务院印发了《深化新时代教育评价改革总体方案》，在评价改革的主要原则中提出：改进结果评价、强化过程评价、探索增值评价、健全综合评价。所有这些，都属于教育领域的大事、要事，事关教育事业的前途、命运。教育科研选题只有建立在充分了解教育发展大方向、大格局、大趋势的基础上，才有可能使研究工作有所创新、有所建树。

4. 以问题研究为主要取向

学校教育研究必须坚持问题导向，也就是人们日常所说的开展以问题为导向的研究。必须明白，教师参加教育科研，最实际、最有价值也是最行之有效的就是开展问题研究。实践中，我们一直主张：课题研究的过程就是问题解决的过程。

(1) 问题提出

问题的提出，其关键在于问题有否找准。想要找准问题，可以从以下四个方面去审视：

所研究的问题在教育实践中确实存在，并具有普遍意义，即具有一定代表性、共性的问题；

所研究的问题是人们在实践中感到有困惑却未能解决或未完全解决，存在某些难点、疑点的问题；

所研究的问题是大众重点关注的焦点，且亟待解决的问题；

所研究的问题是虽然眼前不重要但日后很重要，具有前瞻性的问题。

(2) 问题分析

问题分析主要是探讨所提问题主要涉及哪些因素，如问题产生的背景、问题形成的原因、问题的现实状态，解决问题有哪些可行路径，以及可以采取的具体举措等。

(3) 问题向课题转化

问题向课题转化，经由问题提出、问题论证、问题提炼三个步骤。问题提出，主要从教育教学实践的矛盾、困惑中去梳理；问题论证，着重探讨所要研究的问题的现实意义及其普遍性、代表性；问题提炼，即根据问题本身的特点对研究的对象、目标、内容、性质以及研究类型(方式、方法)等进行深入思考,并确定课题名称。

三个步骤可图示如下(见图 7 - 1):

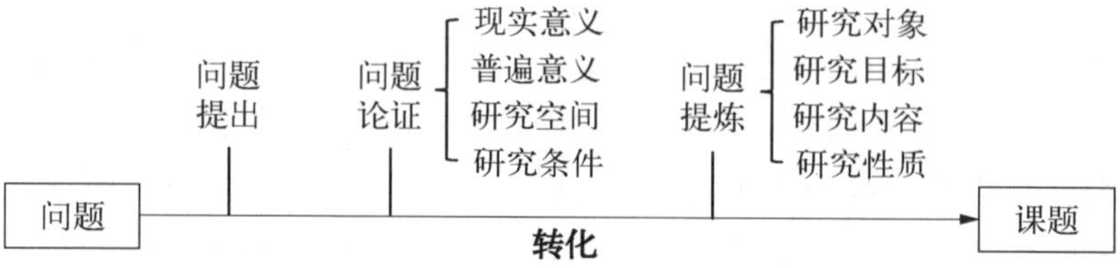

图 7 - 1　问题向课题的转化

考查问题研究的全过程,即从问题提出到成果产出,其间须经历两次转化:变问题为课题,此为第一次转化;变课题为成果,则是第二次转化。第二次转化由课题论证开始,在对问题进行深入分析后,找到问题产生的原因,制定相应的对策并付诸实施,最终使问题得到解决。这一过程如下图(见图 7 - 2):

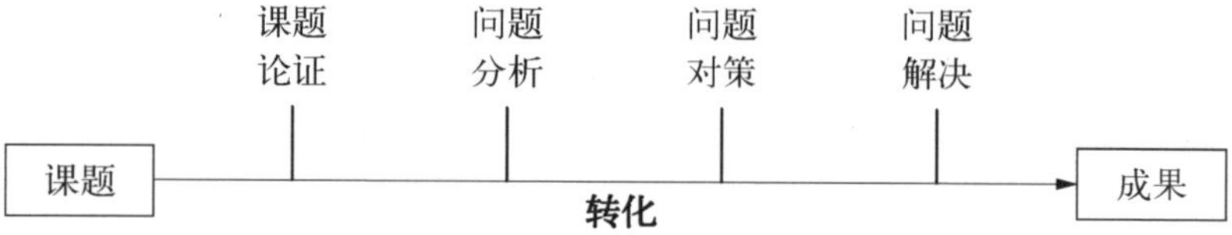

图 7 - 2　课题向成果的转化

以上两次转化紧密衔接,有序联动。在这一过程中,研究者需要重点探讨一些关键性问题,我们把它总结为“问题研究六问”。

一问:实践中遇到了哪些问题?这是诊断性排查问题。

二问:这些问题都值得研究吗?此为过程性选择问题。

三问:哪一个问题研究空间最大?这是决策性问题。

四问:具体研究哪些方面?旨在确定研究内容。

五问:想要进行多大效力的研究?意在确定研究方法。

六问:可能取得怎样的成果?这是对研究的阶段性成果和最终成果做出预期。

这六问,是教育实践中最具针对性的研究,对学校教育教学工作最具现实性的指导意义。风范中学教育教学改革的不断推进,很大程度上就是得益于问题研究。面对应试教育愈演愈烈、学校和教师常感无所适从的局面,就素质教育如何真正落到实处的问题，我们比较早地提出了“学生核心素养培育”这一命题。那是在2014年10月，风范中学以“基于学生核心素养发展，培养有风范的中国人”为旨归，开展了“素质教育中学生核心素养培育的实践研究”。一开始，我们将学生核心素养理解为学生群体中的个体应共同学习和遵守的必要素质和修养，定位于“语言表达与符号运用”“资讯科技与媒体素养”“艺术欣赏与生活美学”“公民责任与道德实践”“身心健康与自我实现”“系统思考与问题解决”六大板块，并建构相应的校本课程体系，以现有人文素养类、科学素养类、艺术修养类、生活实践类、体育活动类五大项拓展课为基础，加大拓展型课程整合力度，进一步规范拓展型课程管理，提高课程质量，着力培养学生高尚的品质、厚实的知识、宽广的视野与阳光的身心。这是集德育、课程教学、健康指导于一体，由学校、家庭、社会共同参与，引导学生、教师和家长共同面对“问题”，齐心协力致力于问题解决的教育模式。2016年9月，北京师范大学举行了中国学生发展核心素养研究成果发布会，《中国学生发展核心素养)总体框架正式发布，它以培养“全面发展的人”为核心，分为文化基础、自主发展、社会参与三方面，综合表现为人文底蕴、科学精神、学会学习、健康生活、责任担当、实践创新六大素养，具体细化为人文积淀等18个基本要点。我们感到这一体系与我们原有的思考和实践有着广泛的“交集”，这就更加坚定了我们前行的信心。近年来，我校的核心素养教育与核心素养课程的开发实施结合起来，丰富了学生核心素养培育的载体；与此同时，学校以长期进行的多项相关课题研究为支撑，逐步形成了这样一种教育特色：以传统文化教育为载体，提升学生人文素养；以积极心理学为指向，培养学生健康心理素质；以翻转课堂为抓手，提高学生终身学习能力。通过核心素养培育这一课题的实施，我们实实在在地体验了一回“科研先行”、“科研引领”的深刻内涵和无穷魅力。

5. 大型课题的设计

在一所学校，往往某一时段同时进行着好多课题的研究，校级的、区级的、市级的；条条的、块块的；集体的、个人的；原创的、参与的，等等。对这些课题，学校基本上采取任其自然发展的态度，缺乏必要的统整，总体上研究质量不高、效益不理想。其原因大致有：缺少学校科研工作的总体规划；学校对课题研究还缺乏统筹意识；学校科研管理的力量相对薄弱、措施还不怎么到位。事实上，随着教育教学改革不断向深层推进，学校和教师都会接触到一些重大课题，这对我们是一个新的挑战。这里，我们以核心课题、课题群为重点，就学校如何组织好大型课题的研究做一些探讨。

这里所说的大型课题，主要是指系列型课题和集群型课题。

系列型课题是围绕一个主题而形成的课题群。其内部构成不具有层次性，多数情况下，各课题相互之间为并列关系，共同组成一个相对完整的课题序列。各课题之外，没有单独设立的总课题。如某研究以新课程背景下中学生学习心理为主题，设计了四个课题构成了系列课题：中学生认知过程与新课程学习；中学生个性倾向性与新课程学习；中学生智力技能的发展与新课程学习；中学生应试心理与新课程学习。某校开展了传统教育实施途径及与之相应的德育校本教材开发的研究，内容涉及七个方面：中学生尊师爱校观念内化的实践研究；学校尊老敬老教育融合现代元素的实践研究；小组合作交往的研究与实践；引导和实施乐学敬业教育的实践研究；中学生行为规范教育在新时期的实践研究；树立现代中学生“风范”形象的行动研究；理想信念与时代教育的实践探索与研究。这七个方面形成了系列课题。

集群型课题是在总课题统率下的多类型课题结合而成的课题群，一个课题群往往自成系统，因而也可称为系统型课题。它具有一定的层次结构：或为“总(课题)—分(课题)”结构，或为“总(课题)—子(课题)”结构，也有融合了两者的“总—分—子”结构，也有分别称为一级课题、二级课题、三级课题的。不同级别、层次的课题具有包含或被包含的关系，同级、同层次的课题之间为并列关系。如某教育集团开展的关于学校文化领导的课题研究，总课题为“集团办学视野下校长文化领导的实践研究”，下设五个子课题，分别为：“校长文化领导现状的调查研究”；“校长文化领导的传承策略研究”；“校长文化领导的创新策略研究”；“校长文化领导的方法论研究”；“校长文化领导的绩效评价研究”。参与这项研究的涉及集团内五所学校，这就是一个“总—子”式结构的系统型课题群。

(1) 从群课题到核心课题

这里的所谓群课题，我们将其定义为：在一所学校内多个课题的客观存在。它与课题群有着本质的区别：课题群是有着密切的内在联系或逻辑体系的一组课题的结合，是事先设计、组织好的有明确目标要求的一组课题的结合，是紧密型的结合；群课题则是学校内存在的并无实质联系的众多课题，是松散型的，原本并不存在“结合”的问题。

针对这种情况，学校可考虑建立一个核心课题。这个课题要能真正起到“核心”作用，能够团结、带动学校群课题的研究，使本来处于松散状态的各个课题在组织、管理体系上有一个“主心骨”,使“群龙”有“首”。核心课题的研究,并非为研究而研究,除了带动群课题的研究之外,更重要的是通过核心课题的研究推进学校的全面工作,为提升学校的整体办学水平服务。

核心课题的建立,通常有两个途径:一是从群课题中选择一个有一定代表性的课题,进行重点培养再造;二是通过分析群课题的现状,结合当前学校工作的需要重新设计一个新课题。

通过从群课题到核心课题的进化,使原先客观存在的群课题注入新的主观因素,即以某一主题为导向,使原本各自为政的课题集合在核心课题的旗帜下,由松散型变为紧密型,由群课题转化为课题群。这样,整个学校的科研面貌就会随之改观,正常、稳定的科研秩序就会建立、完善起来。

(2) 从核心课题到课题群

这种情况和前一种情况相反,即在课题组合的形成过程上是先有核心课题,再建立课题群。

从一定角度、一定意义上讲,教育科研具有引领学校工作的功能,但并不是所有的科研课题都具有“引领”意义的,真正能够引领教改发展的课题,必须是在当时具有龙头地位和具有“主心骨”作用的课题,即可以起到纲举目张、牵一发而动全身作用的课题。这样的课题,便成为核心课题。所以,学校要善于根据自身发展的现状、当前学校工作的目标、任务和要求,精心规划科研课题,特别是设计好核心课题。

风范中学在教育改革中始终坚持“科研先行、整体推进”的发展思路,在科研工作中坚持“核心带动、整体联动”的策略。“核心带动”即指以核心课题带动整个课题群,“整体联动”即课题群协同行动。通过这种方式的“科研先行”,达到“整体推进”学校工作的目的。前几年,学校开展了以“加强民校文化教育,提升学生人文素养的研究和实践”为课题的系列研究。这是一个市级课题,也是学校确定的“十三五”期间的核心课题。与这一核心课题相呼应的是一个课题群,包括该课题的三个子课题和其他配套课题。三个子课题是:“民办中学人文素养课程的推进实施”;“积极心理学取向的心理健康教育综合模式探索”;“‘核心素养教育’课程领域与内容架构的研究和实践”。配套课题主要涉及学科教学和综合实践活动。

在研究过程中,全校老师积极参与,并将做好本职工作与开展课题研究紧密联系起来,找到两者的结合点,使学科教学、班级管理等渐入佳境,促进了学生、教师多方面的发展。用鉴定专家的话来说就是:“一个核心课题,搞活了一所学校!”

从建立核心课题到形成课题群,主要应做好两件事:

第一,确定核心课题。

一个课题统率一群课题,核心带动,整体联动,直接目的是提升学校科研工作的整体水平,根本目的是推进学校的各项工作,为提高学校的教育质量服务。根据一些学校的实践,“从核心课题到课题群”的科研模式,对促进学校的中心工作——教学,收效特别明显。因此,每隔一段时期,学校在完成前期核心课题研究计划的前提下,要重新策划、设计一个新的核心课题,引领全校课题群,起纲举目张、牵一发而动全身的作用,这也是一种规模效应。

核心课题的确定,总体上与前面介绍的发现、发掘、提出、提炼的过程是一脉相承的,关键是要更多地考虑到它的统率、带动作用,这就需要特别重视选题站位要高、立意要新、跨度要适当,范围既不能过于宽泛,也不能太过狭窄,尤其是要密切配合学校当前的工作重心。

第二,规划课题群。

核心课题形成后,便可以着手进行新的课题群的建设。一般来讲,新的课题群应在原有课题群的各个项目实施完成后建立,但可以有一定的灵活性。多数情况下,核心课题的研究周期比课题群的课题要长些,因而很少出现核心课题已完成、课题群课题未结束的情况,即便有,对新的核心课题、新的课题群的形成也不会造成太大的影响。

一是子课题的设计。子课题是在设计核心课题、制订研究方案时同步考虑的。其关键在于必须顺着核心课题的脉络纵向延伸,在深度上开掘,使各个子课题从不同的角度来烘托、证明、补充核心课题。在一定意义、一定程度上可以讲,核心课题是子课题的“主心骨”,子课题是核心课题的具体化。例如,某校的“课堂教学中的低效行为的成因分析及其纠正策略”课题,选取了部分代表性学科的代表性环节进行了研究,语文侧重小说教学,数学侧重课堂练习,英语侧重教育技术应用,物理侧重实验课管理,相应设计了四个子课题:“教学内容设计中低效行为成因分析及纠正策略研究”;“学生习题设计中低效行为成因分析及纠正策略研究”;“多媒体辅助英语教学中的‘低效’行为及其纠正策略”;“实验管理中低效行为成因分析及纠正策略研究”。总课题与子课题之间,内容上联系密切,结构上层次分明。

二是配套课题的设计。配套课题的设计一般是在子课题设计完成后进行的。其关键在于必须顺着核心课题的脉络横向延伸,在宽度上拓展,总体上是围绕核心课题引伸出其他的相关问题,形成课题群。

配套课题的设计,要注意以下三点:

第一,与核心课题在内容上有一定的相关性,但属于另一个范畴。如某校关于少先队工作少年化的研究,其配套课题中关于班主任工作、综合实践活动、活动文化建设、课外活动与课堂教学互动等内容,都与少先队工作有联系,但各有各的具体目标、具体任务、具体要求、具体途径。

第二,与学校当前的需要相吻合,不能游离于学校中心工作之外。要求真务实,不要好高骛远;要脚踏实地,不要图时髦、赶"风头"。

第三,要具备一定条件,特别是人员保障。不要贪大求全,也不要贪多求奇。

实践证明,组织好群课题、核心课题和课题群,有利于学校科研工作的统筹规划,扩大课题研究的规模效应,提升学校教育教学工作的整体效益。学校要鼓励一线教师积极参与到核心课题和课题群的设计和实施中,提建议、出点子,并承担力所能及的研究任务,在学校改革、发展的同时,努力促进自身专业水平的提升。

(三) 增强课题研究方案的执行力

学校治理成效如何,在很大程度上取决于执行力,课题研究也同样如此。缺乏执行力,再怎样好的研究方案也只是一纸空文。实践中不乏这样一些现象:形式主义,走过场;一个课题,多头立项;"拿来主义",搞"拼盘";虎头蛇尾,华而不实,等等。因此,教育科研工作也要讲"治理"。在我看来,功利诉求、被动应付是当前教育科研治理工作的重点,且"治理"必须是综合性的。进行综合性治理,最基本的还是要从增强课题研究方案的执行力入手。

1. 明确工作要求

课题研究工作要求不明确,是方案执行力差的主要原因之一。根据我们的实践,开展课题研究工作,应明确提出以下要求:

(1) 心向一致,目标集中

以课题组为单位的研究,主持人要根据组内各成员的特长安排任务,每一个成员都要围绕主题和目标,按分工开展研究行动。各人的研究虽具有相对独立性,但又要作为研究整体的一部分,必须发挥群体功能,全面推进,而不能各吹各号、各唱各调,如果人人都自说自话、自以为是,必然难以实现目标。对此,需要主持人及时沟通信息，随机调控。

(2) 问题参透，空间用妥

所有的教育科研课题，无论其是什么样的类型，都一定包含有问题的。可以认为，无问题便不成其为课题。作为研究者，对问题不能只停留在概念、现象层面，而要深入其内部，去探究、去领悟，这就是“参”；从而认识其主要矛盾和矛盾的主要方面，分析各种主客观原因，揭示表象背后潜在的实质性的东西，使问题的本质明朗化，这就是“透”。只有这样，才能探讨出问题解决的策略和方法。

有些课题的研究空间比较广阔，这让我们进行某一方面的研究有了用武之地。不过，任何一个课题的研究，它一定有一个相对而言最为适合、适切、适宜的范围，我们一定要将这样一个范围用好、用活、用足，该涉及的潜心以对而不回避，无需深究的及时抽身而不纠缠，这样来利用研究的“空间”才谓之“妥”。比如，我们曾经进行过“素质教育中学生核心素养培育的实践研究”，该课题本身涉及面较广，关联的内容比较丰富。事实上，此类问题并非一个课题、一次研究所能完全解决的，适可而止也是为以后进一步开展这方面的研究留下一定余地。

(3) 人员赋能，条件保障

充分发挥课题参与者的聪明才智，为他们开展研究工作提供行政协助和服务，为他们寻求社会支持、校外配合如开展问卷调查、资料查阅等做好相关联络、协调工作；根据课题研究的需要，赋予他们相关职能与权力，如召开有关会议、开展相关活动等。积极创造课题研究所必需的条件，如依据课题方案，给予必要的人力、物力、财力保障，对参与研究人员在任务分配、时空利用、成果产出等方面提供便利。

2. 优化工作过程

有专家一针见血地指出：一些研究最终达不到目标要求，往往问题出在“过程”上，“头重脚轻身子软”，走不稳当，影响了整体效能。有的课题，申报时演的是热热闹闹“重头戏”，实施中演的是轻轻松松“过场戏”，结题时演的是认认真真“逢场戏”，这不是实实在在搞科研，而是嘻嘻哈哈“玩”课题。我觉得，实施课题研究方案，从开题起始，到中期评估，再到评估结题、成果产出，必须强化过程调控，让过程充实起来、丰满起来，更硬朗一些、更健康一些。其间，要尽力做好以下三点：

一是领导支持。校长、分管领导要经常关注课题进展，对实施过程中的实质性工作具体过问，必要时应参与有关重要活动，对影响或制约课题推进的相关因素及时提出对策、落实措施。

二是专家引领。为确保重大课题的研究顺利实施,学校可聘请有关专家担任导师或顾问,在专业理论、专业实践以及研究方法、技术应用等方面给予现场的、面对面的、具体化的、具操作性的指导。

三是稳步推进。根据方案中的阶段安排,按照预定步骤,一步一个脚印分步推进,每一步骤都要有相应的措施跟进并认真落实。主要步骤实施过程中,遇到情况变化或产生新的问题,可以适当微调,使方案在过程中更趋完善。

3. 强化自我调控

教育科研工作中,强化自我调控是一项关系全局的重要举措。对课题研究进程的调节、控制,这不仅是课题组的一件要事,也是学校需要认真对待的一件大事。这里,着重讲一下研究方案实施中学校(包括课题组自身)的中期自评。

为促进课题研究的顺利推进,多数情况下,教育科研课题在实施过程中通常会有一个中期评估环节。对各种级别、研究周期在一年以上的教育科研课题的实施情况,作为学校,很有必要进行一次中期自评。

(1) 中期评估的目的

中期评估通常是在课题研究进程过半后展开的,是一种以自评自检为主、抽检为辅的过程性、阶段性检查评估活动。中期评估旨在通过检查评估工作,普遍提高课题研究者持续的重视程度,总结前期阶段成果,诊断存在的问题,确保课题实施计划落到实处,为最终研究结题奠定坚实的基础。换言之,中期评估以进度掌控、目标检测、问题讨论、方案微调、后续安排、措施跟进为诉求,并据此安排各项具体任务。

(2) 中期评估的内容

中期评估需要全面了解研究进程,分析阶段成效,因势利导,以检促研。评估的主要内容为:

——课题进展情况。包括研究目标、内容和计划的完成情况,关键问题的突破,是否达到研究合同规定的进度。

——方案执行情况。包括课题方案的论证及论证后修改、调整和执行,重点评估课题实施进度和成效。

——任务完成情况。包括研究成果的形成及转化应用情况和子项目、子课题的完成情况。

——阶段成果情况。重点评估课题在实施过程中的创造性工作及成果,包括在研究内容、研究方法和研究思路等方面的创新;也包括课题工作对本校、本学科及本区域教育教学的作用与贡献;还包括已有实践的反映和专家、行政领导的评价等,以及出版、发表的成果等。

——课题管理情况。重点考察内部管理制度是否健全,资料档案是否齐全,管理措施是否落实和有效,配套条件是否完备。

——责任人员情况。重点考察课题负责人作用体现程度,包括组织、引领、协调等功能的发挥,课题负责人主持课题学习、研讨等情况,是否全部掌控课题进展,及时解决有关问题,参与研究工作,包括人员分工及协作情况。

——主要问题梳理。重点考察课题研究中存在的问题或不足,以及是否形成解决问题、弥补不足的对策与措施,以及问题解决的可能性和可靠性。

——课题前景评析。重点评判后续研究工作方案的科学性、可行性;是否能够按期完成课题总体研究内容,突破所列关键问题,是否存在研究技术风险。

(3) 中期评估的方式

在实际操作上,中期评估主要需做好以下三点:

一是根据课题性质和内容,由相关人员(包括相关领域的专家)组成评估小组,全面开展课题研究的中期评估工作。

二是课题负责人(或领衔人、主持人)对前阶段的课题研究情况向评估小组做专题汇报。我们在实践中将专题汇报分为两类:一类是阶段性工作报告,内容包括:研究的主要管理过程和活动(含人员队伍、经费落实、研究活动等);研究计划完成情况;研究方案变更情况(含人员调整、课题名称、研究内容、成果形式、完成时间的改变);已有成果出版、发表情况。一类是阶段性研究报告,内容包括:研究问题的提出;课题研究的实施过程;已取得的阶段性研究成果;研究过程中存在的问题;下一阶段研究的设想。两类报告,可视课题性质、特点及中期评估的目的、要求、重点,择其一类即可。

三是评估小组成员在听取课题负责人的报告后,就评估内容的主要方面展开测评。比较简便易行的方式是:按评估内容设置一、二级指标,将考察元素分解为若干要点,形成中期评估指标体系及评估标准,由评估小组成员各自评分,然后汇总相关数据,做出实事求是、恰如其分的评价。

三、学校教育科研工作的常态管理

教育科研是具有高度创造性的活动,其进展状态、成果产出、实践效益,很大程度上与管理水平有关。

通常所讲的教育科研管理，是指按照现代管理科学的基本原理，遵循教育科研工作的运行规律，通过决策、计划、组织、控制等手段，发挥人、财、物、时间、空间、信息等要素的作用，运用科学方法促成研究工作的实施，实现既定科研目标。以此为基本运作模式的学校教育科研常态管理，就是以学校作为管理主体，在日常状态下对教育科研工作进行自主型、常规性、规范化管理。

学校教育科研工作的管理是有一定规律可循的，根据相关规律，我们可以建立管理常态。虽然常态管理涉及很多方面，不过，作为校长，我觉得主要需突出以下重点工作：

（一）抓舆论，强氛围

教育科研作为学校的社会实践活动，它的发展既受其自身独特规律的内在制约，还要受到一定的心理氛围和学术氛围的外在影响。形成有利于学校教育科研的文化环境和学术氛围，是学校教育科研管理的应有之责。

1. 建设适合学校教育科研发展的积极心理氛围

这里所谓心理氛围，是指与人的思想观念相联系的内心认知。心理氛围往往制约着研究者的态度、情感、毅力和成就。影响学校教育科研的心理氛围主要有："教育科研神秘感"，认为科研是专家学者的事，中小学教师"高不可攀"；"教育科研恐惧感"，担心因参与科研而影响升学率，有风险；"教育科研名利观"，认为教师搞科研写文章是"个人名利思想"作怪，是"不务正业"；"教育科研无所谓观"，认为中小学教育科研"可有可无""不搞教育科研无关大局"。因此，学校领导必须引导教师明确四个关系、树立四种新观念：明确教育科研与振兴教育的关系，树立"科研兴教"观念；明确教育科研与教育改革的关系，树立"科研先行"的观念；明确教育科研与提高教学质量的关系，树立"向科研要质量"的观念；明确教育科研与教师的关系，树立"教师是教育科研的主力军"的观念。唯有如此，才能真正形成充满正能量的教育科研氛围。

2. 建设适合学校教育科研发展的良好学术氛围

首先，确认教师独立研究、平等讨论是他们应有的学术权利；其次，建立学校的学术制度，保证教师正常地进行学术上的自由研究、自由讨论；再次，丰富学校的学术活动，开展学术报告、专题讲座，各种研讨会、交流会、论证会，以及学术成果展示、课题成果推广等。此外，健全学校的学术管理机构，掌握本校教育科研动态，对学术活动、课题成果等实施科学管理，使学校的学术研究有声有色，持之以恒，真正形成学校教育科研发展与繁荣的良好学术氛围。当前在许多地区开展的学术性高中建设，就是一个意义深远的举措，值得去尝试、去探索。

（二）抓队伍，强骨干

组织一支教育科研队伍，培养一批能起骨干带头作用的教育科研积极分子，是学校教育科研管理的基础。在开展群众性的教育科研活动中，教育科研积极分子既是完成学校具体研究任务的中坚，也是广大教师学习的榜样。因此，校长应高度重视培养教育科研的骨干力量。

1. *群体积极参与*

学校应当动员所有的教师做教育科研的“志愿者”。要注重启发大家产生参与教育科研的愿望，激发大家的热情；同时，要通过开展专业培训，向大家普及教育科研的相关知识，包括过程、方法、技术等。更重要的是，引导教师结合自身教育教学实际开展课题研究，在学、思、研、行中丰富理论修养，总结实践经验，增进研究能力，提升专业水平。尤其是当他们在研究中遇到困难时，要给予热情帮助和指导，使之尽量不走或少走弯路，最大程度地呵护他们的科研积极性，让他们在完成任务的过程中经受锻炼，增长才干。

2. *骨干率先垂范*

教育科研骨干力量的培养，对一所学校教育科研工作的开展至关重要，可谓举足轻重。要在教育教学和教研、科研实践中发现“苗子”、培植“尖子”。最行之有效的，是通过专家传帮带的方式提高他们的教育科研“实战”水平。实践表明，无论是怎样的学校，即便是那些不怎么引人注目、名气不大的学校，也会有一些热心教育科研的教师。对这样的“典型”，我们要潜心发掘，积极扶持，创造机会、创设平台，通过合作项目、协作项目、集体攻关项目等支持他们参与课题研究，或鼓励他们独立承担研究项目，并通过让他们现身说法来影响和带动其他教师。

作为校长，我深切体会到，在对科研骨干的培养工作中，要特别注重对学校科研负责人的工作进行检查和督促。检查督促最有效的方法，就是跟他谈课题、谈进展、谈收获、谈问题、谈方法，从交谈中了解信息、启发思维、给予指导，使之学会自我检视、自我调整、自我完善。专业的工作要用专业的方法去做，虽然检查、督促的行政色彩较浓，但运用交谈、交流的方式去做，行政色彩就会淡化，专业色彩会更浓一些，效果会更好。

3. *领导以身作则*

首先，校长发挥表率作用。要想使中小学教师成为科研型教师，中小学校长也要先成为科研型校长。因此,中小学校长要牢固树立“科研兴教”、“科研兴校”意识,将自身工作和科学研究结合起来,掌握教育科学的基本理论,了解教育教学改革的最新信息,在亲自参与教育科研的实践中不断提高学校治理能力和治理水平。

其次,所有干部积极参与。各部门、各层次、各相关组织或团体的负责人都要做学校教育科研的“运动员”,而不是只做“发令员”、“裁判员”或“评论员”。领导带头参加教育科研,不仅可以用自己的行动影响、带动教师投入科研,更重要的是通过科研,促进学校领导人员改进工作方法和工作作风,有利于掌握第一手资料,用科学的方法分析和解决具体问题,这比一般号召具有更大的说服力。

在风范中学,校级、中层干部基本上都曾领衔或主持过至少一个区级以上课题。我们明确规定,课题领衔人或主持人必须完成三个硬任务:制订课题研究计划(方案)并完成申报;进行课题研究中期汇报并对标完成中期自评;撰写课题研究报告并接受专家考评鉴定。

(三) 抓方向,强服务

坚持教育科研正确方向,明确中小学科研工作目标。

学校教育科研的职能(应该做的)和任务(必须做的),概括地讲,就是引领改革,促进发展。其实,这也就是学校教育科研的方向和目标。认清方向和目标,是学校教育科研管理的前提。

1. 引领教育教学改革

学校教育教学改革是一项十分重要、极其慎重的工作,必须坚持科研先行,通过先行、先试,有了定论和取得经验后才能逐步推开。在这一过程中,教育科研起探路、引领作用。因此,教育科研必须始终坚持正确的方向,遵循教育教学的客观规律、学生身心发展的客观规律,以及教育科研工作本身的客观规律。只有这样,才能将改革引向正途,促进教育事业的健康发展。

2. 促进教育事业发展

教育科研促进教育事业的发展,是通过其卓有成效的“服务”来实现的。学校的教育科研工作,必须服从并服务于学生发展、教师发展和学校发展。为此,学校教育科研应坚持三个基本要求:坚持从实际出发,从教育实践中找课题,找方法;坚持理论联系实际,运用正确的教育理论,解决教育教学改革中的实际问题;坚持科研与日常工作结合,以教育教学为科研提供研究基地与原料,以科研促使教学不断改进和教学质量持续提升。

(四)抓过程,强实效

学校教育科研的过程管理,是指依据学校教育科研活动的一般程序相应开展的管理行为。它与常规管理活动所包含的计划、实施、检查、总结或评价等,总体上是一脉相承的。相应地,根据学校教育科研管理的实践,我们将其概括为以下四个方面:

1. 统筹规划

统筹规划主要是指统一策划、部署。

策划,即教育科研工作与学校其它各项工作一体化思考,并据此确定研究方向、目标、思路和重点。因此,策划具有定向功能、标的功能、动员功能、协调功能、检验功能和考评功能。学校教育科研策划的主要内容包括:制订本校教育科研规划和年度计划,将本校改革和发展中的关键问题列为研究重点,组织力量协同攻关。一般而言,学校的教育科研工作的策划应纳入学校总的工作规划中,学校领导要对开展哪些研究、怎样开展研究做到心中有数。

部署,即在学校总体部署的框架下对教育科研的推进做出具体安排。它包含两层涵义:一是通过学校整体规划去组织、安排、实施教育科研工作,使之落到实处;二是整合学校各方面的计划,调控教育科研工作进程,使之实现目标。注重教育科研的计划性,可以提高管理的预见性,减少盲目性。此外,部署还包括一些具体工作,如组织规划项目的论证、申报、实施、检查、考评、成果推广,以及合理分配、使用科研经费等。

2. 组织实施

学校教育科研管理在实施阶段的主要任务是:首先,正确贯彻有关政策和采取有力的措施,充分调动课题组人员的主动性、积极性和创造性,了解、督促、协助科研课题组解决研究过程中的问题。其次,协助课题负责人(主持者或领衔人)把任务落实到人,定要求、定时间,使每个参与者都能明确自己的任务和职责,增强责任感。再次,适时了解课题研究的进展情况和质量,针对存在的问题给予指导帮助;及时传递相关信息,必要时可组织有关专家帮助解决研究过程中遇到的重大难题。此外,尽力提供完成课题任务所需的物质条件,包括人员调配、经费使用、设备添置和技术支持等。

3. 检查评估

检查教育科研规划、计划、方案的执行情况,评估课题研究各阶段的运行状态,解决研究过程中的矛盾和问题,确保教育科研特别是课题实施工作顺利进行，是学校教育科研过程管理的重要内容，也是管理人员的经常性工作。通过检查、评估，不仅可以及时了解工作进展，发现和解决问题，还可以适时总结经验教训，必要时可对原有策划和部署做适当调整，以便顺利实现目标。尤其是客观现实具有随机改变性，而人的认识又具有主观局限性，因而预定的规划、计划、方案在执行过程中可能会遇到始料未及的情况。此时，如果仍然囿于原有的框架、思路，必然束缚人们的手脚，阻碍科研工作的进展，这就需要根据具体情况有针对性地进行必要的调整。此外，检查评估中既要看到成绩，又要指出不足，以便扬长避短。对值得深入探讨的问题，要进行比较鉴别，可能其中包含着亟待研究解决的具有普遍意义的问题，蕴含着课题研究的新的"生长点"，对此类有研究价值的问题，应给予高度重视。

4. 总结验收

总结验收是课题研究过程管理的终端环节，直接关系到课题研究的质量和效益，以及影响和前景。其间，最重要的工作是课题研究成果的管理，主要包括成果总结、成果鉴定、成果应用。

成果总结，要求课题参与者分别对自己所承担的研究任务进行回顾，在此基础上，课题主持者或领衔人必须完成课题研究总结报告，并在结题、鉴定会上向与会专家汇报。

成果鉴定，需要依据课题级别、审批立项部门及有关规定、程序进行。学校应及时提出结题申请，由有权部门确定组建成果鉴定的专门队伍，组织有关专业人员进行验收，必要时组织正式的成果鉴定会，对课题研究成果进行评议，并做出鉴定结论。

成果应用，此处特指成果在本校范围内的应用，即在本校教育教学实践中有效运用课题研究的相关成果。学校教育科研的目的主要是为了应用，如果教育科研项目取得预期成果，则学校领导要积极组织并有序推进成果应用工作。成果应用需注意三点：一是根据成果的内容、性质、特点，确定适用对象或适用情境；二是研究的参与者要对应用该成果的相关教师进行面对面的指导，力求应用得法、对路，收到实效；三是教师在应用过程中也要善于总结、善于反思，以反哺原有成果，进一步增强科研成果的科学性。尤其需要强调的是：教育科研成果的应用对于接受者来说，是一个"内化"过程，成果只有内化为接受者自身的"养料"，才能发挥其潜在的作用。因此，科研成果的应用不能停留在形式上、一般意义上的模仿，而要在内化、创新上下功夫。

（五）抓体制，强保障

这里的所谓“体制”，不只是通常意义上的组织方式、组织结构，也包括组织制度。学校教育科研的组织和制度，直接影响、制约着学校教育科研工作的进行和成效，因而对学校教育科研起着强化保障的作用，是学校教育科研常态管理的重要内容之一。

1. 学校教育科研的组织管理

为了有效地开展中小学教育科研活动，充分调动学校各层次教育科研人员的研究积极性，如期地按计划实现预定目标，中小学校长应十分重视教育科研的组织管理。

（1）建立必要的科研组织机构

和学校其他工作一样，教育科研工作也要有相应的组织保障。学校校级领导应有专人分管教育科研工作。规模较大的学校，需要建立教育科研室，以专门规划、实施学校教育科研工作；规模不大的学校，可在教导处设立专职、安排专人负责教育科研日常工作。

实践表明，学校教育科研机构是学校领导的智囊团、思想库、参谋部。许多学校在设置专门机构后，教育科研工作有了较大的进展。有的学校还在科研室内设立了科研中心组、评审组、资料档案组等，日常专业工作以对各课题组的课题研究进行指导、管理为主要内容，形成了学校教育科研与管理网络。

（2）选择适当的课题组织形式

就具体课题而言，其组织形式可按不同的划分标准分为以下几种类型：

一是合作型与独立型。按照科研项目发起及主持人的不同，可把科研组织形式分为合作与独立两种类型。合作型研究，一般是由科研单位或高等学校的单位或个人，与中小学校或教师合作进行课题研究，优点是学校教师便于获得专业人员及时的、面对面的指导；独立型研究，一般是由中小学集体或个人自行选题、自行管理进行的研究，优点是自主性强，利于教师充分发挥主观能动作用。

二是引进型与自创型。按照课题来源的不同，可将研究分为引进和自创两种类型。引进型研究，是将外地、外校已有的成功经验引入本地、本校，并结合本地、本校特点予以完善、提高的应用性研究；自创型研究，是对前人或他人尚未研究的领域或课题进行开创性、开拓性的研究。前者难度相对较小，易见实效，少走弯路；后者难度较大，前景不明，但更有意义。

三是经典型与灵动型。按照课题实施方式与要求的不同,可将研究分为经典与灵动两种类型。经典型研究一般为整体性大型项目研究,其特点是有组织、有领导、有计划,力量集中,能够发挥群体优势,而且持续时间较长,涉及面广,参与人多。后者一般适用于个人专长、兴趣、爱好的专业性中小型项目研究,其特点是易于发挥个人的创造性,时间有长短,范围较小,变化较快,机动灵活。

以上每种类型各具特点,不同的学校可根据具体情况来选择相应的研究类型。一般而言,涉及教育改革的重大问题,多采用合作型、经典型研究;教育教学中一些实际问题,独立型、灵动型研究可能更适合。

(3) 提升教育科研课题组的效能

学校教育科研的主体性工作主要是通过课题组来实施的。对课题组而言,要想发挥最大效应,必须优化组内成员结构,包括专业(学科)结构、技术(职称)结构、能力结构、职务结构、年龄结构等。要依据课题的性质、内容、级别和相关要求,对各类成员进行科学组合,并对其工作任务做出合理安排。只有组织、安排、协调得好,才能组成凝聚力大、向心力强、群体士气高昂、个体锐意进取的队伍,才能确保课题研究实现预定目标。因此,课题组成员绝不可随便凑合,特别是在课题组成员囿于客观原因退出而必须补充时,更要相应选择合适的人员,这是提升课题组效能的必要保证。

2. 学校教育科研的制度管理

建立行之有效的教育科研管理制度,是学校教育科研常态管理的重要措施,也是教育科研工作制度化的需要,更是强化科研保障的可靠途径。根据我们的实践,学校大体上需要制定以下制度:

(1) 科研规划制度

在中小学教育科研活动中,要制订出教育科研活动的规划,以便使群众性的教育科研活动方向一致、目标明确、协调配合。教育科研规划的内容来自两方面的结合:一方面是一个时期内全国的教育科研规划和地区规划;另一方面是本校教育科研规则。规划中要将科研项目按轻重缓急、难易程度、规模大小区分出不同层次,明确主攻方向和具体任务,做到统一部署,密切协调,使学校的全部科研活动形成一个有机的系统。

(2) 目标考核制度

就是把中小学教育科研目标作为管理的一种手段。目标考核制度的具体内容,是将教育科研工作的目标达成度纳入学校管理水平、办学水平的考核指标体系，列为教科室、教研组和教师个人业绩的考核指标之一。为了有效地管理教育科研目标，事先可制订目标考核细则，设计“课题目标评定卡”，由考核评定小组根据目标考核要求进行综合评定。

(3) 课题立项制度

立项就是发现问题，确定课题，以及论证课题，最后将课题研究列入学校总体工作计划或教师个人工作计划之中。在中小学教育科研活动中，无论是按科研规划实行招标，还是教师个人申报的科研课题，都要经过正式的申报、论证、立项手续。质量较高的课题还要积极向国家、省、市、地区的科研管理部门申报，争取得到立项和资助。

(4) 检查监督制度

在中小学教育科研管理中，应避免“两端管理”(即年初写计划，年终写总结)行为，而要加强科研过程的监督检查。监督检查制度内容包括对已立项目实施过程的定期检查、督促和项目承担者定期汇报等，以利于对科研过程中出现的问题及时解决，对原方案或计划中的不妥之处及时调整，对遇到的困难给予及时帮助解决。

(5) 经费资助制度

科研经费是为了满足开展教育科研活动基本要求而设置的一种经常性支出的费用。中小学校长要想方设法争取扩大经费来源，支持课题研究，合理分配科研经费。科研经费的比例、分配、使用和管理都必须遵循科研规律和经济规律，以最少的消耗获取最大的成效。对教育科研所需要的资料、书刊、设备及必要的会议差旅费等，应根据学校实际情况予以资助；对上级下达的科研项目费，要确保专款专用并对使用情况加以监督检查。

(6) 表彰奖励制度

教育科研成果是教师的创造性劳动成果，是教师对教育事业的贡献，有必要以制度的形式对取得科研成果的教师给予精神上的表彰和物质上的奖励。对于高质量的教育科研成果，要向上级有关部门申报奖励，要将教师的教育科研成果与职务评聘、评优、晋升、获取科研资助联系起来。制定表彰奖励制度，要符合有关政策规定，有利于调动教师参加教育科研的积极性、主动性和创造性，同时还要力求切实可行、行有实效。

长期以来，风范中学逐步建立并完善了一系列相关规章制度，如课题管理制度、教育科研考评制度和奖励制度等，明确课题研究工作流程、科研考评实施细则、科研成果推广应用实施办法等，对组织机构、工作职责，课题研究、过程管理，情报资料、信息服务，检查考评、绩效奖励，以及经费使用、成果推广等事项，做出了明确的规定，提出了具体的要求。这一系列规章制度，有效地促进了学校教育科研工作的有序、高效运行。

管理出质量，管理增效益。多年来，风范中学教育科研始终围绕教改这个重心，坚持以问题为突破口，着重引导教师教育理念的转变、专业能力的提升及现代信息技术的应用。学校先后开展了“加强民校文化教育，提升学生人文素养的研究和实践”“构建积极心理学指向的心理健康教育综合模式，培养学生健康心理”“微视频在翻转课堂运用的研究和实践”“民办学校教师核心素养培养的研究和实践”“核心素养教育模式构建与实施的研究”“‘智慧课堂点亮智慧人生’的实践与研究”等一系列市级以上课题（项目）的研究和实践，极大地推进了学校的教育改革，提升了学校的办学境界，同时也有力地提升了教师的整体素养。经过多年的对既有经验的不断丰富、完善，经历“研究—学习—实践—研究”的循环往复，形成了“在研究中学习，在学习中实践，在实践中提升”的具有本校特色的教师专业发展机制，发表或出版了一系列研究成果。

四、学校教育科研成果的推广

成果推广，是课题研究完成后的一项持续性工作，应视为整个教育科研工作的重要环节，也理所当然地成为学校教育科研常态管理的重要内容。

成果的推广要注重在相适应的范围内进行。尤其对经过鉴定、证明在更大范围内有推广价值的科研成果，还要向上级有关部门推荐，经同意后，要通过一定的组织形式和管理措施，进行大面积交流、推广和应用，使研究成果获得更大的社会效益。

（一）学校教育科研成果推广的主要内容

教育科研成果是社会科学类的成果，它与自然科学类成果的推广应用有较大差异。根据教育科研成果的基本属性，其推广应用的内容可侧重下列方面：

1. 教育科研成果中的先进教育思想

在评价中得到肯定的教育科研成果，均往往会在某一方面体现出研究者对教育的较为科学的先进的认识。故此，在推广应用成果时首先要让成果中先进的教育观念得以广泛传播，力求使更多的人予以接受。只有当成果中先进的教育思想得到传播和社会认可后，成果才有被推广应用的“市场”。

2. 教育科研成果中新近揭示、总结的科学规律和原则

人们对教育规律的揭示和办学中应遵循的诸方面原则的总结，有一个不断深入的过程。新近揭示和总结出来的诸方面规律或原则，迫切需要人们去学习、把握或遵循，以促进教育事业的进步与发展。

3. 教育科研成果中提供的新方法新技术

对于教育教学方法的改进和先进技术的推广，一线教师都非常关注。因为他们在教学实践中常会遇到一些疑难问题和困惑，对所采取的对策措施希望得到相关理论的支撑；互联网、大数据、人工智能在教育教学领域的应用日益广泛，有待于及时补充相关的知识和技能；每一个人都面临着在原有基础上提高工作质量和效益的问题。所以，我们应该将成果中提供的新方法和新技术作为重点，及时地加以推广。

4. 教育科研成果中体现的科学思维方式

育人是一种创造性的实践活动。一线教师应该像研究人员那样，紧跟时代步伐，不断改进自己的思维方式，力求用新的视角研究分析新情况、新问题。因此，借助科研成果，可以学习体验蕴于其中的研究者所采用的科学思维方式，从而改变自己的习惯性思维，克服思维定势，激发思维活力。

（二）学校教育科研成果推广的主要方法

教育科研成果推广的制约因素是多方面的，因此，成果推广的方法也要从不同角度加以分析。

1. 路径：行政、科研、基层多管齐下

就组织系统看，行政、科研、基层三结合是成果推广应用取得成效的组织保证。

行政部门掌控全局，具有决策功能和统筹作用，可以调动成果推广所必需的人力、物力和财力，为成果推广提供必要的资源。

科研机构了解成果的理论支点，对科研方法驾轻就熟，能为领导决策提供依据，当好参谋，同时也能对基层的推广进行指导，在成果推广过程中起着必不可少的中介作用，是连通成果研究者与成果应用者的“桥梁”、“纽带”。

基层校长和教师长期工作在教育教学前沿，他们最了解本单位的实际需要，是成果的直接使用者，也是成果推广的主导力量。成果推广的具体部署和实际操作还有赖于他们的热情、智慧和才干。

2. 策略：条件、程序、积累统筹兼顾

从策略角度看，一是要创造条件，使成果的传播渠道畅通，有目的、有重点地传播成果的价值、效果、操作方法、评价等方面的信息，以便引起广大教育工作者对成果的注意，产生接纳的愿望。二是要帮助广大教育工作者排除因循守旧、传统思维定势，文人相轻、门户之见，以及不思进取、比条件、不服气、不平衡等方面的心理障碍，并在推广应用中，设法较早地使成果接受者尝到"甜头"，以充分调动接受者的积极性。

从程序角度看，成果的推广应用大致分为七个阶段：一是从接受者的现状和需求出发，确定推广应用成果的具体内容；二是分析各种主客观条件，制订推广应用的行动计划；三是学习成果及相关的理论，落实推广应用的措施；四是组织相关培训，现场示范和指导；五是在实践中运用，细化具体操作；六是及时反馈调整，并有所发展和创新；七是交流研讨，对原成果进行再评价。

众所周知，大面积推广应用教育科研成果，其本身就是一个十分有价值的活动性研究项目，其实践经验要不断地总结和积累，其诸方面的问题也有待我们做广泛而进一步的探索。

3. 方式：互动、联动、共享相得益彰

从推广方式看，学校教育科研成果推广可以实行校内推广、校外推广相结合，比如两校互动、多校联动，交流、共建、共享等。感兴趣、有需要的学校，通过召开会议、汇报交流、听课评课、现场观摩、成果展示等活动，使科研成果发挥更大的效益。这种方式的推广，可以称之为"联动推广"。

此外，教育科研成果的推广，还可以通过论文发表、论著出版、网络推介、新闻媒体传播等方式进行。借助这类载体进行成果推广，可以称之为"媒介推广"。以风范中学为例，许多科研成果如"风范教育"品牌的树立、"风范行规"特色建设的经验、"风范课程"的系统化开发实施等，之所以能在区域内外具有较高的知名度和产生较大的影响，与各类媒介的宣传报道是密切相关的，有的进行了系列报道，有的进行了网上直播，有的通过电视专题节目在荧屏推介、交流、展示。

第八章 文化化人，教育活动追求至高境界

育人，是教育的本性，是教育天然的职能，这是毫无疑义的。不过，以“教”育人，只是学校育人的一般层次，而文化化人，一个“化”之，揭示了育人的真谛，进入“化境”，育人才能臻于至高境界。

——题记

一个民族能够自立于世界民族之林且长盛不衰，因其有着独到的文化传承。一个历史悠久的民族，必然是有着灿烂文化史的民族。一个民族取之不尽、用之不竭的财富，是文化财富。

教育亦然！学校亦然！

学校，乃“教化”之地。教化，顾名思义，即教育感化；更深层的理解，是教而化之，教且化之。“教化”与“教育”虽仅一字之差，但其手段的高明程度却远非一般意义上的教育可比，它把政教风化、教育感化、环境影响等有形和无形的手段综合运用起来，既正面灌输道理，又注意结合日常活动，使学生在不知不觉中达事明理，潜移默化，其效果要比单纯的教育深刻而又牢固得多。

学校文化是学校之“魂”。“魂”，当然只具有抽象意义，但我们可以视之为事物作为特殊存在（被赋予“生命”）的价值符号，是其精神、意志、品格的象征。

一、文化化人——学校教育的至高境界

教育育人、文化化人的理念现在已日益深入人心，这是将教育、文化这两者的特质、功能用最简洁、直白的语言做了通俗的表述。

教育与文化从来就是不可分离的：一方面，教育总是在一定的文化环境中发生和发展的，教育的目的、内容、方法等都是一定社会文化的反映，任何一个国

家的教育,都毫无例外地体现着该国的文化精神;另一方面,文化总是通过教育得以传承,促使社会个体参与文化实践,并在实践中推动文化创新,从而不断促进文化发展。

(一) 学校文化的育人功能

教育的本质属性是传递人类文化,促进人的社会化,因而体现其育人功能即促进人的发展功能。换言之,教育所传递的人类文化,可使之转化为个体的精神财富,并按一定社会的要求造就一定式样的社会成员。

1. 教育具有文化功能

传承优秀文化,是教育当然的使命。正是从这个意义上,我们说教育具有文化功能。教育的文化功能主要体现在以下几点:

(1) 教育具有传递与存续文化的功能

教育具有阶级性、生产性、文化性等多种社会属性,相应地呈现出政治功能、经济功能、文化功能等多种社会功能。教育的文化性是教育更为重要的属性,教育与社会生产、经济制度、政治制度的关系,通过文化的中转发生作用。教育的文化功能是其他方面功能得以形成、释放的基础。

文化传递和文化存续,即人们通常所讲的文化传承,包括文化在时间上的延续、空间上的展开和代际间的传接。教育实现文化传承的主要路径有两条:教育者和受教育者共同活动;使人们掌握文化传递的手段和工具。文化传承还意味着文化的活化,即使文化由历史存储形态转变为现实活跃形态,而教育,则是促进这一转变的"激活"方式。

(2) 教育具有更新、创造文化的功能

人类为了自身的生存与发展,必须不断地创造与更新文化。人类正是通过教育,把已有的文化财富内化为受教育者个体的精神财富,培养、造就他们与文化发展相关的个性和创造力,从而使文化得以发展和更新。所以,教育不仅是传递固有的文化,而且要随着时代的发展和社会的变迁,在人类已有的旧文化中力求更新与创造,使之适应新的社会环境。以"COVID-19"新型冠状病毒疫情防控为例,通过开展广泛、深入、持久的教育,我们的交往文化、娱乐文化、卫生文化、餐饮文化等都发生了相应的改变且延续下来。特别是数千年来的春节文化风俗也发生了一些新的变化。与此同时,我们的教学文化以崭新的姿态出现在人们面前,"空中课堂"、在线训练、居家就读等教学形式不断完善,教师更加注重学生学习的个别化、个性化,学生的自主学习得到了有效落实,长期以来的灌输式、填鸭式教学发生了根本性的改变。

更新与创造文化主要表现在两方面：教育对文化选择、批判、融合、构建新的文化特质和体系，使文化得到不断更新发展；教育与文化创造紧密结合，促使文化变革发展，创生新的文化（直接途径），或通过培养创造性人才（间接途径），实现文化再造。

（3）教育具有普及、提高文化的功能

教育具有普及文化、提高人的文化水平的功能。首先，教育促进了文化普及，使原来少数人所掌握的知识、技能，被更多的人或全民所掌握，从而改变了人们的生活方式；其次，教育为社会培养了大量的、具有创造活力的人才，整体提升了人们的文化层次和水平，进而促进社会文化的不断更新和发展。

（4）教育具有选择、批判文化的功能

教育作为有目的、有计划、有系统地培养人的活动，离不开确定的教育内容。确定教育内容的过程，从一定意义上讲就是文化选择的过程。教育的文化选择有两个标准：一是依据社会的现实需要选择主流文化，二是根据学生发展的需要选择基本的、科学的、系统的文化。

文化批判功能是对腐朽的、颓废的、反动的文化思潮或文化形态、文化产品的摒弃。此外，教育还具有文化改造功能，即对消极的、落后的文化现象的改革、重塑。文化批判功能和文化改造功能，其实都是文化选择功能的深化。

（5）教育具有整合、升华文化的功能

教育具有整合世界先进文化的功能，特别是在全球化背景下，随着改革开放的不断推进，教育本身也要与世界接轨。在这一过程中，教育必然在传承世界优秀文化遗产、引入世界先进文化理念、共享人类现代文明成果等方面，能动地做出积极反应，在对各种文化的整合、融通中，不断升华人类的文化成果。

2. 文化直接影响教育

辩证地看，文化对教育的影响具有两面性：制约作用与促进作用。认识这两种作用，有利于我们在学校治理工作中正确地发挥文化的育人功能，提升教育的智慧和境界。

（1）文化对教育的制约作用

一是文化知识制约教育的内容与水平。教育对文化做出反应，这是任何时代、任何社会的教育必然的取向，因而也就决定了文化知识、文化层次在很大程度上制约着教育内容与教育水平，尽管教育对文化的反应可以是主动的、能动的。比如，在封建社会漫长的岁月里，人们以“学而优则仕”、“劳心者治人，劳力者治于人”为信条，用历史的眼光看，在当时生产力低下、读书人凤毛麟角的社会情境下，不能说这有什么错，而在教育、文化高度发达的现代文明背景下，仍死守着这样的信条，于教育、于文化、于社会都不利。然而，“读书做官”的传统理念可以说是根深蒂固，时至今日依然有着不小的影响，“书中自有千钟粟”“书中自有黄金屋”“书中车马多如簇”“书中自有颜如玉”的憧憬依然潜藏在人们的脑海深处，作为传统文化的执念，不可避免地制约着教育焕发新的青春魅力。其实，教育对文化的批判、改造功能，就是针对文化对教育的制约性而言的。

二是文化模式制约教育环境与教育模式。首先，文化模式为教育提供了特定的背景，如东方文化模式追求和谐、崇尚德行、关注整体；西方文化模式追求征服、崇尚理性、关注个性。这就造成了东西方教育环境的差异，进而影响教育内容的选择。其次，文化模式还从多方面制约教育模式。如在教学方法的使用上，我国的课堂教学普遍采用讲授法，缘于我们自古就讲究尊师重道，习惯于听老师的讲解；西方的课堂教学更多采用的是讨论法，因为他们主张民主平等，强调让学生自由发表意见。

三是文化传统制约教育的传统与变革。传统具有历史继承性，往往是不易被打破的，即便是那些日渐式微的传统观念与方式，也很难干干脆脆、痛痛快快地与人们说“bye bye”。特别是精神层面的文化传统，更是直接或间接地影响着我们的教育传统，制约着眼下的教育变革。就像我们一直否定与批判的“应试教育”，至今仍然大行其道且愈演愈烈，而上世纪 90 年代便大张旗鼓倡导的“素质教育”，如今依然停留在口舌层面难以在行动中落实。

(2) 文化对教育的促进作用

文化具有特定的教育和感化功能。物质文化丰富人的生命活力，提升生活水平；精神文化影响人的思想、观念、情感，提升生活质量。特别值得一提的是，文化可以帮助人们坚定理想信念、磨练品质意志、升华思想情操、拓展胸怀格局。这，便是文化的教育功能。

学校的文化建设正是为了发挥文化的教育作用。文化建设助力教育活动，这方面的例子不胜枚举。比如，中国传统文化强调“男子汉大丈夫”风度、“爷们儿”气概，剔除其“男尊女卑”、“大男子主义”的消极元素，还是有其可取之处的，对我们的教育也不无启发。由于各种主客观原因，男性青少年女性化倾向似乎愈来愈明显，“小鲜肉”、“奶油小生”、“妈宝”的市场好像越来越大。对此，我们可以借助传统文化的影响，发挥教育的功能进行调节。比如，全面加强和改进新时代学校体育工作，做好学校体育制度顶层设计；加大力度提高体育教师素质能力，适度改进体育教学的方法和形式，更多注重学生“阳刚之气”的培养；推动青少年文化学习、体育锻炼和心理健康协调发展，真正把保证青少年身心健康、体魄强健，作为强国强教、利国利民的大事抓紧抓实。与此同时，切实开展这方面的课题研究。

总而言之，研究教育必须研究文化，既要注重研究传统文化中的积极因素，也要注重研究其中的消极因素，以便我们借鉴和利用传统文化，在教育工作中扬长避短，变消极为积极，并积极赋予新的生命，不断开创教育事业的新局面。

3. 教育与文化的互动

教育与文化互联、互动，这样的情境贯穿人类全部的教育史和文化史，这就意味着，这种互联、互动，过去是这样，现在也是这样，将来亦毋庸置疑的是这样，因为这是由两者的内在特性所决定了的。

(1) 教育与文化在相互关系上存在特殊性

首先，文化本身是一种特殊的教育力量。文化的教育力量体现在：一方面，特定的时空中的文化构成了文化环境、文化氛围，对于身在其中的人产生着潜移默化的作用。比如：中国文化中从来都认为节俭是美德，因此这种文化渗透在生活的各个方面。另一方面，一定社会的文化以不同的方式影响着学校文化、班级文化和课堂文化，对教育活动起着强大的影响。

其次，教育本身是一种特殊的文化现象。教育具有双重文化属性：一方面，它是传递和深化文化的手段，这时它与文化构成内容与形式的关系；另一方面，它的实践者及实践本身又体现着文化的特质，如思想观念、价值倾向和行为方式，这时它就成为文化本体。

由此可见，教育是一种特殊的文化现象，它在社会文化中具有十分特殊的地位：文化通过教育活动得以传递和深化，文化借力教育发展得以丰富和提升。

(2) 教育与文化在目标追求上存在一致性

首先，从教育的视角看，教育的根本追求是促进人的发展。

教育对人的发展功能受到社会经济、政治、文化等因素制约。这些社会因素制约着教育培养人的方向、性质，也为教育对人的发展功能的释放提供社会条件。即按一定社会要求，造就具有一定思想、道德、知识、能力的社会成员，参加社会经济、政治、文化活动，由此而发挥教育的社会功能。例如，通过教育传递科学文化、技术文化，使劳动者把科学技术转化为现实生产力，推动经济发展，从而使教育的经济功能得到发挥。

其次，从文化的视角看，文化的传承同样也有促进人的发展的诉求。文化总体上是促进社会发展，但文化促进社会发展是通过促进人的发展来实现的。这就是文化与教育的目标一致性之所在。不过，文化促进人的发展，与教育融合是最佳通道：通过教育传授一定的政治文化（政治思想、政治价值观、政治心理），使受教育者认同一定的政治制度、政治规范，以维护一定社会政治稳定和政权的巩固；通过教育传递人类文化知识，把人类文化财富转化成以人为载体，使人类文化得以继承、发展。

综上所述，可以认为：教育与文化共同作用于人的发展。教育的文化功能与文化的教育功能是融合在一起的，尽管两者各有特点、各有侧重，一旦在共同目标基础上实现联动和互动，就会产生“1＋1＞2”的理想效果。可以说，以“文化化人”作为教育的至高境界，是将教育与文化紧密地融合在一起了，我想，这也可以成为学校治理的一种思路或策略。

（二）提升教育的文化境界

就教育抓教育，虽然也能有所成就，但从文化层面来思考、实施教育行为，也许收获更丰，这就是我想表达的“提升教育的文化境界”的含义。新时代的教育，必须从单纯的教育境界走向文化境界。

1. “知识”与“文化”各有内涵

在我们原来的观念中，知识与文化基本都是一个层次上的东西，对那些受过高等教育、能写会说的人，我们都统称为“文化人”。如今，这样的观念正在受到挑战，人们倾向性地认为：两者各有所指，并不是一回事儿。

教育与文化相联系，与知识更是密不可分，生活中“文化知识”也是一个高频词。那么，知识和文化又是怎样一种关系呢？弄清这个问题，有助于我们更好地理解和实践教育。作为教育工作者，必须清楚地认识知识和文化到底有怎样的联系。

所谓知识，它是人们在社会实践中积累起来的经验，通常是指某一方面的技能或者是学术方面的研究成果，等等。从本质上讲，知识属于认识的范畴，它对一个人是非常重要的：有了知识，可以对很多的事情做出有效的决定和判断；有了知识，做事情的时候可以大大提高工作效率；有了知识，可以极大地提升一个人的生存能力，并在未来发展中使自己获得持续提升。

所谓文化，指人类社会历史实践过程中所创造的物质财富和精神财富的总和，是相对于经济、政治而言的人类全部精神活动及其产品。从本质上讲，文化属于成果的范畴，如历史、地理、风土人情、传统风俗、生活方式、宗教信仰、文学艺术、规范、律法、制度、思维方式、价值观念、审美情趣、精神图腾，以及工具、附属物，等等，这些都是具体人类文化内容。在我看来，文化是一个相对抽象的概念，存在于精神层面，却能从现实生活中找出与其匹配的实物，所以，文化即精神文明、物质文明在人类意识上的反映的总和。

如此看来，文化与知识共同构成人的内在素养，但文化并不只是具有知识，更多的是一种人格上的塑造以及道德上的培养，有文化的人无论从哪个方面来说，都是比较完善的。个体内在的素养转化为外在的言行，这一过程，其实就是“文化化人”。

知识与文化的区别，可大致归纳为以下三个要点：

第一，知识是经验，文化是现象。

知识与文化有很深的渊源，相互交叉、包容。知识就像词典定义的那样，就是人们在改造世界的实践中所获得的认识和经验的总和。从时间的先后上说，就是一种前人给后人留下的关于事物的常识和经验。从个人角度，知识是经过人脑加工并可通过主观意识指导行为的信息；从社会角度，知识是人类经验的概括和总结，具备可供个人学习的信息载体形式；从知识与文化的关系角度，知识是对文化的支撑，文化是一种更为广阔的知识，是对知识的升华。一种社会现象，并不局限于知识，而是有起源、有历史、有传承、有借鉴、有发展，这就是文化。比如中国的饮食文化，包含诸多菜系，每一菜系都有其从诞生到兴盛的历史，且各有其独特的加工烹饪方式，从而给人以独具一格、别有风味的用餐体验，成为中国饮食文化皇冠上的一颗颗珠宝。

第二，知识是理性，文化是感性。

我们从小到大都在学习知识，知识是可以通过课本被人们所感知到的。人们通过不断的学习，来提升自己的理性思维；用知识的积累，来达到解决问题的目的，提升自己的能力。文化则是一种感性认识，它也许代表一个人的气质。腹有诗书气自华，大概就是指一个人的文化修养。文化是不能够通过课本来有所掌握的，它是我们不断学习，通过感性获得的。可以说文化包含着知识，知识也是文化的一种体现。

第三，知识较为专一，文化较为广泛。

人们在讨论“有知识”与“有文化”的关系问题时，是将两者作为不同层次的概念来认知的。古人说到术业有专攻，意思就是说专业的知识，是通过专门的学习可以学到的。知识的范围是很有局限性的，它只能围绕一件事情而进行讨论和学习。文化则恰恰相反，文化能够包含的东西太多了。上到天文、下到地理，古今中外无所不有。并且知识是客观存在的，文化可以通过传承将知识表现出来，可以说文化是大于知识层面的。简单来说，知识是具体的，文化则多种多样。

知识是小范围的，是知道和见识；文化是广阔的，比如说国民文化、地域文化、历史文化。

因此，知识和文化是不能画等号的。对绝大多数人来讲，知识，那只是文化的一小部分，只是文化的基础，这也就意味着，文化是知识的更高一个层次。

有知识的人未必就是有文化的人。知识，只要你肯学习，一般或多或少都可以有所掌握；文化，那是反映一个人的修养和品位，要靠持之以恒的自身修炼才能形成。一个知识境界较高的人，并不意味着他的文化境界也高。生活中有知识、没文化的人并不少见。知识和文化最大的差别在于人格体现方面，文化对人格的塑造更加完善。有文化的人做事情的时候更多的是偏向正义，让人感觉到非常舒服；一个人如果只是有知识，他在做事情的时候可能会偏离道德，或者不干正事，那是不能认为其是有文化的。很多贪官，学历很高，是当然的知识分子，然而，这样的人是不能称之有文化的。只有那些有知识、有素养、有道德的人才能够被称作有文化。一个人，如果没有文化，他的知识也就没有意义了，甚至会走向反面，最终沦为事实上最“无知”的人。

知识，主要是一种积累，文化，则是一种修养。有的人，虽然掌握的书本知识不多，但并不缺乏为人处世、服务国家、服务社会、服务人民的知识，且具有高尚的品德情操和精神境界，如许多老一辈革命家、先烈，他们也是文化的“脊梁”。

总而言之，知识与文化，两者不能等同，也不能相互替代。现实生活中，知识常与传授、学习组合连用，与狭义的“教育”相应，体现的是教育的教学境界；文化常与“修养”连用，与广义的“文化”相谐，体现的是文化的精神境界。教学境界的教育与精神境界的文化相融合，在我们的眼前便可以呈现一幅优美的图景——教育的文化境界。

2. 培养既有知识又有文化的人

“两耳不闻窗外事，一心只读圣贤书”，可谓中国古人读书之传统，这在生产力低下、科技落后、文明程度不高、社会发展缓慢的古代，倒也无可厚非。然而在今天,我们所处的是信息瞬息万变、社会不断更新、科技一日千里的时代,这种读书理念显然已经不足为训了。

教育与文化本应是共生共长、共存共荣的,两者你中有我、我中有你。如果我们培养的学生“有知识、没文化”,那无疑是教育的悲哀、教育的失败。假如“知识的巨人”和“文化的侏儒”恰恰统一在一个人身上,那情景,实在难以想象,也是无法接受的。现在的学校,培养了不少“知识人”,他们了解的东西不少,但主要源于书本,与实践是脱节的。“知识人”与人们通常所说的“书呆子”差不多,死记硬背可以,应付纸笔考试可以,但“真刀真枪”地干则差强人意。犹可虑者,“知识”不等于“文化”,“知识人”未必就是“文化人”,许多大学毕业生无意于职场,满足于“啃老”,他们与“文化人”无涉。在实践中我们有一个坚定的信念:风范中学培养的人,应该既有知识又有文化。

就个体的长远发展而言,知识与文化都是不可或缺的。知识可以提升一个人的思维能力,能够将知识用到实处;文化则是隐性的,它包含生活中的方方面面,代表一个人的内在修养。人们要想在这个社会中生存,既要有知识的储备,又要有文化的提升。

关于“有知识”与“有文化”的关系问题,很多人都非常关注。两者涉及同一个话题——境界。具体而言,每一个体在社会生活中都有其自身的境界,虽然是抽象的,却是无时不“在”——可以体验的,包括他人体验和自我体验。我们的学校教育,必须致力于培养既有知识又有文化的人。要使每一个受教育者明白,学习不仅是学习知识,还要努力塑造优秀的人格,把知识用在对的方面,做一个对社会有贡献的人。这,就是学校所应追求的“教育的文化境界”。

二、建设富有个性的学校文化

了解了教育与文化的关系,我们再来讨论一下学校文化建设的问题。

作为教育至高境界的文化境界,通俗地讲,就是激发文化的力量,用文化营养去哺育新的一代,用先进的、优秀的文化去影响人、化育人,收到不教而教之效。老子在他的教育思想中就曾主张“行不言之教”,现代教育也主张教师少用发号施令、空洞说教的方式来对待学生,不提倡制定繁琐的规章制度来束缚儿童天真活泼的本性,力求让学生在自由活泼的氛围中发展,使学生的道德品质在文化环境中得到陶冶自然提高。我觉得这正是学校文化建设的取向,至少应该成为我们营造学校新型文化的策略。

(一) 张扬个性,形成优良风尚

学校文化建设要不要讲究个性,答案是肯定的。文化本来就应该是百花齐放、生动活泼、引领潮流、与时俱进的。长期以来,我们的学校教育存在着同质化、千校一面的倾向,从而直接或间接地导致了学校文化表现出模式化、千篇一律的缺陷。其主要问题,可以概括为八个字:共性有余,个性不足。

以学校“三风”(校风、教风、学风)建设为例,很多学校提出的“三风”,用语、结构如出一辙,“张冠”可以“李戴”,安在谁的头上似乎都并无不妥,有人调侃为“阳光普照”、“‘风’行天下”。

有共性,可以理解,甚至也是必要的,但不能让“共性”淹没了“个性”。世上没有完全相同的两片树叶,孪生的兄弟姐妹也是各具特点、各有千秋。

(二) 丰富内容,坚持文化化人

学校文化应该是一个有机联系的整体。培养目标、学校精神、校训、校歌、“三风”都是学校文化的体现,班级文化、团队文化也是学校文化的重要组成部分。正因为学校文化涵盖学校生活的方方面面,所以才有了“文化化人”的能量和魅力。

风范中学只有二十多年的办学历史,自然谈不上有多么深厚的文化底蕴,但是,在风范人的心目中,文化立校、文化兴校、文化强校的意识是非常强烈的。风范中学多年来致力于“风范文化”建设,以上述诸方面作为主要内容,就如何实现“文化化人”进行了有益的探索和实践。

想当初,学校定名“风范”,意在要率先垂范,勇于开拓,使学校成为实施素质教育的排头兵。事实上,大家内心中普遍是感到有一种压力的:校名本身就是考验,就是鞭策,要做到名副其实,就要有长远的考虑。有初心,还要有远志。“初心”与“远志”,前者立意既往,激励当下;后者志在长远,面向未来。我们所能做的,就是变压力为动力,在奋斗中前行。二十多年来,我们坚持“文化化人”的思路,躬行“为师”的风范、“为学”的风范、“为人”的风范,形成了“风范教育”特色。

所谓风范教育,是指以“风范”为魂,以“成风化人、立范育才”为本质追求的教育思想、教育方法、教育行为体系(对教育者而言);是促进学生成人成才、提升学生全面素质的教育生态和价值载体(对受教育者而言)。正是按照这样的理解,我们开展了“风范文化”建设。

1. 培养目标是学校文化的方向

一是办学宗旨。风范中学的办学宗旨是“德才兴教,风范育人”。它包含了学校的办学思想、办学路径、管理理念,表明风范的教育工作者是以自己的品德学识来兴办教育事业,是用崇高的风尚、典范的行为来塑造一代又一代新人。这是“风范教育”对“人—才”关系的阐释:风范教育首先是“成人”教育,然后才是“成才”教育。这符合当今社会关于人才问题的共识。

二是育人目标。风范中学的育人目标是教育每一个学生“做一个有风范的中国人”。作为一所地处上海国际大都市的学校,在世界文化的融合和冲击中,必须引导我们的学生增强中华民族意识,建立民族自尊和自信,认识自己肩负中华民族伟大复兴的使命担当,成为无愧于我们伟大民族的一代新人;要使每一个学生充满“中国人”情怀,懂得爱国是最重要的风范,时刻谨记自己是“中国人”,将来为我们的国家竭诚服务;要让每一个风范学子时刻谨记要做“行规范、学模范,有风度、有风骨,内省于心、外施于行”的新一代中国人。今天,做有风范的中国人,落实到学生身上,就是要牢固树立新时代中国特色社会主义大背景下青少年的风范,包括思想风范、道德风范、心理风范、行为风范等,使学生真正成为名副其实的“风范青年”、“风范少年”。

三是教育理念。风范中学的教育理念是“让每一个生命得到充分发展”。“生命”的主体包括教师和学生,学校的一切工作都立足教师的可持续发展和学生的终身发展。两者相互作用,互为支撑。教师专业素养的发展,为学生发展提供优质的教育资源,创设良好的发展环境;学生健康、快乐地成长,又可以激发教师的职业幸福感,促进教师积极地、自觉地提升自我专业素养及教育水平。两者的和谐发展构成学校的内涵发展。“让每一个生命得到充分发展”,同时也是一个养护心灵和滋养心灵的过程,以一种更尊重、更开放、更包容的姿态,给每一个生命提供最适合的土壤和养分,使其得到充分发展。

2. 学校精神是学校文化的支柱

中国传统文化非常注重学与行的修炼,如:

“博学之,审问之,慎思之,明辨之,笃行之。”——《礼记·中庸》

“业精于勤,荒于嬉;行成于思,毁于随。”——韩愈《进学解》

“三思而后行。”——《论语·公冶长》

我们从古圣先贤的论述中受到启发,提出:学习上倡导勤奋,蔚然而成风气;行为上崇尚端庄,翕然而为轨范。后来,我们将其进一步提炼为学校精神:

学勤成风，行正为范。学要勤，即勤奋好学、努力不懈，勇于攻坚克难；行正，即走得直，做得端，体现良好的人格、品行。

讲到学校精神，我不由想到当下人们颇为关注的“贵族精神”问题。平时，我们在使用“贵族”这个概念时，是将其与“平民”对立起来的，甚至还带有贬斥的意味。贵族，最初指的封建社会中，因权力、财产高于其他阶级而形成的上层阶级，包括军事贵族、世俗贵族、宗教贵族。经过演变，贵族制度在一些国家延续下来，形成了稳定的贵族阶级。其实，贵族的本义就是有钱人、有权势者。不过，现今人们所指称的贵族精神，应该不同于贵族本身：“贵族”是一种明确的阶层，“贵族精神”则是普通大众对“贵族”这个词赋予的美好意向。换言之，所谓贵族精神并非贵族阶级本身普遍拥有的特质，而是普通大众希望贵族阶层普遍能拥有的美好品格，以及贵族本身能用以自律的一些积极素养。

今天，人们所提倡的贵族精神，应该有三大重要支柱：一是文化教养，抵御物欲主义的诱惑，不以享乐为人生目的，培育高贵的道德情操与文化精神；二是社会担当，作为社会精英，严于自律，珍惜荣誉，扶助弱势群体，担当起社会与国家的责任；三是自由的灵魂，有独立的意志，在权力与金钱面前敢于说“不”，而且具有知性与道德的自主性，能够超越时尚与潮流，不为政治强权与多数人的意见所奴役。因此，如果存在所谓贵族精神，那就是强烈的社会责任感，平等意识与担当精神，内含着教养、修为和勇气。历史上的中国，一直存在着出身贵族并具有贵族精神的人，这类人便是古人所认为的“君子”。其实，平民中也不乏具有贵族精神的人，他们也当入“君子”之列。

这些，似乎离在校学生远了一些，不过，其中的道理，对于学校精神文化建设还是有借鉴意义的：从小处做起，往大处努力；从当下做起，往长远努力！风范中学“学勤成风，行正为范”的学校精神，就是出于立足“小处”、“当下”的思考。

3. *校训是学校文化的核心*

风范中学的校训是“树风立范”，这是与“风范教育”特色高度契合的思想意识和行为要求。风，是无形的，是内化于心的风度、修养。范，是有形的，是外显于行的规范、行为。树风，即涵养风度、提升修养的一个过程，属精神文化层面；立范，即确立规范、约定作为的一个过程，属行为规范层面。树风立范，就是时刻做到使优良风范“内省于心，外施于行”，努力约束和完善自己，成为有学识、有涵养、懂礼仪、知进退的风范人。

“树风立范”的校训，也是“风范教育”的精髓，我们将其概括为：树修身厚德之"风",立世纪新人之"范",逐步达至规范、模范、典范;树笃学敏行之"风",立智慧学子之"范",逐步达至勤学、善学、博学;树优秀文化之"风",立现代文明之"范",逐步达到至真、至善、至美。

人格、品性主要是通过人的风格、风尚等体现出来的,"树风"其实是"树人";榜样、模范主要是对人的思想、品德、行为的调节,"立范"其实是"立德"。因此,"树风立范"与"立德树人"是相通、相融、相谐的,其基本策略是:教人(教育教人)、化人(文化化人)、成人(成功成人)。

4."三风"是学校文化的缩影

一所学校的文化生态,可从"三风"窥其全貌,可以认为,"三风"是学校文化的浓缩。

在风范中学,人们对"风范"两字赋予全新内涵:风,是指风气、风尚、风格、风采、风度;范,是指规范、模范、典范、范式、范本。"风范教育"、"风范文化"之要义,不仅体现在培养目标、学校精神、校训上,还集中体现在学校的"三风"上。

一是校风:明理、求真、扬善、尚美

明理 即明白事理,明晰真理。要求风范师生"明明白白做事,有理有节做人"。

求真 即追求真实,探求真理。要求风范师生拥有一颗探求真理的心和一种追求真实的态度,求真求实,永不虚妄。

扬善 即"勿以恶小而为之,勿以善小而不为"。要求风范师生以善行为荣,以善行为美,不仅自己要行善,更不能忽视将身边听到的看到的感知到的善行予以宣扬和表扬,传播善行与善念,为社会增添正能量。

尚美 即崇尚美德,尊崇美的物质和精神。美丽不仅是外表,更是内心、内涵。我们要培养的风范人,是具有鉴赏美的能力和崇尚美的意志的人。

明理、求真、扬善、尚美,这体现了学校师生相互欣赏、相互尊重,内外兼修、共同成长的品格和风貌。

二是教风:敬业、爱生、博学、创新

敬业 敬业是本分,我校教师在"让每一个生命得到充分发展"的办学理念的指导下,以兢兢业业的态度,做好每一件事,站好每一班岗。

爱生 爱护学生,爱惜学生。爱护学生的身体和心灵,爱惜学生的才能和思想,体现了教师以学生为本的工作态度。

博学 教师的职责是"传道授业解惑",博学就是要求我们的教师能够拥有广博的学问，并且怀有一颗不断求知的上进心。

创新 创新是推动一切事物发展的源泉。唯有不断创新，方能与时俱进。教师坚持开拓创新，是为了更好地指导学生。

敬业、爱生、博学、创新，这要求我们的教师不仅要有过硬的专业素养，更要有孜孜不倦的进取精神和创新品质，为每个学生的终身发展而努力。

三是学风：乐学、善思、明德、践行

乐学 即喜爱学习，以学习为乐，并在快乐中学习。学校不提倡学生苦读、死读，而是寓乐于学、寓学于乐，快乐学习正是风范学子的学习风貌。

善思 善于思考，擅长思考。思是行之始，这体现了我们的学生才思敏捷、自主学习的风貌。

明德 出自《大学》开篇“大学之道，在明明德，在亲民，在止于至善”。这彰显了我校的学生明事理、懂礼仪、身心健康的精神风貌。

践行 即实践、行动。这表明了学生的求知不只停留在思考的层面，更落实在实际行动上，体现了知行合一的精神风貌。

乐学、善思、明德、践行，彰显了风范学子拥有坚定的人生志向，形成了内外兼修、奋发上进，自主成长、全面发展的良好学习风气。

我个人体会，“三风”建设是学校文化建设的普遍性行为，但也应该是切合本校实际、体现本校特色的个性化行为；风气，主要是在日常生活中“养成”的，要潜移默化，内化于心，外化于形。

5. 全面建设学校五种文化

学校文化建设的内容非常广泛，根据风范中学的实践，着重须致力于五大文化建设：

一是精神文化建设。本着“教以育人，文以化人”的理念，侧重于学校精神、校训的思想渗透和行为渗透，校风、教风、学风等的涵养和训练，以达至“成人”为教育工作的出发点和归宿，不断提升“育”与“化”的境界，努力实现培养“有风范的中国人”的教育目标。

二是物质文化建设。挖掘形之于外的各类事物本身蕴含的文化元素，有机渗透教育的方式方法；以环境文化为主，让所有静态的或动态的场所最大可能发挥育人功能。校园建筑物外墙、走廊，教室内外，报廊、橱窗、电子显示屏等，都成为环境文化的阵地。一段时期有一段时期的主题文化，如：社会主义核心价值观、学生的核心素养等。进一步说，学校做任何事情，都要讲究文化内蕴、教育内涵，彰显育人功能。以校服为例，它不仅是形象展示，也意味着价值认同。作为具有直观性的校园文化，校服可以将无形的价值观念、教育理念、特色文化等转化为形象、可视的物质形态，并通过对校园文化的诠释和彰显，以陶冶的方式发挥着隐性的育人作用；作为一种象征符号，校服可以帮助青少年进行自我角色定位，强化学生的“身份意识”，满足其归宿感和荣誉感的心理需求。

三是行为文化建设。广义的行为文化包括典章制度文化、交往文化等。学校最基本的文化建设，在于汲取传统文化养分，滋养学生行规成长，引导学生的道德认识、道德情感、道德意志和道德行为，践行“做有风范的中国人”。

四是管理文化建设。以构建绿色教育生态为主旋律，引导师生自主、自治，强化学校民主管理。在学校日常管理中，淡化“行政”、权力色彩，倡导情感管理、魅力管理，有效发挥管理者的人格影响力，努力追求“不管而管”的管理境界。

五是传统文化教育。现代文化的传播，可借耳濡目染之便，去认知、去体验；传统文化的传承，须凭心领神会之智，去追寻，去感悟。相对而言，后者所费心力要更大一些。学校教育本就承载着文化传承之职能，当然需要在弘扬优秀传统文化方面发挥引领作用。通过多渠道、多途径的文化教育活动，充分发挥中华优秀传统文化教育、熏陶、感染的功能，使中华传统文化中的优秀内涵牢牢扎根于学生心中，优化其言行，提升其素养。

（三）搭建平台，拓宽文化渠道

风范中学的“文化化人”，十分注重“环境育人”，在文化生态优化、文化阵地建设、文化渠道开辟、文化实践体验、文化自觉修炼等方面拓展思路，搭建平台，展现了“风范教育”的文化风貌。

1. 优化文化生态

以环境文化为主，是风范中学物质文明建设的显著特征。风范的校园是一座名副其实的精品校园，建筑物外墙、走廊，教室内外，报廊、橱窗、电子显示屏等，都是环境文化的“大雅之堂”。学校有以下三大标志性文化景观：

一是廊道。进入校门，沿通道前行，迎面映入眼帘的，是以办学宗旨、育人目标、学校校训、学校“三风”为内容的文化墙，主题鲜明，言近旨远，图文并茂，构思精巧。学校每层楼面各有各的文化主题，每个角落有与主题相应的布置，或先哲名人、励志格言，哲理无穷，或学校荣誉、学生作品，赏心悦目。走廊楼道，有激励师生开拓前行的名言佳句；有鼓舞学生做有风范的中国人的图文杰作。学生自主设计并参与的涂鸦墙，更是成为学校一道亮丽的风景线。

二是浮雕。不锈钢材质的巨幅浮雕，面向校门，高悬于学校教学楼墙上。以光芒四射的太阳、飞翔的海鸥、翻滚的巨浪为浮雕元素。太阳象征光明，寓意风范人的目标和追求，反映搏击长空、飞翔世界的抱负；海鸥展翅飞翔，寓意学生志向高远、奋发向上。校园浮雕，以现代派的手笔展现出做有风范的中国人，必须有目标、有追求、有动力、有魄力、有行动，只有这样才能更好地飞向世界、奔向未来。

三是文化场馆。学校在校舍面积十分紧张的情况下，专门将教学大楼的整整一个楼面辟为学校文化场馆。在这里，书籍画报琳琅满目，犹如走进了书的海洋，进入了净化灵魂的殿堂：领袖在教诲、先哲在对话、大师在励志；在这里，学生阅读、理解、背诵名人名言，学习名人的读书方法，熟知古今中外古典名著、诗词歌赋、名篇佳作；在这里，可进行文本阅读、电子阅读，拓宽了知识视野；在这里，学生体会到了“与书为伍，其乐无穷”、“最是书香能致远”的内涵。

学校教学设施先进完备，建有 26 个配有空调的标准教室，同时建有音乐、美术、形体、乒乓、茶艺、烘培、英语配音、FFTV（风范校园电视台）、虚拟机器人等 20 多个专用教室。明亮而舒适的教室及各类专业教室，配置了高科技的现代化设施（电脑触摸视屏、空气净化器，变频空调等）。为学生修身养性、个性发展提供了一流的硬件设施。

2. 建设文化阵地

学校高度重视文化阵地的建设。目前已经形成的稳定阵地包括以下内容：

一是校报：《风范报》。2006 年创刊，每期四版。第一版刊登学校重大事件、文章、重大奖项和办学成果；第二版刊登学生习作；第三版刊登丰富多彩的校园生活；第四版刊登教师的文章、生活、科研动向，中缝刊登学校、教师和学生的获奖信息。

二是校刊：《荷香》。2011 年创刊，每年出版一期或两期，主要刊登学生散文、阅读随想、诗歌、校园剧本、童谣、绘画作品等。这些作品不仅激励作者自身昂扬向上，而且激励每一个风范学子用手中的笔书写属于自己的人生。

三是微信公众号：上海市民办风范中学。2016 年 9 月发布，以“走进风范”、“最美风范”、“服务风范”三大板块，介绍学校特色，展示师生风采，积极宣传校园文化，传播社会正能量。

四是校园悦读网。学校开发建设了以中华传统国学和中外经典文学为主要内容的学生经典阅读专题网站。网站板块结构科学、检索便捷、内容丰富，计有300万字。声像音画俱全,符合学生阅读心理,深受学生喜爱;开放交互的功能设计,突破了时空界限;《经典阅读指导大纲》有序、规范地推进了经典阅读;《经典阅读反馈手册》的应用,使学生自我评价、自我反馈和自我提高有了评价依据。

3. 畅通文化渠道

以传统文化教育为例,学校开辟的渠道主要有:开展专题研究;建设“悦读网”平台;开展“书香校园”活动;举办阅读节、艺术节、体育节、科技节,以及传统节庆等。

为使学生核心素养的培育有可靠的载体,学校结合文化艺术教育课程的实施,编写了信息技术应用、艺术、体育、外语等多学科多门类校本教材。如:Scratch程序设计、appinventor手机编程、3D打印课程、arduino创客课程、乐高机器人、DIS等选修课;编导、声乐、电声乐、民乐、舞蹈、啦啦操;书法、漆画、版画、素描、色彩、速写、硬笔书法;篮球、乒乓球、羽毛球、跆拳道;英语口语提高、英语戏剧表演、德语等拓展课。

4. 丰富文化实践

为达成“文化化人”的目标,风范中学注重建设各种文化平台,不断丰富学生的文化实践。

梦想舞台 “梦想舞台”是综合实践主题活动,也包括学校艺术节、学科节、体育节等系列活动。每月由一个年级组主持,从节目设计、学生组织到最终的演出安排,全都是放手让学生会和班干部操作。“梦想舞台”作为一个文化实践舞台,以文化为主体,融合艺术、历史、地理等相关领域的知识、故事、人物、风俗习惯等,多角度、全方位地提升学生多方面的素养。学生广泛涉猎了中国的服饰文化、饮食文化、山川文化、金石(玉)文化、书画文化、对联文化、考古文化、龙文化、武侠文化等。丰富多彩的文化活动为学生创设了激发智慧火花的机会,为学生铺设了展示才华的平台。我们感到,“梦想舞台”不止是一个娱乐型的艺术舞台,更是一个培养人、发展人的教育、文化有机融合的大平台。

学生社团 丰富多彩的学生社团活动,为学生搭建属于自己的舞台,让学生充分发挥兴趣爱好和个性特长,真正实践了“让每一个生命得到充分发展”的办学理念。我校的社团有:活力篮球、欢乐健美、风雅书法、安谷风、校园动漫、风范金话筒、我们的视野、红领巾鼓号队、梦想电声乐队、“风筝”乐团、风范小记者,等等。

创意广场画 学校自2009年开始为学生提供了个性多元发展的平台——校园低碳广场画活动。这项活动,充分发展了学生的动手和动脑能力、想象力和创造能力,增强了学生的凝聚力和协作意识,使风范学子在校园的生活变得有意义、有品位。从2009年的"城市,让生活更美好"到2010年的"海宝带你游世博",从2014年的"梦想与快乐伴我成长"到2015年的"和平与歌声"(庆祝世界反法西斯战争和中国抗日战争胜利70周年主题绘画),学生参与热情高涨,活动的全过程基本是由学生自主组织实施、落实完成,在书香校园里掀起一股充满童趣的正能量。

诸如此类的文化平台,不仅为学生的文化实践提供了展现身手的舞台,实际上也成了学校"文化化人"成果检阅、展示的平台。

5. 提升文化自觉

文化自觉本质上是对文化价值的自我觉醒、自我反思、自我创建。提升文化自觉需要我们有对文化意义、文化地位、文化作用的深度认同,对文化建设、文化发展、文化进步的责任担当。对中学教育而言,这些似乎有点"高深",却是需要我们站在一定的高度,有意识、有目的地去培育、去滋养的。

多年来,风范中学将学生发展核心素养的培育作为"文化自觉"的重要内容,在教改实践中提升"风范教育"的文化价值。从2014年10月开始,学校以"基于学生核心素养发展,培养有风范的中国人"为主题,在教育、教学、科研、管理等领域全面开展核心素养教育,从中培养学生的文化自觉,包括文化自觉意识、文化自觉行为、文化自觉实践、文化自觉评价等,让学生在这一过程中自己教育自己。学校以"劝学、励志、修身"为主题启发学生的文化自觉,激发学生勤奋学习、提升素养、积极向上的热情;在德育中融入文化教育,形成教育系列,引导学生继承中华传统美德;以"风范中学文化教学系列"为内容,形成文化教育课程系列。通过教学和阅读,夯实学生中国传统文化基础,提高文学阅读、鉴赏的能力,养成阅读兴趣和习惯,培养热爱祖国传统文化的情感。

文化建设促进了学校教育品牌的创生。多年来的学校文化建设,全方位地推进了学校的德育、教学、管理等工作,进而在我校诞生了若干在市、区有一定影响的教育品牌或特色项目。如:上海市行为规范品牌——"汲取优秀传统文化,滋养学生行规成长",至2020年,学校已连续三届被评为"上海市行为规范示范校";上海市特色项目——"翻转课堂"教学模式,"微视频在翻转课堂的实践"、"微视频在初中化学翻转课堂的实践研究"等成果多次在上海市获奖;"微视频在翻转课堂的实践研究”被列为上海市第二轮民办学校特色项目；上海市特色项目——“构建积极心理学指向的心理健康教育综合模式”，逐步形成了“积极心理学指向的主题教育和活动系列”。

三、校长更要注重文化修炼

回溯中国社会的历史进程，“武统江山，文治天下”的痕迹比较明显，文武之道用得好，国家治理就能渐入佳境。文治，本来是指文化教育方面的业绩，这是从结果的角度来定义；如果从过程的角度来考察，可以理解为用文化(广义，包括教育)的方略来治理。

从事学校教育，人们比较关注校长的领导力。我个人体会，在校长的领导力结构中，要突出文化领导力；优化学校治理结构，要讲究用文化的方法与策略去治理。一句话，要想达到完善学校治理结构和治理能力的目的，作为校长，就必须强化自身的文化修炼。

(一) 校长要有文化境界

中国古代封建社会实行的是“人治”，无论盛世、乱世，无论仁政、暴政，根子总是通到“人治”上。于是，唯上，便成了一种“官场文化”，长官意志盛行不绝，唯我独尊见怪不怪，甚至搞“顺我者昌，逆我者亡”。这不是“文化”，因为它与文化的基因——文明，格格不入，大相径庭。如果硬要说这也是“文化”的话，那也只是一种落后、腐朽、颓废的“文化”。

国家教育部于 2013 年 2 月正式颁布了《义务教育学校校长专业标准》，提出了六条专业要求：规划学校发展；营造育人文化；领导课程教学；引领教师成长；优化内部管理；调适外部环境。仔细研读这六条要求，除第二条与文化直接相关外，其他五条都间接与文化有密切联系。所以，要当好一个符合专业标准的校长，必须提升自己的文化境界。

1. 以教育眼光认识“文化”

校长文化修炼的首要课题是自己关于对“文化”的理解，因为它关系到一所学校文化建设的思路和文化发展的方向。

校长理解“文化”，还是需要特别强调两点：第一，不是任何东西都可以称之为“文化”的。质的意义上的文化，不是通常所指的文字能力和一般知识，如学习文化、文化水平之类；也不是有了一点“文”味的就是“文化”。只有那些承载着真、善、美的东西才配得上“文化”的称号，只有那些代表了文明、正义、进步的东西才是真正意义上的文化。第二，文化是有生命力的，生命太短暂的东西，只是时空中的匆匆过客，不能说是真正意义上的“文化”。真正意义上的“文化”，魅力是永恒的！

校长理解“文化”，应该是基于广义理解与狭义理解的综合理解。实际上，任何理论概念的产生，都有着它很难具体界定的问题。关于文化的理解，许多情况下，我们很难单纯从广义或单纯从狭义将文化或文化现象讲得很透彻、很清晰。在现实生活中，我们对文化的理解，更应该把它看作是价值观念、审美情趣、思维方式等带有主观因素的东西，相当于通常所说的精神、社会意识、道德制度等观念。有学者认为，文化表现为“有形”和“无形”两种形式。例如，一幅画作、一座寺庙、一台京剧、一部著作、一个活动等，它们都属于有形的文化；而思想、道德、价值观、宗教等意识形态领域则属于无形的文化。在当今社会里，“文化”具体表现在四个方面：即精神食粮、价值观念、宗教信仰和道德规范。例如，我们如果把某阶段的历史纳入“文化”范畴，只能是说这段历史给予我们思维的启示，或者这段历史被写成了一部作品出版，或者说这段历史给我们带来的价值观念冲击。再如，记得我曾读过一份材料，其中谈道：有人对作为商业企业的全聚德申请非物质文化保护存在异议，认为全聚德不应该属于非物质文化范畴。其实，全聚德申请非物质文化保护，并非全聚德这个商业企业需要保护，而是全聚德所经历的风风雨雨，所形成的商业观念、道德行为规范、商业历史的启迪、价值品牌属于非物质文化的范畴，需要保护。这一观念对我启发很大，的确，我们对“文化”的理解不应是静态的、一成不变的，而应是动态的、发展的，即随着人们精神境界、价值趋向、道德观念、社会认知的进步和升华而相应地更新与调整。

概言之，“文化”具有历史性、群体性、影响性这三大主要特性。从教育的角度来考察，关键是要认识：文化是一种社会现象，是人们长期创造形成的产物；同时又是一种历史现象，是社会历史的积淀物。确切地说，文化是指一个国家或民族的历史、地理、风土人情、传统风俗、生活方式、文学艺术、行为规范、思维方式、价值观念等。

2. 从文化背景感悟教育

校长看教育、讲教育、办教育，要将教育置于一定的文化背景下，这样才能看得真切、讲得全面、办出境界。停机坪上的飞机与蓝天下的飞机，因背景不同而完全是两种境界，尽管飞机本身没有变化。这就是主体与背景的关系，主体不变但背景不同，主体给人们的直观感觉也不同，更重要的是，主体的存在方式及其功能也会相应地改变。

这对我们的教育是不是会有所启发呢？在很多情况下，从教育内部看，不觉得我们哪些方面做得不那么理想，但放在文化大背景下看，就会感到某些不足，如青少年狂热而盲目的“追星”，对娱乐圈“明星”艳闻逸事侃侃而谈却对英雄、科学家知之甚少，表明了我们在培养什么样的人问题上有所欠缺，中华传统文化所倡导的家国情怀、宏图壮志我们讲得少了，导致部分青少年在人生观、世界观、价值观方面出现了一些偏差。今天的教育，非常需要文化背景下的感悟，否则，教育前进的步伐就很难跟上时代发展的节拍。

3. 提升学校的文化境界

首先，正确地认识学校文化。学校文化是一所学校在长期的教育实践过程中积淀、演化和创造出来的，并为其成员所认同和遵循的价值观念体系、行为规范准则和物化环境风貌的一种整合和结晶。学校文化主要是属于精神范畴的文化，包括观念（精神）文化、规范（制度）文化、心理文化等。当然，物质文化也是学校文化的重要组成部分，从一定程度上讲是精神文化的载体。

其次，努力提升学校的文化境界。学校文化境界与校长所居的层次是密切相关的。对师生人格的尊重、对师生劳动的尊重，是学校文化境界最重要的体现。有人认为，校长可以划分出三个层次：一流校长抓文化，二流校长抓成绩，三流校长抓考勤。说到底，这还是校长的文化境界问题。的确，学校生活中不乏这样的现象：考勤制度很严格的学校，教师大多不愿意留下来加班；相反，考勤比较宽松的学校，教师们反而乐于在办公室自动加班，这不是很值得学校管理者深思吗？我们是不是需要从提升学校文化境界的高度寻求改革、发展的思路？当然，提升学校的文化境界，校长首先要有较高的文化境界。

一言以蔽之，校长对文化的理解，似乎主要还是从教育与文化的关系，包括教育对于文化的传承、发展、创新所发挥的作用，以及文化对于教育的促进功能这两个角度来认识。

（二）校长文化修炼的内容

在弄清了文化的涵义之后，必须进一步明确：文化是什么，我们就要修炼什么；文化要求我们怎么样，我们就要修炼到怎样的程度。当然，文化是一个与时俱进、永远没有固定答案的命题，从这个意义上讲，文化修炼对一个人来说也是没有止境的功课。

对校长这样一个特定角色而言，所谓校长的文化修炼，是指与校长这一特定角色相应的关于文化素质方面的修养、锻炼。校长进行文化修炼，关键是要深刻认识文化作用于教育的价值。

1. 校长文化修炼的目标

校长进行文化修炼，首先要明确自己为什么要修炼，即文化修炼的目标取向。我觉得有三个要点：其一，校长自身的文化修养目标，即想要修成怎样的“正果”；其二，校长实施学校文化领导的目标，即通过文化领导办一所怎样的学校；其三，学校文化领导目标与学校办学总体目标，即目标组成要素间相互关系的处理达至怎样的理想程度。

2. 校长文化修炼的主要内容

都说“一个好校长就是一所好学校”，虽然这话从逻辑上讲不是很规范，但意思并不费解。同样的道理，一个有文化的好校长，就可以带出一所有文化的好学校。一般而言，好学校都是具有一定的文化底蕴的，只是程度上各不相同。

所以，凡是体现文化内涵的东西，无论是传统的，还是现代的，也无论是民族的，还是人类共同的，都应该成为校长文化修炼的内容。特别是中小学各学科教学内容中涉及古今中外的有关文化的内容，不管它是直接涉及还是间接涉及，都应是中小学校长文化修炼的主体内容。

校长作为一般社会成员的文化修炼，主要包括中外历史文化、中外艺术文化、中外管理文化、中国传统文化、现代科技文化等。

校长作为一校之长的文化修炼，主要是关注并致力于：善于将先进文化植入学校，做学校文化的身体力行者，用学校文化引领师生发展，用学校文化推进教育教学。

（三）校长文化修炼的途径

就成人而言，文化修炼主要在于主体自身。校长进行文化修炼，更多的是在日常学习、工作、生活中，自觉、自在、自发地，日积月累、层递渐进地实现的。我将自己的实践归纳为三条途径。

1. 在自学中提升文化品位

文化素养关键在于人的自我修炼，自我修炼最基本的路径是学习。校长的文化品位，包括道德意识、法治精神、文化素养和心理素质等，都需要在自主学习中获得提升。在这方面，我比较注重以下三点：

(1) 要善于在学校管理实践中修炼自身的文化特质

文化虽然博大精深,但也是一点一滴累积而成的。点点滴滴的文化即文化元素,它可以构成各个类别。一般意义上的文化元素是指具有文化内涵的客观存在物,通常也称文化符号;学术意义上的文化元素相对而言要抽象一些,有时也称文化特质。由此可见,元素与符号、特质存在着一定的关联。我觉得,还是将文化元素和文化特质区分开来理解似乎更为妥当。我的理解是,文化元素,主要是可以形之于外的标志、实物等;文化特质,更多的是蕴之于内的风格、品性等。文化元素不仅存在于一定组织或机构之中,也体现在组织或机构中的个体身上。对个体而言,我觉得还是提"文化特质"似乎更准确一些。

文化具有多方面的特质,校长的文化特质是校长文化品位的基本内核。在学校管理中,校长应该具有的文化特质主要体现为以下几点:

一是文化引领性。有立体化的宽广视野,有前瞻性的深度思维,能站在时代发展的前列和社会变革的前沿,从文化的高度来认识教育、引航学校。尽管这样的要求比较高,但就文化特质而言,却是题中应有之义,否则便难以履行"引领"的使命。

二是文化自律性。严于律己,宽以待人:有为师之德,能以身作则、率先垂范;有自知之明,能自我省视、谦虚谨慎;有容人之量,能将心比心、推己及人;常怀宽容之心,行德爱人,积柔成刚。

三是文化启迪性。激发智慧、完善策略:合理授权,充分发挥下属的主观能动作用,增强内生动力;有效赋能,为团队成员搭建展示聪明才智的舞台,激发内在潜力;善于"留白",让下属有独立思考与发挥的余地,以博采众长;力求简约,"好钢用在刀刃上",用尽可能少的时间和精力消耗取得尽可能大的效果;关注细节,具有"小"中见"大"的敏感,精确把握事关大局、决定成败的关键。

四是文化评鉴性。文化包含了一定的立场、观点,它对是与非、真善美与假恶丑形成了一定的判断原则和标准。这些都无形或有形地影响着对事物的评析或鉴赏。作为与上层建筑、意识形态打交道的教育者特别是校长,必须具有这方面的特质。

(2) 要注重在文化传承中创新文化

一所学校的发展历程,主要是其文化打造与积淀的过程,需要按学校的既定目标与办学思路,坚持不懈地继承、创新、发展。一方面,校长任期的限定机制,要求校长在现行体制下合理流动,由于校长们在办学理念与办学思路上不尽相同，这就有可能造成一定程度的衔接“短路”，影响学校的文化积淀，甚至使学校的既有文化成果“夭折”；另一方面，虽然学校文化具有相对稳定性，但随着时代的发展和社会的变迁，学校文化也会相应地发生变革而非一成不变。因此，校长在办学过程中，除了要努力修炼自身的文化特质，还要善于解码学校既有的文化元素，找到积淀下来的优秀因子，既要努力继承学校优秀办学传统，认同并融入学校优秀文化，也要根据自己的办学理念，创新发展学校文化。校长作为引领学校文化积淀的关键人物，要特别注重正确认识和处理好传统与现代、经典与流行、继承与创新的关系，善于将自己的理想、信念、价值观等贯穿办学过程之中，将自己的办学思想、办学个性融入日常学校管理与教学之中，成为一种润物无声的教育资源，成为一种无形却实在的教育影响力，从而使学校文化与时俱进，得以持久性延续和创造性积淀，发挥更大的育人、治校功能。

(3) 要坚持在文化创新中返璞归真

文化创新无法一蹴而就，正确的态度和做法应该是：安守本分，尽职尽责，尽心尽力。特别重要的，就是拒绝世俗、反对功利主义和实用主义，甘于清贫、甘于寂寞。文化事业是求真的事业。文化事业与教育事业结合，就是要使教育在文化创新中返璞归真，即让教育追溯本源、回归本真，不作秀、不功利、不搞形式主义，不做虚假浮夸的事，真心真情办教育，静心潜心育真人。只有建立在这一基础上的创新，才具有强大的生命力。

2. 参与社会文化活动

学校文化必须融合社会文化。广义的社会文化，通常是指社会文化环境，即人们所处的社会结构、社会风俗和习惯、信仰与价值观念，以及文化传统、生活方式、行为规范等。学校也是一个小社会，学校文化与社会文化诸因素之间有着千丝万缕的联系，这是学校文化必须融合社会文化的根本原因。

社会文化作为一种社会存在，一个非常重要的特点就在于它是一种整合的形态，是一种模式化的存在。学校文化作为一种特殊的文化模式，既包容于社会总文化，显示出与其他文化模式的共性，又具有能够对社会文化产生影响的某些个性。校园文化的主要载体是书本，校园文化的传承方式主要是课堂教学和读书，成为一种“书斋文化”。在这种文化氛围里，学生对社会文化的了解和内化基本是通过被抽象、概括化了的书本知识得到的。这些前人生活经验的高度概括，与现实生活中的活生生的社会文化是有距离的，因此，需要变校园为开放的体系，让社会文化和学校文化充分交流，让师生去参加社会实践。

学校文化与社会文化的融合，首先是校长与社会文化的融合。学校文化不应只是局限于校园环境、校园内文化活动，还应该向校外延伸、向社会拓展，其中，校长的作用非常重要。校长是学校的法人代表，社会与学校建立必要的联系，通常是通过校长得以实现的，而这种联系在很大程度上受社会文化的影响。因此，在一定意义上可以说，学校参与社会文化活动，是以校长直接或间接参与社会文化活动为前提的。校长只有与社会文化有机结合，才能创新性地提升学校的文化品位，使学校与时代合拍共振，凸显时代精神风貌；校长实现了与社会文化的融合，可以促进学校文化与社会文化的互动。这种融合可以是多路径、多形式的，如人们普遍实行的校长、学校“向社会公开承诺书”，有表态、有监督、有回应、有评价，就是一种比较有效的互动方式。

3. 投身学校文化建设

在学校文化建设中，校长必须带头身体力行，关键是要结合学校治理实践完善自己多方面的文化素养。作为一校之长，投身学校的文化建设，特别需要努力提升自己在德育、法律、人文方面的素养。

一是要注重以德治校，在“德治”中修炼自己的德育文化素养。德育是一门很深的学问，校长要想抓好学校的德育工作，除了要具备基本的德育专业素养外，还要了解中国悠久的德育文化，包括传统的、现代的，只有这样，才能不断开创学校德育工作的新局面。

二是要注重以法治校，在“法治”中修炼自己的法律文化素养。在一个法治国家，涉及教育、学校的法律规定比较多，校长要想管理好学校，必须自觉地学习、熟悉相关的法律法规，以法律为准绳，在社会主义民主与法制的框架内，充分发挥自己的主观能动性、创造性，促进学校的健康、稳定发展。

三是注重以文治校，在“文治”中修炼自己的人文精神素养。“文治”之“文”，是文章，也是文化，更是文明。学校是读书求知的地方，是文明传承的专门场所，校长身处其境且作为学校领导者，更要在博览、精读中丰富自己的人文素养。因为作为人类精神食粮、进步阶梯的书籍，其中蕴藏着教书育人的真谛，渗透着为人处世的哲理，凝聚着人类文明的结晶，闪烁着人类智慧的光芒。校长还要以此去影响、带动师生，将学校建设成一个学习共同体，大家一起在学习中求发展，在学习中求创新，为实现共同愿景而奋斗。要引导师生时常有针对性地去读、去听，通过举办读书报告会、心得交流会等，让他们去感受、去领悟、去体会，还可以通过校刊、校报、校园网等信息载体收获“文治”之效。事实证明，“以文治校”是

"以德治校"、"以法治校"之外一种极佳的辅助治校方略。

(四)在文化修炼中提升领导艺术

现代社会的发展对学校管理提出了更新、更高的要求,从经验管理到科学管理再到文化管理,是管理走向现代化的必然轨迹。发挥文化管理的效能,用学校文化特别是其特色文化来管理学校是教育管理适应社会发展要求的必然选择,也是学校的历史、现状和未来发展的需要。如何认清学校文化的历史和现状,关注学校文化的创建与发展,在学校文化的传承和创新中建立学校的核心价值观,并以此创生学校发展的动力,并通过切实可行的、可操作的路径予以实现,促进学校的发展,正成为学校管理者有待解决的难题。

1. 增强学校管理的文化自觉

现代学校管理倡导"以人为本",用文化来统领、管理学校。文化管理较人治管理、制度管理而言,显得越发人性化和更具生命力,它实践了"办学校就是办文化"的理念。文化管理虽然是一种高级管理方式,但如果再融入教师的自发和自觉,那又将是一个更高的管理境界——文化自觉。试想,当受教育的人成为主动自我教育的人,教育效果将会是怎样的呢?文化管理亦然。当文化与自觉结合,一切都会变得那么自然、那么协调、那么和谐,所以,文化自觉是学校管理的更高境界,值得我们去探索、去追求!

首先,要促进学校特色文化的"内生"。学校文化,是在长期办学过程中积淀的一种特有的优质的学校气质、特色、氛围,当它像空气和水一样弥漫于整个校园,流露在每位师生的身上时,学校管理便走出了成功的一大步。作为学校管理者,要让学校的特色文化在师生心灵中"内生",流淌在每个人的血液里。

其次,要让"内生"的学校文化"外显"。通过设计和开展丰富多彩的文化活动,践行学校文化的内涵,真正达到"文化化人"的效果。

再次,要注重学校文化在学校成员中的"内化"。前面说过,学校的文化自觉,通俗地讲,就是学校文化的自我觉醒,自我反思,自我创建。自我觉醒、反思、创建,表现在教师身上,就是自觉地树立为师信仰,自觉地完成学校任务,自觉地履行学校公约,自觉地成为表率,自觉地探索创新;表现在中层干部身上,就是自觉地谋划工作,自觉地提高执行力,自觉地把握全局,自觉地去做正确的事。

2. 追求文化领导的管理境界

学校的发展,在很大程度上取决于其文化领导及其文化张力。文化领导决定了学校的管理境界,文化张力决定着学校的管理效力。这方面的问题在第三章中已经提及，此处再做适当展开。

一般认为，校长领导管理学校有四种境界：权力境界（权威管理）、实力境界（能人管理）、魅力境界（好人管理）、文化境界（自觉、自主、自为的管理）。相应地，学校领导者有四种类型：

权力型领导：按上级部署和要求，运用行政手段、规章制度，通过上传下达、会议部署、检查评比、奖惩督促等方式推进学校工作。

魅力型领导：因自己的人格魅力而服众，即利用领导者自身的人格吸引力、感染力、影响力，鼓励并带领追随者完成组织任务和实现组织目标。

实力型领导：有比较过硬的知识、技术、业务专长，凭借自身实力享有相对充分的话语权。

文化型领导：营造积极、活泼、尊重、文明、和谐的氛围，组织全体成员进行价值、理想、信念的建构，将精神转化为文化，通过唤起人们的文化自觉来实现组织目标。

与四种领导类型相对应，学校发展的影响力因素有四种：权力性影响力、魅力性影响力、实力性影响力、文化性影响力。前三者都是学校领导者个人的影响力，文化性影响力则是学校整体的影响力。个人的影响力因个人的存在而存在，个人一旦离开，其影响力就会逐渐消失（尽管还会留下一些印记、痕迹），而文化的影响力一旦形成，其作用相当持久，会得到继承和发展，不受领导者变动的影响。

有必要指出的是：每一种领导类型都并非尽善尽美，而是各有所长、各有所短。比较而言，“实力＋魅力”型的领导已进入较高层次，文化型领导则是学校管理的更高境界。

国内外研究学校文化的专家学者很多，总结概括已有的研究成果，一般认为，学校的文化领导主要体现在以下诸方面：

——营造积极向上的文化氛围，作为校长，其言行必须有利于这种氛围的营造；

——建立群体共同的愿景和目标，要特别注重师生发展目标及学生学习目标的导向；

——培育师生的归宿感、自豪感，尊重学校的传统，认同教师、学生、家长所取得的成绩和所做出的贡献；

——注重沟通和交流，对师生持有较高的期望值，相信学生人人都是可造之才，教师也能实现自身的人生价值；

——重视和谐人际关系，建立长效机制，加强与社区的沟通和互动。作为校长，要充分认识到人际关系对学校文化和氛围的影响；

——鼓励教师大胆创新，支持教师实施有利于学生成绩提高的各项教学和改革；

——维持显性的和有形的学校氛围，注重礼仪、典礼以及其他具有象征意义的行动和活动。

有学者指出："学校的灵魂是其文化，没有文化的学校是没有精气神的躯壳。学校文化是由校长倡导而创建、全体学校成员共同参与建构的一种精神境界和品格。校长应该是学校文化建构的精神领袖，校长应该在文化、思维、行为、学术四个方面引领群体，应该是价值、规范、理解、宽容的典范。学校文化的核心是价值体系、信念、信仰的确立或重建。价值体系是学校的黏合剂，负有凝聚学校成员思维、话语、行为的职责。但这一系列价值体系必须由全体学校成员共同认识、内化，进而转化为行为规范，才能产生凝聚力、形成向心力。"①我想，这也许是对学校文化领导的精辟概括。

3. 修炼自身的人格魅力

关于人格魅力问题，前面第三章已从发挥团队整体功能的视角做了阐述，这里再从文化修炼的角度做一点补充。

校长的人格魅力是领导管理学校不可缺少的要素之一，它所产生的吸引力和感染力对师生的影响是巨大的、深远的。关于人格魅力，给人的感觉似乎是抽象的、潜在的，但将其分解为若干可感、可视、可行的方面，就可以是具体的、外显的了。如：学识魅力之修炼，以广博的学识为人们开启了自然、社会、思维之窗；专业魅力之修炼，以教育、教学、管理的丰富智慧对师生产生强烈的吸引力和启迪力；形象魅力之修炼，以良好的精神风貌和较高的文化素养陶冶人们的思想情操，形成持久的感召力、亲和力；语言魅力之修炼，以睿智、幽默、拨动人们心弦的语言吸引听众，使之产生共鸣并从中得到充实和满足；沟通魅力之修炼，以共情、同理、悦纳之心去倾听、去反思、去自省，使对方在被尊重、被理解中完成问题解决。

校长的人格魅力是一个好校长的重要特征。好校长的人格魅力必须在成就

① 张俊华.教育领导学[M].上海：华东师范大学出版社，2008.

好学校的过程中逐渐发展和形成。具有人格魅力的校长是学校团队文化的一面旗帜、师生员工的一面镜子、校园行为的一座路标。在新课程背景下，校长修炼人格魅力，除了必须做到教育思想理念先进、办学思路清晰而有特色、办学行为规范、依法治校之外，还必须在日复一日的学校常规管理实践过程中，能秉公处事、扎实管理、率先垂范、关爱他人，才能形成人格魅力。这样的校长才能以现代管理理念丰富学校发展内涵，提升师资队伍整体素质，提升校园文化品位，提升教师职业形象，成就一所好学校。

校长人格魅力的重要表现之一是其文化权威。学校文化的建设取决于校长文化治校的理念，校长文化治校理念的外显形式即其文化权威。校长的文化权威又萌发于校长的教育信仰、对师生的发展期望，以及面向未来的宽广视野、追求卓越的信心和勇气。校长的文化权威可以提振士气、昂扬校风，使学校具有充沛的精气神和发展能量。

让我们再回到“教化”这个命题。“教化”具体包含了两重意思：教育、指导；点化、内化。实际上，教化就是教育育人和文化化人的无缝对接。教育育人，最直接、最直白的意思是指教导、培育，其中还包含了“说教”的成分；文化化人，一个“化”字，表明了育人的过程又是他教转化为自教、他律转化为自律的过程。在人的转化过程中，单纯“说教”的作用是有限的，文化的力量则促进了转化的自觉化。

实践表明，当教育与文化联姻，教育就不止是原来意义上的教育，文化也就不止是原来意义上的文化，而完全是一种新的内涵、新的境界。教育与文化同行，有利于拓宽我们的教育视野，也有利于提升我们的教育境界，当“文化自觉”内化为师生的品质并见之于行动时，我们的教育就会收获事半功倍的效果。因此，只有将“教育育人”与“文化化人”紧密地结合起来，学校、教师才能更好地履行培养下一代的使命。

第九章　发挥优势，特色建设促进持续发展

优势是发展的"翅膀"，无论是教育的发展还是学校自身的发展，都是借力于或者得力于既有优势，也可以在培育并形成优势的过程中实现发展。学校的优势，一方面，有赖于卓有成效的学校治理；另一方面，借力于学校特色建设。特色建设使学校优势别有一番风景，从而也更具生命活力。

——题记

我国是中国特色社会主义国家，特色建设的理念日益深入人心，特色建设的实践是中华儿女的伟大创新。如今，特色建设已经渗透到政治、经济、文化、教育、科技、军事等各大领域，成为推进中华民族伟大复兴的强劲动力。学校特色建设更是受到教育界人士的普遍关注，多年来，这方面的探索日新月异，自然也成为教育研究的热门话题。特色建设的理论与实践，必将对新时期完善学校治理具有现实指导意义。

一、学校特色建设的孕育谋划

上世纪 80 年代，美国加州大学洛杉矶分校进行了一场美国教育史上规模最大、最复杂的调查研究之一，即学校教育研究。在研究中，调查员发现了一个十分典型的现象：薄弱学校千篇一律，优秀学校各有特色。他们称：薄弱学校之间存在着一种"奇怪的，难以描述的雷同""这些学校在管理系统和人际关系上是不同的，但学校的教育却大同小异"。其实，这种情况在中国也是极为普遍的。

学校特色建设是在体现普遍要求、做好常规工作的基础上，另辟蹊径、自成一格，培育新的生长点，提升学校的办学境界。换言之，这是在完成"规定动作"的同时完成"自选动作"。可以说，学校特色建设是一项超凡出众、开拓创新的事

业，是兴教旺校的智慧之举，是克服千校一面，避免学校办学一般化、同质化、模式化倾向的优策良方。

（一）特色学校与特色项目

特色是事物所表现出来的独特的色彩和风格。教育需要特色，学校办学也需要讲究特色。国家教育行政部门多年来大力倡导普通高中教育要坚持多样化办学，特色建设应该是多样化办学的题中应有之义。

的确，高中阶段发展特色教育很有必要。近期各地相继提出了高中多样化发展的新思维，如建设学术性高中、实验性示范性高中、特色高中等，作为一种教改尝试，应该是有价值的。事实上，多年来义务教育阶段的“特色热”也在日渐升温。各校做法繁多：建立若干兴趣小组，让一部分学生参与其中，在各级竞赛中获奖，便称之为“学校特色”；学校初具一些特色项目或优势项目，如写字教学、计算机教学、科技教育、艺术教育、体育等，也冠以“学校特色”之名；为展现某种“特色”而采取“一刀切”方式，要求全校学生训练同一项目、发展同一特长，等等。诸如此类，都是需要认真探讨的。

看来，我们需要弄清以下几个问题：

“特色办学”的内涵；

“办学特色”与“教育个性化”；

特色与非特色的关系处理；

特色学校与特色项目。

这里，我们就“特色学校与特色项目”做一点讨论。

1. 关于特色学校

关于特色学校，人们的理解是各不相同的：有的人认为特色学校是一种集个性与创新性于一体的学校，是学校全体成员共同追求的一种全面的、全方位的学校文化模式；有的人认为特色学校是在某一方面或某几方面形成了优势、强项，成为比较稳定的学校办学特点或风格；有的人认为特色学校是指具有独特的文化积淀，且教学质量优、知名度高的学校。

我认为，从特色学校所应具有的本质特征以及人们创建特色学校的实践经验来看，特色学校应该包括两大内涵：其一，特色学校应该是具有独特性的个性化的学校，在服从于一般学校共性的基础上创造出富有个性特征的办学风貌；其二，特色学校应该是具有相对稳定性的成功了的学校，确立了正确的办学价值观并达成了办学目标。基于这两点，可将特色学校定义为：在先进的教育思想指导下,从本校的实际出发,经过长期的办学实践,形成了独特的、优质的、稳定的办学风格与优秀的办学成果的学校。

2. 关于特色项目

特色项目即寻求某一个或几个项目的具有特色意义的发展。对此,我们可以做比较性的理解:学校特色项目可以是单项工作,或者是学校的部分工作,而特色学校是学校整体风貌的呈现,是独特的学校文化渗透于学校管理、教育教学、校园文化建设中的具体体现;特色项目实施过程中涉及面比较窄,而特色学校在建设活动中涉及面比较宽;特色项目可以在较短时间内形成,而特色学校需要经过长期的积淀。

可以说,特色项目建设是形成"学校特色"的初级阶段,是学校成长发展过程中的一个切入点,学校通过培养项目特色,最终形成学校特色,成为根本意义上的"特色学校"。

概括起来讲,"特色项目"与"特色学校"在内涵与外延上都有所不同,两者有着一定的意义、时空、范畴及影响度差异。

对于学校特色建设,教育行政部门是按两种模式来设计和部署的,即"特色学校"和"特色项目"。前者是整体性、综合性的特色,后者指某一方面的、单一性的特色。这样的分类是比较合理的,在实践中具有很强的可行性和操作性。

风范中学的特色建设经历了从"特色项目学校"向"特色学校"演进的过程。2018 年以前,学校连续多年被评为"上海市行为规范示范校",我们向市教委申报了"风范教育"特色项目,通过项目实施,逐渐形成了"风范教育"的六大体系:"风范教育"的课程体系、"风范教育"的德育体系、"风范教育"的教学体系、"风范教育"的文化体系、"风范教育"的管理体系、"风范教育"的评价体系。后来,我们感到"风范教育"的实施是全方位、多渠道的,于是又申报了"风范教育"特色学校。2018 年,风范中学顺利地通过了市级特色学校评估,被市教委正式确定为"上海市风范教育特色学校",实现了从单一性特色项目走向综合性特色学校的华丽转身,使"风范教育"成为市域内独具一格的办学特色。

结合风范中学的实践,我觉得,一般情况下,如果是单一性特色建设,可以考虑确定"特色项目";如果是综合性的特色建设,可以"特色学校"为取向;或者将"特色项目"与"特色学校"融合起来,从"特色项目"走向"特色学校",即从"特色学校"着眼,从"特色项目"着手,在这一过程中以特色项目为抓手促进特色学校创建,至于究竟走到哪一步,可届时酌情而定。

我们特别主张动态的特色发展——以特色项目为转移的发展，一段时期围绕一个核心项目形成办学特色，长此以往，日积月累，整体水平就会提升。

这里特别讲一下初中。初中不仅属于基础教育，而且属于义务教育，要不要讲“特色”？如果要讲，怎么去“特”？真的有那么多“特”吗？这个问题可能困扰了很多初中校长。我觉得，初中可不以“特色学校”为追求而致力于建设“特色项目”。

（二）特色建设的系统规划

学校特色建设是一项周期较长、复杂而又具体的工作，需要事先全面考虑，科学决策，做出系统规划，只有这样，才能促进特色建设工作方向正确、目标清晰、策略对路、措施扎实地层层推进，达到预期效果。

1. 从学校实际出发

学校特色建设是一项系统工程，必须使全体教职员工对此形成共识，还须得到上级教育行政部门的认同和指导，并取得学生家长的配合与帮助，得到社会的协作与支持，还要加强舆论宣传。只有目标一致，共同努力，形成良好的氛围，才能最终形成特色学校。因此，尽管各个学校的办学条件、办学现状千差万别，但每所学校都应该从本校实际出发，“把脉”学校现状，辩证地分析现有基础、客观条件、自身优势，将这些优势作为创建学校特色的“生长点”或“突破口”，在公开征求师生意见，并组织有关方面如评估机构、领导、专家进行可行性论证的基础上，正式推出学校特色建设项目。

2. 规划与设计

特色建设规划其实就是全校师生在特色建设中的行动路线图，也是特色大厦的施工图。只有有了周密的计划，才能清晰而有力地推进特色建设，否则，便仿佛在黑暗中远征，容易迷失方向，多走弯路。因此，坚持规划先行、设计到位，既有整体规划，又有具体设计，这是学校特色建设非常重要的基础性工作，必须花大力气抓好、抓实。

（1）总体规划

特色建设，要有一个总体规划，设计好“蓝图”，然后按图纸施工。

学校特色建设的总体规划，要力求做到五个明确：明确特色建设的指导思想、目的意义、基本思路；明确特色建设的目标体系，包括总体目标、分项目标、阶段目标等；明确特色建设的主要内容、主要任务和预设成果；明确特色建设的策略方法、实施路径和行动方案，特别是步骤安排；明确特色建设的保障体系，如组织领导、资源利用、绩效评估、考核奖惩等。

风范中学在规划“风范教育”特色学校建设时，按照上述架构制订了《上海市风范中学“风范教育”特色建设总体方案》，对2016——2026年间的学校特色建设工作进行了全面部署。

为突出工作重点并提供实施指导，可考虑将总体方案条文化、简约化，制定学校特色建设纲要，以收提纲挈领、纲举目张之效。出于这一思考，风范中学在制订总体方案的基础上，就“风范教育”本身如何实施，制定了《上海市风范中学“风范教育”指导纲要(试行)》，使实施工作得以按预定设想有条不紊地进行。

(2) 具体设计

学校特色建设的具体设计，主要是将总体设计中的主要事项细节化、操作化，可以按一定的时间顺序，分阶段进行设计，规定时间节点，明确任务要求，制定方法措施，落实主体责任，部署检查验收等。

为方便对照执行，可将具体设计整理为“行事历”，这样一目了然，便于检查落实。

二、学校特色建设的主要路径

学校特色建设的路径，可能因不同学校的校情而有所不同，根据人们的实践，以下五个方面应该是共同取向。

(一) 特色建设与文化建设相结合

关于学校文化，前面已经做了专门阐述。这里，我想换一个视角，即从学校特色建设的角度再做一点探讨。

1. 目标融合

学校特色建设与文化建设在总体目标上是一致的。学校特色建设的目标融合文化建设的目标，共同达到学校的育人目标。以风范中学为例，“风范教育”特色建设的目标是培养“有风范的中国人”，学校“文化化人”的目标也是促进学生成为“有风范的中国人”，两者共同指向于教育每一个学生“做一个有风范的中国人”。

2. 内容整合

学校特色建设与文化建设在主要内容上是相通的。学校文化建设主要在于精神文化、物质文化、制度文化、行为文化等方面；学校特色建设在推进过程中会相应产生与该特色有关的思想观念、思维方式、行为方式、规章制度等，这些都与文化有关，形成基于该特色的“特色文化”，这样的“特色文化”将会有机地渗入学校文化的整体。此外，我们强调学校文化要有校本特色，特色项目要有文化支撑，这就使将“特色”锤炼为“特色文化”具有了很大的可能性。只要我们将学校“特色文化”与学校既有文化在内容上进行适当的组织、整合，“特色文化”就可以能动地融入学校既有文化，从而丰富学校的文化体系，促进学校的特色建设。

3. 过程配合

学校文化建设是细水长流的事业，学校特色建设也需经历一定的周期，两者在推进过程中需要密切配合。在步骤设计上，要注重步调合拍、统筹安排，防止节奏错乱、相互干扰；在方法运用上，既各取所需、各展所长，又相互借鉴、相互补充；在运行机制上，能总体掌控、具体协调，有条不紊、机动灵活，利用各种可能实现互联、互动。

以上三方面，集中到一点，就是要建树学校特色文化。学校特色文化是学校文化的一部分，它体现了人们对学校特色发展的共同价值观和信念等，具有隐性的渗透力量，能强有力地推动教师从无意识到有意识、从被动到主动参与学校特色建设活动。同时，学校特色文化往往可以在精神文化层面促进学校文化的建设。因此，在开展学校特色建设的过程中，应积极营造特色文化氛围，促进师生提高特色文化素养。

多年来，风范中学在学校特色建设中高度重视“风范教育”文化建设，丰富和发展“风范文化”，不断优化育人环境，提升学校办学品位。主要的做法和经验是：以现代理念诠释风范文化，为学校文化注入新鲜活力；用传统美德滋养风范文化，使优秀文化传统发扬光大；以核心素养丰富风范文化，全面提升师生综合素养；用身体力行模塑风范文化，内化于心，外化于行。正如学生在作文中所说：“我们孝敬父母，用一杯淡淡清茶、一句贴心的问候，传承着中华民族的传统美德；我们尊敬师长，文明礼貌，处处体现着伟大祖国礼仪之邦的风范；我们努力学习，全面提高自身素质，用实际行动承担起中华民族伟大复兴的重任。”润物无声的文化熏陶，促进了学生健康、快乐成长：从 2009 年的“城市，让生活更美好”，到 2010 年的“海宝带你游世博”；从 2014 年的“梦想与快乐伴我成长”，到 2015 年的“和平与歌声”(庆祝世界反法西斯战争和中国抗日战争胜利 70 周年主题绘画)，丰富多彩的文化艺术活动吸引了众多风范学子，他们参与热情高涨，活动的全过程基本是由学生自主组织实施，在书香校园里掀起一股充满童趣的正能量。

教师们常常赞美自己的学生“有思想”、“会做人”,家长们也常夸自己的孩子“懂事体”、“能自律”,社区居民还做出了“风范中学的学生确实有‘风范’”的评价。风范学子用自己的实际行动揭示了“风范文化”的精神内涵。

(二)特色建设与教育科研相结合

学校特色建设也是一项系统工程,是新时期教育的发展、创新,在普教领域也算得上是“新生事物”,其本身便有一系列值得探讨的问题。因此,学校特色建设与教育科研结合,不仅是可能的,也是完全必要的。

关于教育科研,前面也做了专门阐述,这里主要讲与学校特色建设有关的特色科研问题。

1. 正确理解

前面曾经提到,人们对“特色学校”的理解各不相同,有的理解甚至是片面的、走样的,这就需要我们进行相关的深入细致的研究,从理论与实践的结合上正确理解其内涵和实质,防止实施过程中可能出现的走样或偏差。

2. 系列探讨

在学校特色建设实践中,一方面,我们会遇到许多新问题,其中,有很多是疑点、难点、热点;另一方面,在持续推进的探索中,我们也形成了许多切实可行的成功经验。事物总是不断推陈出新、层进递升的,需要做更进一步的探讨。因此,我们可以将这些新问题、新经验分门别类加以整理,理出一个头绪,设计系列性的命题,展开全面、系统的研究。

3. 特色科研

实践证明,在特色学校的创建过程中,特色教育科研发挥着举足轻重的作用。这里所说的特色教育科研,即在学校特色建设中,以教育科学理论为武器,探索特色教育中有价值的未知问题,揭示特色学校建设及其教育教学规律的创造性认识活动。

特色教育科研应具有以下三个基本特征:

一是独特性。特色教育科研的核心是“特色”研究,是以学校在特色学校建设及教育教学实施过程中面临的突出问题为研究对象,以服务和指导学校特色建设的实践为研究目的,不同于学校一般性的教育科研。因此,在特色教育科研中无论是针对学校管理、教学、师资队伍还是学校文化建设的研究都必须紧密围绕学校特色主题,分析探讨学校教育教学中诸要素在特色建设中的规律性问题,而非一般性的教育规律。

二是校本性。以校为本是特色教育科研的本质属性。特色教育科研必须基于学校的历史文化底蕴，关注学校的历史传统，尊重学校的文化积累，回到学校的历史文化中重新发现、解读和建构学校思想和文化资源，并由此形成鲜明的学校特色。同时，特色教育科研的开展还必须从学校实际情况出发，因为学校特色不可能仅仅取决于校长或教师的良好愿望，还需要各种客观条件和机遇，更需要植根于其中的适宜的土壤。

三是自主性。特色研究不是外在强加的、被动接受的，而是学校主动为了适应社会的需要，为了自身发展的需要，有目的、有计划、有针对性地进行的探索和研究，是学校办学自主性的充分体现。在特色教育科研的过程中，校长和教师必须自主地分析研究学校发展现状，创造性地提出学校特色发展的规划和策略。

特色教育科研旨在结合本校特色建设实际，凝练特色理论，推进特色实践，促进特色发展。在选题上，要聚焦问题、利用优势；在研究策略上，要善于"迁移"、长于"转化"；在研究方法上，要重视实证、总结经验；在研究成果上，要多形式表达、多渠道展示。

此外，还要注重特色科研团队的培育。特色教育科研不同于一般性的教育科研，它在学校中往往涉及不同的成员，解决学校特色发展的战略问题单靠个人的力量是不可能完全做到的。因此，特色科研是一种集体协作，是靠团体的力量来从事研究活动，最终达到研究目标的。由于特色科研是在学校中开展的，因此，教师无疑是特色科研的主体，这个主体更强调教师群体，以团体的形式参与教育科研；由于特色科研是一项理论与实践相结合的探索，除了需要丰富的教育教学实践经验之外，还需要一定的掌握教育科学研究方法和相关专业知识的人士指导，因此，特色科研要力争采取与高校、科研机构、行政管理部门相结合的研究方式，以发挥强大的互补优势。

(三) 特色建设与日常工作相结合

学校特色建设要借力有效载体。学校课程、教学、常规活动这些日常工作都是很好的载体。如果忽视了这些载体的作用，学校特色建设很可能被"边缘化"或者"空心化"。

1. 课程建设

特色，有赖于课程建设。课程建设要强调以下两点：

一是大处统一，即维持国家课程大一统格局。作为基础教育，在主要课程的设置上，还是需要相对统一，统一课程计划，统一课程标准，统一考评要求，这样才能保证质量，体现均衡、公平。

二是小处灵活。即校本课程应独具特色，“八仙过海，各显神通”，可与特色学校、特色项目建设挂钩。

风范中学在“风范教育”特色课程的设置上，已开设的课程主要如：核心素养课程群，旨在践行“让每一个生命得到充分发展”的教育理念；行走探究课程群，力图发展学生的社会参与意识和能力；“梦想舞台”综合实践活动课程群，重在提升学生的自主发展水平和层次；“STEAM - X”课程群，意在激发学生的志趣和奠定文化知识技能基础。其中，核心素养课程是重心。

必须指出，特色课程即便是校本课程，也应该是一个完整的体系，包括课程标准、教材（教学资源）、课时计划、实施细则、考查评定等。

2. 学科教学

就学校教育而言，学科教学是培养人才的主渠道。因此，学校特色建设自然也不能游离于学科教学之外。学校特色建设在有了课程这一重要载体之后，接下来就要通过学科教学得以施行。除了抓好相关校本特色课程的教学，还要在其他各类课程中有机渗透。多年来，风范中学的学科教学在体现“风范教育”特色方面做了很好的尝试，依据学科性质、特点，以及教学内容、任务和要求，有的放矢，自然对接，尤其是在政治、语文、历史、体育等学科积累了宝贵的经验，使“风范教育”在学科教学中真正落到了实处。

3. 常规活动

学校常规活动可以大致分为这样几类：一是组织活动，如团队活动、社团活动、班级活动等；二是综合实践活动，如社会调查、参观访问、志愿者活动等；三是专项活动，如书香校园活动、读书报告会、节日纪念日活动等；四是主题系列活动，即围绕同一主题开展的不同时空、不同对象、不同形式的活动等；五是文化展示活动，如形象展示、风采展示、成果展示等。

（四）特色建设与品牌打造相结合

如今的社会，人们在教育问题上都不同程度地普遍存在着“名校”情结、品牌情结，我们可以充分顺应这种心理态势和思想取向，强化学校特色建设，推出一批特色学校或特色项目，打造一批教育品牌或教学品牌，满足广大人民群众对优质教育的需求。

事实上，我们身边有许多学校是名校，虽然有某种特色，但并没有出现真正的品牌，好比知名公司拿不出有著名商标的“产品”。因此，我们除了要有“特色意识”，还要牢固确立“品牌观念”。

俗话说，“红花虽好，还需绿叶扶持”。特色好比红花，品牌好比绿叶。特色离开了品牌的支撑，则难以长久；品牌离开了特色的光辉，则泯然于众。特色孕育品牌，品牌彰显特色，两者互相映衬、互为依存。

基于这样的思考，风范中学被确定为“风范教育”特色学校后，努力致力于将“梦想舞台”打造成为“风范教育”的一个品牌，以“风范教育”引领“梦想舞台”，以“梦想舞台”丰富“风范教育”特色。

“梦想舞台”品牌的打造并非心血来潮、一时兴起。在办学实践中，我们一直在思考：在保质保量完成教育教学常规工作的同时，如何为学生提升品德、培养兴趣爱好、展现才能、实现梦想创造更多的机会、提供更优的条件、搭设更好的平台？除学生社团、拓展课程、文体活动等传统形式外，能否再提供一个让学生实行自我管理、绽放快乐与自信、放飞憧憬与梦想的创新舞台？2014 年 3 月，我校的“梦想舞台”活动在此背景下拉开了序幕。

“梦想舞台”举办之初，是以丰富学生课余生活，展示学生才华，发掘学生的才智为目的，并逐渐成为教与学有效融合的一种新形式，成为学生展示智慧与潜能的新平台。

后来，我们又有了新的思考：“梦想舞台”不能只是单纯文艺表演舞台，不能只靠几个人的能量去组织；学校应努力创设条件，为学生提供一个全面融合、全员参与的立体化的学习、活动、展示的平台，让所有学生真正成为“梦想舞台”的主人，让他们的才能可以得到全方位的发挥和展示。

经过一段时间的实践、丰富、完善，“梦想舞台”活动逐渐发展成为展现学科特点和主题创新的特色活动：从最初的才艺表演秀，到现在的体现传统文化、人文情怀、学科渗透的“第二课堂”。“青春飞扬，悦读心声”的诗文朗诵会、“逐梦年华有书香”的汇报展演、“汉服华裳秀妙韵”的探究展示等，让孩子们深深体悟到身体里流淌着的是中华民族的血脉，骨髓里渗透的是五千年灿烂的中华文明，人文情怀、思想境界在活动中逐步升华。

“梦想舞台”综合实践活动，既重视学生基础知识和技能的培养，又注重学生道德情操的培育，更关注学生的快乐学习与健康成长，提升了学生的综合素质，促进了学生个性化成长，成为“风范教育”的一张名片，也成为区域教育的一个品牌。

近两年来，学校特色建设除形成了以“梦想舞台”为载体的综合实践活动系列——“我规范、我模范、我典范”这一品牌外，还诞生了两大品牌：以“核心素养”为重点的“CLL”系列——核心素养(Core literacy)、生命价值(Life value)、生活品质(Life quality)；以“场馆体验”为形式的行走探究活动系列——我与生活、我与社会、我与自然。这些都在区域内产生了具有一定影响力的品牌效应。

我们始终坚信：一所学校办学是否成功，既要考察其教育质量，又要看其能否形成特色，还要看其有无社会认同的品牌。纵观国内外的名牌学校，无论是大学还是中学，都有较长的创业历史，并在此过程中形成了丰厚的文化积淀，从而确立自己的品牌，创造良好的社会效应，实现品牌增值。其实，品牌是学校特色建设的产品，也是学校特色建设成果的标志。学校特色建设与品牌打造相结合，将会使学校风格更独特，色彩更亮丽。

(五) 特色建设与社会支持相结合

学校也是社会的细胞，学校特色不是关起门来所能形成的，必须寻求广泛的社会性支持，关键是要拓宽特色建设渠道，完善实施平台。

1. 学校：师生认同

任何事物的外部支持都是建立在内部共识的基础之上的。学校特色建设要想得到社会的广泛支持，全校师生必须心向一致，对特色建设理念、目标、内容、路径高度认同，在学校内部形成强烈氛围，并积极付诸行动；与此同时，还要积极寻求高校、科研院所以及学者、专家的专业引领与技术指导，以突破学校特色建设中可能遇到的瓶颈。

2. 家庭：协同配合

现代学校教育，非常注重学生家长的参与。实践表明，如今的学生家长，参与学校治理的主动性、积极性是远大于以往任何时期的。学校特色建设，学生家长的关注度很高，他们的态度和行为举措，很大程度上影响着特色创建的前景。因此，学校要通过多种渠道，宣传开展特色建设的意义和必要性，争取家长的理解、协同和配合。只有这样，学校的特色建设才有可能顺利推进。在推进过程中，也要注重倾听、采纳和回应学生家长的意见、呼声与诉求。

3. 社会：开放资源

学校特色建设需要社会提供资源支持，如博物馆、科技馆、纪念馆、展览馆、文化艺术场馆，机关、企事业单位，产业园(场)，以及各界知名人士等，都是学校特色建设需要依靠的对象和力量；专门的青少年教育基地如爱国主义教育基地、生命教育基地、健康教育基地等，与学校特色建设更是有着天然的、紧密的联系。

此外，还需要学校所在社区的协作和指导。

4. 媒体：舆论支持

舆论具有导向、沟通、教育、鼓动功能，学校特色建设离不开社会舆论的支持。要积极利用各种媒体如报刊、电视、广播，以及互联网、手机客户端、微信公众号等的助力，规范、及时、有效地宣传学校特色建设工作的设想、进展和成果，扩大学校的影响力，赢得社会各界的理解和支持，促进学校特色建设健康、持续地发展。

三、学校特色建设的策略思考

推进学校特色建设是当前深化教育改革的新的突破口，是增强学校核心竞争力的重要途径。对学校特色建设全程从确定方向目标到成果产出直至后续跟进，都要有立意长远的策略思考。就选题而言，应立足自身的资源和优势，从学校特色形成的主要因素进行必要的条件分析，选择能真实反映本校发展的层次和水平的特色主题类型；就成果而言，要能推动学校一段较长时期的中心工作并促进成果推广；就持续性而言，要前瞻性地绘制后特色（项目）时代学校特色发展的新蓝图。

（一）抓好基本建设，奠定扎实基础

学校特色建设需要建立在扎扎实实的基础之上，这样的基础，主要体现在选题、队伍、机制、环境等基本建设方面。

1. 选准“特色”切入口

以“风范教育”为例，其“特色”就是来自教育实践的需求、教育思维的敏感、教育智慧的迸发。

在“特色”切入口的选择上，我们力求做到独树一帜，别开生面：

当大家都热衷于抓语数外时，2014 年，我们在全国最早提出“核心素养教育”；2016 年教育界普遍实行核心素养教育时，我们提供了先行一步的经验，同时突出体美劳课程的实施。

当大家都在抓行规教育时，我们搞“风范教育特色建设”，以期在更高层面上培养“有风范的中国人”；当大家都在讲场馆教学时，我们实施“行走探究课程群”，以拓展学生接触社会的时空；当大家都对“STEAM”课程情有独钟时，我们开发“STEAM－X”课程群，将学生的志趣引向更高、更远……

2. 校长要当好领路人

校长是学校的组织者和决策者，一个富有特色的学校必须拥有一位很有特色的校长。校长自身的创新意识、特色意识和独特的办学思想、开拓精神，对创建特色学校至关重要。特色不可能从外部移植，因而从特色项目的确立到学校特色最终形成，校长的特色意识和开拓精神都起着影响全局的主导作用。因此，有一个富于个性的校长是创建特色学校的关键，要求校长要有独特的教育思想、独特的办学风格、独特的管理方略，特别是要以独特的人格魅力凝心聚力。

3. 要有一支特别能战斗的师资队伍

教师是办好学校的基本条件之一。校长没有教师的支持，再独特的办学思想也无法变成现实。校长的办学思想必须得到全体教师的普遍认同，才能得到切实贯彻，从而产生实际效果。

教师队伍的整体水平和个体能力对提高学校的办学质量具有举足轻重的作用。要办成特色学校，除了要有整体水平和个体能力以外，教师还要具备与学校特色建设相应的专长，没有掌握专长的教师，便没有学校的特色。所以，学校要创造条件、搭设平台、提供机会，帮助教师发展特长，形成独特风格。

特色学校的教师队伍也要有特色，表现在他们特别能战斗，因为建设特色会有许多“超常”的甚至“额外”的负担，比之一般学校，人们的付出也是“独特”的。

4. 要有一套灵活高效的办学机制

学校办学机制即学校办学过程中各相关要素之间联结、制约和作用的结构与方式，包括学校的动力机制、运行机制和保障机制等。有一套灵活高效的办学机制是建设特色学校的保证。动力机制主要有赖于目标激励，学校特色建设必须确立特色目标并使全体成员心向一致；运行机制主要在于建立合理的组织体制，促使特色建设各大环节正常运转；保障机制主要在于提供人力、物力、财力、技术等必要资源，促进特色建设按计划适时推进。

5. 要有一个和谐的文化环境

拥有一个和谐的文化环境是建设特色学校的人文基础。最重要的环境是人际氛围、心理环境，和谐协调、积极向上、充满正能量的文化环境可以为学校特色建设锦上添花。这方面前面已经提及，此处不再赘述。

(二) 强化过程督促，注重评估跟进

实践表明：做任何事情，单纯地关注结果，未必能获得想要的结果；过程进行得好，如无特殊诱因，通常结果也不会差。这就意味着，在很多情况下，过程比结果更重要，关注过程应甚于关注结果，这也是抓好学校特色建设的一个重要命题。

1. 加强过程管控

学校特色建设需要目标导向，更需要过程督促。这就需要根据特色建设的目标，明确每阶段的进度和达成标准，需要制定相应的管理制度加以推进。达标的要总结经验，表彰奖励；不达标的则要分析原因，找到问题症结，寻求突破。有些问题，学校力所能及解决的应及时妥善解决；有些问题，非学校能力之内可以解决的，则需要寻求外力帮助，不能因过程中出现问题而拖慢了进度，以致影响学校特色建设的进程。

2. 重视评估调节

学校特色建设在推进过程中，可能需要多次开展评估调节，这须视周期安排和实际需要而定，一般情况下，每年可安排一次。学校特色建设评估的内容(主题)、规模和方式可以酌情而定，但都应是现场评估，且评估主体可以考虑：

一是专门机构评估。专门机构的评估，主要是对学校特色建设大方向、大环节的考察、评价和指导，更多的是宏观、中观层面的剖析，以及着眼于关键问题的解决，它直接影响或决定着学校特色建设的指向。

二是学校自我评估。学校开展自我评估，旨在对前一阶段的工作进行回顾、总结和反思，重在对过程和某些细节的考察，对难点、疑点问题做重点分析，提出措施，对评估进度进行微调，它直接影响或决定着学校特色建设的前景。

风范中学对学校特色建设的评估工作有系统的思考和周密的安排，制定了评估指标体系、评估标准和评估实施细则，分学校、部门、班级设计了“风范教育”特色建设评估表，使学校特色建设工作有章可循、顺利推进。

(三) 巩固既有成果，力求持续创新

美国管理大师德鲁克曾说过，一个成功企业，不可能给另一个企业提供完全可行的成功经验。同样，一所成功的学校也不可能给另一所学校提供完全可行的成功经验。每个学校都有自己的传统、特点、具体环境，没有现成的模式可以套用，没有固定的道路可走，校长只有不断研究、不断探索、不断实践、不断反思、不断重建，才可能真正打造出特色学校。

基础教育学校讲特色建设，我个人理解，其意义在于体现“和而不同”的办学思维。所谓和而不同，本义是指人与人之间和睦地相处，但不随便附和。我们可以将其拓展到更为广泛的社会领域，赋予其更新的内涵。就教育领域而言，这里的“和”，是指学校在办学的大方向、大目标、大思路上要符合国家的教育方针政策、宏观要求，特别是要具有强劲的执行力；这里的“不同”，是要依据本校的校情如人力、物力、财力、智力等资源，在国家或各级教育行政部门规定、许可的范围内，充分发掘自身的个性，彰显“人无我有”“人有我优”的独到之处，从而促进学生多方面素质的和谐发展。正是从这个意义上我们说：特色，赋予学校旺盛的生命力，使学校永葆青春活力。这就向我们提出了一个深层次的问题：既有特色与创新特色相结合，不断寻求新的生长点。

1. 坚持一路前行不停步

学校特色的形成需要经历很多年持续不断的建设。即便是某学科、某专题的单项特色，要形成一定的影响，也需要经历三五年以上的时间。那些特色鲜明的学校，多数都是一个项目坚持了很多年，最典型的如“成功教育”，至今已有三十余年。当然，由于特色建设周期较长，其间常常出现人员的变更、政策的变化、舆论的冷热，因而难以为继的情况也并非绝无仅有。由此说明，任何一个特色项目要想成功，都需要经历漫长的积淀，经历岁月的洗礼和考验。对此，学校管理者需要远志近实，既要按照预定规划抓好每学期、每学年目标任务的落实，又需要经常性地鼓舞士气，激发斗志，“咬定青山不放松”，坚持不懈，稳步推进。实践证明，越是经历岁月考验而越能彰显教育效应的特色才是真特色，才是真正遵循教育规律的真教育，才是真正的教育科学，才是真正的教育品牌。所以，我们不能受急功近利思想的影响，应该遵循特色建设的需要，着眼长远，放眼未来，相信天道酬勤，辛勤耕耘之后必有收获。

2. 充分挖掘学校的成长潜能

基于现有特色，挖掘创新潜力，培育学校特色建设新的生长点，这应该成为校长孜孜以求的学校工作目标和发展状态。特别是在学校特色基本形成后，校长应该有更进一步、更深一层的思考。

(1) 物化成果，形成课程

学校特色一旦形成，是否就可以一劳永逸了呢？显然不能。一是因为特色建设的目的不是做特色，而是推进学校发展。特色建设的最终目标是提升教育教学质量，培养全面发展又具有个性的学生。所以，特色教育的初步形成，只说明特色教育才开始成为学校的生产力，教育才具有了指导性的方向和路径，真正发挥作用。学校应以其作为龙头，带动学校整个教育工作的向前发展。二是因为特色教育本身需要进一步提升理论，其成果需要进一步物化、载体化、操作化，并形成一系列的机制，促进特色成果的升级、增值。如有可能和必要，特色建设的成果最好是能够转化为校本课程，以使学校特色能得到持续发展。

(2) 将新鲜经验提炼为个性特色

经验形态的东西需要进一步发展、升华，要善于发现和培育新鲜经验中的个性化因子，使新鲜经验向新的“特色”过渡。没有“个性”，也就谈不上“特色”，所以，我们要致力于从经验中提炼，从成功中去发掘，找到个性化、规律性的东西，找到新的“亮点”和新的“生长点”，使学校后续特色建设站上新的高地。之后的发展思路就是，促进原特色基因与新特色的融合。

(3) 搭建平台，推广品牌

学校特色形成之后，需要通过广阔的舞台来展现；同时，重要的特色建设成果如某些品牌，也需要在一定范围内推广以发挥其辐射作用。我们经常看到，有些学校稍微有些特色便裹足不前了，躺在功劳簿上安享其成。岂不知现时的学校发展日新月异，某一项工作今天还处于领先，也许明天就被超越了。所以，与时俱进应该成为学校特色形成之后的新的动力和要求。学校要创造条件搭建多样化平台，多种渠道推广特色品牌，其意义不只是在推广本身，更重要的是，推广过程也是学校自我激励、自我完善的过程。

3. 立意长远谋求新的发展

教育事业是与时俱进的事业，教育的发展永无止境。学校特色建设也是如此，永远在路上。以往取得的成果，也只是阶段性成果。对此，作为有志于学校特色发展的学校管理者，不能一味满足于既有成就，必须寻求新的目标，“百尺竿头，更进一步”，使特色建设常抓常新。

特色是一个长期积淀的过程，是动态发展的，当特色日渐具有普遍性意义时，其使命便已达成，需要有新的特色来延续。因此，特色既具有时间属性，此时是特色，彼时则未必；又具有空间属性，此处为特色，彼处则未必。人们对特色的关注，可能因形势的发展而有所转移或更新。比如：过去应试教育下某些学校依靠加班加点、题海战术而获得成功，但在今天则已无法再获得当年的盛誉；有些学校曾经因为某几门学科教学效果突出而一时走红，随着教育“均衡”步伐的加快，或者教育技术的升级换代，以及线上教育、网上课堂、校外培训的兴盛，逐渐失去了原有的“风光”；有些学校的特色影响深广，人们纷纷借鉴效仿，“一枝独秀”演变为“百花齐放”，“特色”也就自然被平衡而普遍化、大众化了。其实，跨过眼前的大山，山那边的风景也许更加引人入胜。因此，学校管理者必须有自己的战略眼光，必须看到教育形势的变化和社会形势发展的需要，既要继承学校特色教育的传统，合理扬弃，吐故纳新，同时也要顺应新的发展需要和最先进的教育理念，进行新的发展或者拓展新的领域，形成新的特色，创造新的高度。只有如此，才能使特色之树常青，获得更大的成功。

总之，特色建设是促进学校内涵发展的重要渠道和抓手，我们应该脚踏实地地做好“酝酿”与“积淀”工作，着力做好特色发展这篇文章；同时，我们也要看到，学校特色教育只是学校整体教育的一部分，应该基于学校整体教育统筹思考，在人力、物力、财力上可以给予适当倾斜，但切不可因为抓特色而忽略或挤压学校其他工作应有的空间。此外，特色建设不是形象工程，也不是校长的个人功绩，应该尊重规律，群策群力，在此基础上形成的学校特色才是本真的特色。学校特色建设只有走出“形象工程”的误区，步入科学化、个性化、创新性发展的轨道，才能真正实现学校特色建设目标与学校办学目标、育人目标的高度融合。

第十章　依法治理，学校发展步入法制轨道

依法治理，可以从体制、机制、制度层面保证学校的健康发展；哲学思维，可以在思想、理念、方法层面促进学校的可持续发展。现代学校治理，必须在法制的轨道上实现法律的原则性、严肃性和哲学的辩证性、严谨性的完美结合。

——题记

随着科教兴国战略的实施和依法治国方略的确立，教育发展与改革进程的加快，学校依法治理已成为我国学校管理的必然选择。实施依法治理，对学校本身的建设与发展、对我国整体教育水平和综合国力的提升都有重要意义。学校依法治理的根本要求，是在学校管理中体现法治精神，以法律为最高权威，从管理体制、个体行为管理等各方面采取切实可行的办法和措施，体现法治与国家政策、学校规章制度的有机统一。

一、依法治理——提供“重要保证”

2014 年 10 月 23 日，党的十八届四中全会审议通过的《中共中央关于全面推进依法治国若干重大问题的决定》，从“全面推进依法治国”的角度对如何推进国家治理体系和治理能力现代化做了比较详细的阐述，并将“全面推进依法治国”视为“推进国家治理体系和治理能力现代化”的“重要保证”。这从法理上确立了“依法治国”与“国家治理体系和治理能力现代化”之间的“必要条件”关系，实质上是提出了“国家治理体系和治理能力现代化首先是法制化”的命题。也就是说，没有国家治理体系和治理能力的“法制化”，也就没有“国家治理体系和治理能力的现代化”，“法制化”与“现代化”之间是相互促进的辩证关系，具有法理

上的充分依据。

同样的道理,学校依法治理是推进学校治理体系和治理能力现代化的重要保证。

(一) 学校依法治理解读

所谓学校依法治理,即在依法理顺政府和学校的关系、落实办学自主权的基础上,实现学校管理运行机制的制度化、规范化,形成政府宏观管理,学校依法按照章程自主办学,依法接受监督的新格局。这是相对传统意义上的学校管理方式而言形成的新的科学的管理方式。

学校依法治校的内涵,概括地说,应当包括领导体制、主体、客体、依据、方式、标准、指导思想、根本目的等。具体地说,基础教育学校依法治理应当先行建立校长(第一责任人)负总责,党组织、行政、工会、共青团等共同参与的领导体制。学校依法治理的主体是指与学校具有法律关系的公民和法人,包括教育行政部门、校长、教师、学生、家长以及相关的法人组织,应该明确他们的权利义务。客体是主体的权利义务所指向的对象,主要是指学校的物质财富(动产与不动产)、非物质财富(精神产品、智力成果)和人的行为(管理行为、教育教学行为等)。学校依法治理的依据,是指宪法、法律、法规、地方性法规、政府规章、部门规章以及教育行政部门和学校依据在不违背上述法律法规的前提下,结合实际制定的各项规章制度。

学校依法治理的外延,应该是指为确保依法治理的实现而采取的方法和措施。主要包括:制定章程,使学校的一切工作纳入规范化、制度化轨道;加强普法,不断增强依法治校的责任意识;依法运行,逐级落实岗位职务责任制;明确标准,对依法治理的各项工作提出相应的具体要求;监督检查,确保依法治理工作的全面落实等等。弄清了依法治理的概念,就划定了依法治理的责任范围和界限,有利于依法治理的规范化和制度化。

(二) 学校依法治理的意义

学校依法治理是教育事业深化改革、加快发展、推进教育法治建设的重要内容。市场经济条件下的教育必然呈现出开放式特点,这在客观上要求学校在发展建设上,要走出传统封闭式管理体制,建立起法治管理模式。现代学校的任何一种管理手段,不仅法律手段本身,教育手段、行政手段和经济手段等都必须以法律法规为基础。教育手段的使用不能违背教育规律,这是教育法律功能的根本要求;行政手段的健全,要有完备的立法做基础;经济手段的完善,也要以法制化为标志。所以，依法治理是学校各种管理手段的实质内容和核心。

1. 有利于学校自身建设走向现代化

新时期的学校治理，必须加快民主化、法制化、规范化进程，促进学校和谐、稳定、健康发展，这是学校现代化建设的本质要求，关系到学校的长远发展，是策略，也是战略。

(1) 依法治理是学校管理方式的重大改革。过去上级教育行政部门对学校统得过死、管得过细、干涉过多，学校没有办学自主权。学校在内部管理上无法可依，单靠行政指令开展工作，决策不够民主，监督机制不健全，这不利于调动广大教师的工作积极性，也影响了我国教育事业的发展步伐。学校管理者依法行政，依法办学，势必推进学校管理方式的重大变革，即从封闭的集权式管理向开放的民主化管理转化。

(2) 依法治理促进学校规范办学行为。应该说目前国家出台的法律法规及规章，从总体上已经覆盖了学校工作的方方面面，学校各项工作已经置于统一规范之下，认真执行这些法律法规，将有利于规范学校的办学行为，提高学校的管理水平。

(3) 依法治理为学校优化法治氛围。学校在运作中，必然要和上级主管机关、政府各有关部门，以及各类企业、组织或个人发生直接或间接的关系，都需要依据法律进行协调与配合，从而理顺和正确处理学校与政府及教育行政管理机关、企业、组织和个人之间的关系。推动全社会依法维护学校合法权益、依法支持学校建设，形成有利于学校稳定健康发展的外部环境。

2. 有利于维护学校及师生的合法权益

实行学校依法治理，在督促教师依法从教和学生遵守法纪的同时，对于从内外两方面维护学校及师生的合法权益，也具有积极作用。

(1) 对内，理顺法律关系。明确学校与教师、学校与学生、教师与学生之间的法律关系，规范各方的行为，依法保护学校、教师、学生各自的合法权益。

(2) 对外，寻求法律保障。当学校及师生的合法权益受到不法侵害时，可以寻求法律保护，捍卫法律尊严，严惩不法之徒。

3. 有利于推动教育事业的整体发展

学校教育是整体教育事业的核心部分。目前，我国的国民教育主要还是靠学校教育来完成，如何提高学校管理水平，充分发挥学校教育的主渠道作用，是我国社会发展走向新的历史时期迫切需要解决的问题。随着社会主义民主法制建设进程的加快，教育法律法规体系逐步得到完善，学校的法律地位发生了变化，学校与教育行政部门、举办者、教师、受教育者之间的法律关系出现了新的特点。理顺各主体之间的关系，解决教育活动中出现的新问题，有赖于依法推进教育改革与发展，依法保障公民受教育权利。学校依法治理既是教育改革与发展的必然要求，也是实现教育为人民服务宗旨的重要保障。

4. 有利于建设“以人为本”的和谐校园

有人为和谐校园下过这样的定义：以塑造全面发展的、身心和谐的人为最终目标，能够发现、培养和实现每个人的天性与人生价值。学生之间、教师之间、师生之间、个人与集体、学校与社会之间的各种关系融洽、顺畅，倡导学术自由，张扬个性，健康发展。也有人这样来概括和谐校园的特征：民主法律的、公平正义的、诚信友爱的、安定有序的、充满活力的。在建设社会主义和谐社会的大背景下，构建这样的和谐校园，才能真正实现科学发展观提出的“以人为本”，才能真正形成政府宏观管理、学校依法办学、社会依法监督的新格局。

（三）学校依法治理的主要策略

概括地说，在策略上，必须围绕推进治理体系和治理能力现代化这一重心，借力法治思维和法治精神，按照系统工程全面部署，全方位地完善学校治理。

法治，是学校治理体系现代化的重要体现，是学校行稳致远的定海神针；依法施治，则是学校治理能力现代化的根本要求。近年来，随着教育法制建设的逐步完善，学校依法治理工作有了一定程度的进展，创造了一些好的经验和具有地方特色的依法治校工作思路。但是从总体上看，学校的法治观念和依法管理的意识还比较薄弱；依法治校的制度和措施还不健全；依法治校还没有完全成为学校的自觉行为，与依法治国基本方略的要求还有一定的差距。这里的关键在于：学校治理体系和治理能力的现代化，离不开法治思维和法治精神。

1. 学校治理体系和治理能力要突出法制化

学校治理体系和治理能力现代化，首先是学校治理体系和治理能力法制化。从一定意义上可以讲，学校治理体系和治理能力法制化，是学校治理体系和治理能力现代化的最低标准。没有学校治理体系和治理能力法制化，就没有学校治理体系和治理能力现代化。

换言之，推进学校治理体系和治理能力现代化的一项最重要的内涵，就是学校治理体系和治理能力的法制化，离开了“法制化”的评价尺度和标准，空洞地谈论学校治理体系和治理能力现代化，那是没有实质性意义的，甚至是有害和会起反作用的。所以，准确和全面地理解推进学校治理体系和治理能力现代化的内涵，必须在法治的框架下对学校治理体系和治理能力现代化与学校治理体系和治理能力法制化之间的关系进行深入细致的探讨，这是学校治理行为的认知基础。

2. *学校治理体系和治理能力要强调法治精神*

“法治精神”是学校治理体系和治理能力现代化的核心要求，强调通过法律和制度的安排来规范学校治理中所遇到的各种关系，旨在建立一种可持续的治理模式，产生最大的治理能力，形成一个有利于保证学校硬实力和软实力共同现代化的制度保障体系。

“法治精神”在学校治理体系中集中表现为尊重法律的权威性，确保学校一切工作都毫无例外地被纳入法制的轨道，建立有效的法律责任体系。“法治精神”对学校治理能力的要求，归根结底就是要保证学校所有成员都能运用“法治思维和法治方式”来处理在学校治理中出现的各种复杂问题。可以认为，所谓治理能力现代化，其判断标准的核心内涵就是“运用法治思维和法治方式”解决重大复杂问题的能力。

3. *推进学校治理体系和治理能力现代化要作为系统工程*

全面推进学校治理体系和治理能力现代化是新时期教育管理的一项系统工程，是学校治理领域一场广泛而深刻的革命，需要付出长期艰苦努力。依据系统工程的思想，学校治理需要确立多层次、多方面依法治理的理念。

学校治理体系和治理能力现代化，首先强调的是“治理体系”和“治理能力”两个方面的“现代化”。“学校治理体系现代化”包含了治理主体、治理对象、治理方式、治理依据、治理组织体制、治理程序、治理制度的体系化、规范化、制度化和法律化。“学校治理能力现代化”既要求管理者具备依法解决学校日常管理事务的能力，也需要管理者具备运用“法治思维和法治方式”解决学校管理事务中重大复杂的问题，特别是处理各种突发性事件的能力。

“学校治理体系现代化”是“学校治理能力现代化”的制度依托，学校治理的“体系化”必然会极大地增强学校治理能力，“学校治理体系现代化”也会极大地推动“学校治理能力现代化”。与此同时，“学校治理能力现代化”有助于推进学校治理的“体系化”、“法制化”和“现代化”。学校治理能力的提升有助于学校管理者进一步掌控学校发展的走势和大局，有利于调动学校全体成员的建设现代化学校和法治学校的主动性和积极性。

二、法治理念——融合哲学思维

教育、科技的发展，给学校治理提出了许多新的课题。今天的教育，比以往任何时候情况更复杂，要求也更高。特别是在教育改革深层推进的形势下，校长必须拓宽眼界，从哲学的高度审视和处理教育内外部的各种现象和问题，引领学校之舟在正确的航道上乘风破浪！很多情况下，法学和哲学是相通的、共融的，可以认为，高水平的依法治理离不开科学的哲学思维。

（一）校长要确立科学的哲学观

学校的领导管理活动受一定的哲学观支配，并表现出某些个性特征。校长的哲学观决定了他的办学价值观，并进而对整个办学活动乃至办学特色产生影响。

哲学是关于世界观的学说，是人们对于整个世界的根本观点的体系，是自然知识和社会知识的概括和总结。校长必须有一定的哲学特别是领导哲学素养，即能以一般哲学所揭示的认识世界的根本规律做指导，从物质与意识的关系的角度，对学校领导管理领域的主客体关系、领导管理的本质和活动规律做深入的考察，并以此来决定学校治理的思路、策略、方法和行动。

对校长来说，领导哲学问题是办学的首要问题。长期以来，我们比较注重对学校管理的原则、方法、活动等问题的研究，而事实上，如果对学校管理的原则、方法、活动等问题再做更深层次的探讨的话，就会发现它必然会涉及到学校管理者的信念、意识、观点等方面的东西，最终要借助管理观和方法论等领导哲学的思想。现实生活中，有些校长的行动往往受一些朴素的、零碎的、直觉的办学主张所支配，他们的工作基本上停留在经验的、自发的、想当然的水平上：一是方向感模糊，成天在学校管理的琐碎事务中打转，并且自认为这就是校长本来的、应尽的职能；二是低层次操控，满足于做一个能控制他人的“操盘手”，通过身边那些“仆从”型、唯唯诺诺的人维持日常管理活动；三是无原则折中，虽有一些思考但并不成熟，常常搞“折中主义”以求“平衡”，有时难免陷入矛盾、困境。所以，我们主张校长要有关于如何领导、管理学校的哲学思考。只有当校长将那些朴素的、零碎的、直觉的办学主张发展到一种理性的哲学见解时，也就是说，校长根据分析与思考，形成一种理性的、反映教育管理活动主客体本质关系的观念，并使这些观念构成一个比较成熟的、相对完整的体系时，才能体现领导管理的哲学高度。

（二）学校治理呼唤哲学思维

哲学思维是指人们的思维方式。哲学思维方式的基本定义，指的是人们认识、改造客观世界时所运用的具有哲学特征的思维方法，主要包括：辩证性的思维方法、批判性的思维方法、实践第一的思维方法、超经验的思维方法。总的来说，哲学思维方法不在于给人多少具体的知识，也不在于给人解决了多少具体的问题，它的根本作用在于给人提供了一种正确的理性思维模式，培养和锻炼人的思辨能力，从而使人们树立正确的人生观和价值观，掌握认识世界、改造世界的正确方法，在社会实践中产生出巨大的推动力。

通俗一点讲，哲学思维方式其实就是理性思考的方式。哲学思维就是多角度、全方位的思维，其最具代表性的思维武器，就是唯物辩证法。比方说，人是伟大的，创造了无数的人间奇迹，但相对于浩瀚的宇宙，人也是渺小的，面对许多情况往往无能为力。比如，在新型冠状病毒 COVID－19 面前，我们万能的人类也免不了大惊失色。肉眼看不到的小小病毒 COVID－19，居然改变了世界运行的格局、人类生活的习性、社会几乎全部的领域，甚至引起全球性的社会、经济、政治等的动荡，相形之下，摩天大楼也黯然失色，航空母舰也无可奈何，这是大与小的辩证法；当然，COVID－19 锋芒毕露，肆虐全球，并不意味着这种状况可以一直延续下去，总有它偃旗息鼓、盛极而衰的一天，这是近和远、暂时与长久的辩证法；人类毕竟是伟大的，懂得与自然和平相处，尊重客观规律，尽管会遭遇一些不那么和谐的“插曲”，然而，遵循规律则是不可战胜的，这是本质与现象、整体与局部的辩证法。

教育，作为人类繁衍传承的特有现象，当然是离不开哲学思维的。特别是学校治理，需要我们面对许多新事物、新挑战，各种新情况、新问题随时都可能产生，这就更需要借助哲学思维的力量。

（三）学校治理中需要处理好若干关系

学校发展过程中，有许多关系摆在我们面前需要妥善处理。完善学校治理结构和提高学校治理能力，校长要善于从哲学的高度认识和处理好各种关系，做到辨证施治。

1. 正确认识和面对矛盾

学校治理中会遇到很多矛盾，它们既是对立的，又是统一的，处理得好，就可以实现积极的对立统一，把事情办好。以下做一点简要的提示。

远与近：思远行近——往远处着眼，从近处着手，这与“眼望星空，脚踏实地”差不多是一个意思，既不能舍近求远，也不能弃远就近。

长与短：取长补短——发挥和利用优势，避免与克服劣势，吸收一切可以利用的长处，依据需要与可能，或变短板为长板，或使长板更长。

动与静：动态平衡——以静养动，动静互补；静中寓动，动必有效；以静制动，行止有度。

稳与变：变中求稳——变，永远是绝对的；稳，总是相对的。坚持变中求稳，行稳致远；稳中有变，促进发展。

虚与实：化虚为实——虚，更多的是现象、方法；实，才是本质、目的，“虚”必须服从并服务于“实”。

长与消：善“扬”能“弃”——该长则长，不断发扬光大；该消则消，不留恋、不缠绵；有取有予，能“得”能“舍”。

表与里：表里如一——既要“表壮”，也要“里壮”，外表精彩，内里更要实在；不以表面论是非，最终还得看实际。

乱与治：变乱为治——不避乱、不惧乱、不添乱，果断处置，止乱于初始；由“乱”而“治”，化干戈为玉帛，变腐朽为神奇。

2. 依法治理讲究辩证施治

学校依法治理本身是讲究“治理有方”的，不论遇到什么问题，都要弄清原委、分析症候，然后区别主要矛盾和次要矛盾，对症治疗，以收其效。学校治理实践中，有好多矛盾和问题的处置是要讲究哲学思维、讲究辩证法的。这里讲三种情况：

一是“方”、“圆”之间。有人说得好，“方”是学校治理的“脊梁”，“圆”是学校管理者的锦囊；“方”能制“圆”，“圆”能补“方”。校长要努力做到“方”与“圆”的辩证统一，实现原则性与灵活性的有机结合。“方”是有棱角的，指向的是管理的原则性、规范性，强调的是用制度进行管理。一方面，要求校长要带头遵守规章制度，能起模范带头作用，引领全体师生遵纪守法，营造和谐的学校文化；另一方面，要求广大教师在制度允许的范围内搞好自己的教学和科研工作，担当好“为人师表”的角色。“圆”是指变通、圆滑，指向的是管理的灵活性、变通性，讲求的是管理的弹性和人性化。制度的执行是以保证学校各项工作顺利开展为目标，而不是以处罚和制裁教师为目的。校长在执行相关制度时，要把握大与小的度。小是小非过于求“方”，有迂腐之嫌；大是大非过于讲

“圆”,则给人以圆滑之感。校长要在实现学校管理目标的前提下,在与教师协调和沟通时适当“圆”一点,以“方”把握方向,以“圆”增进感情,这对建立和谐、共生的教师文化大有益处。

二是“刚”、“柔”之间。学校的管理是以人为中心的管理,强调的是校园文化环境的建设,要特别重视的是学校形象的塑造。刚柔结合能够较好地调动学生和教师自我管理、自我激励的主动性和积极性,有利于学生良好道德品质、行为习惯的养成,有利于培养学生独立性和自主性,有利于学生个性的形成。刚性管理是基础,刚柔并存是过渡,柔性管理是目标,是管理活动的最高境界。要想实现高水平的管理,实施“校园文化场”的建设是必要条件,通过创造良好的校园文化环境和人文氛围,去引导师生提高素质,逐步由刚性管理步入柔性管理的目标,是培养学生个性、培养创新意识和创造性人才对我们管理提出的要求。学校依法治理,将对管理的“刚”与“柔”提出新的研究命题,这对进一步丰富学校治理的理论和实践,进一步提高学校治理的水平和效益,具有重大的推进作用。面对新的发展机遇和挑战,我们必须强化学校的法制化管理,不断提高办学质量和效益,这是依法治校的价值定位,也是 21 世纪我国教育事业健康发展的必然抉择。

三是“顺”、“逆”之间。主要是指事物或问题的“顺应”与“对抗”,里面包含了正确处置的辩证法。举一个人所皆知的例子,有史以来,在农村,每到盛夏高温时节,农民是这样安排一天日程的:早晨五六点钟下地,上午九、十点钟回家;下午四时以后出工,晚八时左右收工。下午一时至三时,通常是安排午睡,恢复体力。这样的安排符合农业生产的特点,顺应了气候等条件,利用了某些自然规律;如果采取对抗态度,硬要在高温下蛮干,受损的是自己的身体,且劳动效率低下,得不偿失。前者表面被动,实则主动,体现的是人的智慧;后者似乎主动,其实被动,反映了一些人的思维僵化。其中的道理,对于学校治理的辩证施治,应该很有启发。

三、法治实践——筑就发展通道

我们需要面对的现实问题是:学校依法治理,应该如何从操作层面展开行动呢?成功的学校治理,来自于执行中清晰的思路、扎实的举措。只有这样,才能在法制轨道上规范运行;也只有这样,才能促进学校的稳步、持续发展。

（一）增强学校师生的法律意识

1. 学校管理者应牢固确立依法治校的观念

学校管理者能否树立明确的依法治校观念，认清依法治校的必要性和迫切性，是学校实施法制化管理的前提和基础。学校管理者应该把依法治校上升到依法治国的高度，并作为其重要组成部分来认识，在实施过程中要力戒形式主义。确立法制观念的最基本的要求，在于熟悉并准确理解国家的宪法和教育法、义务教育法、教师法等教育法律，教师资格条例、学校体育工作条例、学校卫生工作条例等教育行政法规，中小学幼儿园安全管理办法、实施教育行政许可若干规定等教育部门规章，以及未成年人保护法、行政复议法等相关法律。

2. 增强师生的法律意识和强化法治宣传

目前，少数地方校园违法现象时有发生，究其原因，主要是法律知识欠缺、法律意识差，尤其是守法意识差。因法律意识差而导致的违法行为，主要表现在两方面：主动性违法行为和消极性违法行为。主动性违法行为，一方面是因为"法盲"，不知法，认为自己所做的违法事情是合法的，犯了法却不知道；另一方面是知法犯法，无视法律的权威，我行我素，认为"法不进校"。消极的违法行为，主要表现为"不作为"，对违法行为放任不管、听之任之，采取的是放任的态度、默认的方式。因此，学校依法治理，首先要切实加强法制宣传教育。具体如下：

组织教师学习相关法律法规，提高教师的师德修养和依法执教的意识，规范教师的教育教学行为；

按规定开设并上好法制课，落实计划、课时、教材、师资；

充分利用校园网、广播站、宣传栏、校报等宣传教育法规和学校规章制度，形成学法、用法、守法的良好风气；

请政法系统人士到学校作法制教育报告，让学生通过鲜活的案例自觉主动地接受法律教育，增强法制意识。

此外，在宣传教育过程中，学校领导要率先垂范，带头学法，使校园内从管理者到广大教师和学生都了解掌握相关的法律法规，从而为管理者依法实施学校管理、教师依法从教奠定基础。

（二）健全和完善学校规章制度

学校规章制度与相关法律法规的衔接至关重要。有的政府部门及学校制定的规章制度违背"下位法不能违反上位法"的原则，不同程度存在着违法现象或涉嫌违法，主要表现为以下几方面：一是学校借口"管理需要"，限制或侵犯学生的基本权利，如人格权、名誉权、隐私权等，以及对民事法律规定的民事权利，加以剥夺和限制；二是不同程度地存在不平等的“霸王条款”，如规定学生损害公物后加倍赔偿而非“照价赔偿”，借以实行“惩罚”、“重罚”，偏离“公平原则”。

因此，我们必须正确处理国家政策、法律法规与学校规章制度的关系，使学校规章制度自觉地、积极地、能动地体现依法治理的要求，真正做到依法办事。

（三）规范学校教育教学和管理行为

在学校，教师的教育教学行为通常主观随意性比较大，对学生的管理行为有时候可能失之于偏、急、激。规范教育教学行为和管理行为，最需要严肃对待、严格约束的是以下内容：

体罚、变相体罚；

言语失当，侵犯学生人格；

私自开拆学生信件，公开学生隐私；

对学生严重触犯法律的行为听之任之，或以罚代法，或代之以所谓的批评教育、行政处分，甚至出于小团体或个人私利欺瞒不报、“息事宁人”；

依法维护学校、教师的合法权益的力度不够；一味地迁就、放任，使学校、教师的权益受损……

诸如此类，有的行为本身就已经严重违法，切不可掉以轻心。

（四）健全学校依法治理的管控机制

学校依法治理，应有明确的组织机构和章程。学校须成立依法治校领导小组，有各方面的代表参加；根据教育法制定学校章程，确保教育法律、法规及政策在学校的贯彻落实；实行校长负责、党组织监督、教职工民主管理的领导管理体制；完善重大事项决策、校内申诉与调解、民主监督测评等运行机制。学校各职能部门及所属员工要严格依照法律法规履行各自的职责：德育部门要依法做好学生的思想政治工作，开展丰富多彩、行之有效的教育活动；教务部门应依法招生、颁发文凭，监督管理不同层次的教学工作；科研部门应依法申报、管理教师的科研成果；财务、后勤和基建等部门应依法管理学校的一切物质财产；人事部门应依法搞好教师的晋选任用、职务聘任、培养培训、考核奖惩工作；保卫部门应依法保护广大教师学生的人身权、财产权、维护正常的教学秩序。班主任、任课教师等都要依法依规爱岗敬业，努力做好本职工作。

（五）夯实学校依法治理的育人基础

学校依法治理，关键在于行动，必须真抓实干，将各项工作落到实处。关于这个问题，我还是结合风范中学的实践来谈。

近年来，风范中学以依法治校示范校的创建为突破口，以培育学生“做有风范的中国人”为目标，着重从制度治理、法规治理、文化治理三方面推动学校治理行稳致远，实现“制度育人、治理育人、文化育人”与“依法治校”的有机统一，取得了显著的成效。

1. 建章立制，实现制度育人

学校坚持在学法知法的基础上有序推进建章立制，在获得师生自觉认同的基础上稳步推进守法用法，使制度育人贯穿学校工作的方方面面。

(1) 自上而下，加强法制学习

学校成立以校长为组长的普法工作领导小组，定期组织全校教职工学习《教师法》、《义务教育法》、《中小学教师违反职业道德行为处理办法》、《严禁教师违规收受学生及家长礼品礼金等行为的规定》、《严禁中小学校和在职中小学教师有偿补课的规定》等法律法规。校级领导班子每学年参加校内法制专题学习不少于四次，学校领导、法制骨干教师每年度每人参加校外各级各类法制培训不少于一次。

学校建立教职工全员学法制度，在公安、法院、检察院等部门的支持下，运用讲座、视频报告、观摩体验等形式，组织开展各类专题培训，如新法新规释义、教师权益保护、校园暴力防控、学生伤害事故处理、突发事件临场处置等。通过系列普法学习和活动，教师对照相关法律法规规范自身的言行，依法治校理念深入人心。

(2) 逐层推进，做到有章可循

学校现行的章程于 2017 年 11 月 30 日经核准通过，由校长负责制下的校行政机构推进实行，并在校园官网公布，接受校内外监督。

学校现行规章有：教育教学类(47)、资产财务类(20)、人事管理类(31)、学生招生类(7)、后勤保障类(51)、安全管理类(73)、党建制度类(11)等，使学校各项工作真正实现了有章可循、有法可依。

(3) 心系师生，完善制度保障

学校心系师生，在体制和机制上大力落实和体现公平、公正。我们制定并完善权利义务明确的劳动合同制度，建立教师年金制，严格按规定缴纳社保。学校关注教师的职业发展，建立涉及“教师职务职称评聘”、“继续教育”、“奖惩考核”等方面的标准及制度。为更好地为教师排忧解难，学校充分发挥工会作用，完善教师申诉制度，通过工会听取教职工对学校管理、发展及涉及教职工利益的意见与要求，并及时给予落实，切实保障教师合法权益。

学校教导处负责学生各类申诉处理，通过学生座谈会，少代会、学生评教等多种途径，及时了解并解决学生的提案及诉求；同时建立家长、学生来信来访接待制度，举行学校开放日活动，明确对学生、家长的来访、投诉都做好记录，严格按程序办理，限期调查核实，做出相应处理，做到件件有着落，事事有交代，推动依法治校工作的深入开展。

学校购买了校园意外伤害保险、学校运动伤害基金等校园责任险，制定了一整套《安全管理制度及应急预案》，预防和处理学生的安全和伤害事故。

2. 完善组织，实现治理育人

学校成立依法治校工作领导小组，校长负全责，副校长担任分管依法治校的专职领导；聘请区检察院检察官、市级检察业务标兵(优秀公诉人)担任学校法治副校长，社区派出所的警员担任兼职法治辅导员；聘请上海恒建律师事务所的律师担任学校常年法律顾问。完善的组织建设，为依法治校提供了可靠保障。

(1) 科学决策，提高学校治理的科学性

学校明确界定校内不同事务的决策权，明确决策机构的职权和议事规则。学校设有校内重大事项的集体决策和论证评估等机制，依据《学校“三重一大”决策制度》的规定，“三重一大”事项由校务会议讨论决定。

校务会议坚持民主集中制原则，按“四步”程序做出科学决策：第一步，在充分调查研究的基础上，相关部门提出若干方案并填写方案申请表；第二步，相关负责人公开征求广大教职工意见，进行科学分析和论证，做出评估；第三步，提交校务会议集体讨论，民主表决，填写决策登记表，并做好会议记录；第四步，校务会议做出决策后，及时进行公示，接受群众监督。

科学决策运用于学校治理，使依法治校落实到学校工作的细微处，大大提高了治理工作的科学性。

(2) 多方协作，提高学校治理的民主性

学校在推进依法治校工作中，充分发扬民主精神，寻求多方协作，提高学校治理的民主性。

学校教职工(代表)大会，切实履行其职权。听取《风范中学章程》的制定和修订情况报告，提出修改意见和建议；听取《学校三年规划中期报告》、《“风范教育”品牌建设报告》，提出意见和建议；听取《风范中学年度工作报告》、《风范中学年度财务分析报告》、《工会工作报告》，提出意见和建议；讨论并通过《风范中学绩效工资方案》；审议上一届教职工代表大会的提案《风范中学教职工住院探望、走访慰问等试行办法》的办理情况报告；按照《风范中学干部考核工作方案》评议学校领导干部等。学校的重要事务中，工会和教职工代表时时参与，事事建言，体现了学校治理的民主性。

民主党派人士参与学校治理，发挥建言献策作用。学校定期召开民主党派座谈会，听取民主党派对学校建设和发展的意见和建议。民主党派人士为学校建设发展建言献策，参与学校治理，发挥重要作用。

学校党支部参与学校治理，保障学校健康发展。党支部充分发挥政治核心作用，引导学校全面贯彻党的教育方针，依法办学、规范办学、诚信办学；党支部积极参与人事管理和服务，凝聚师生员工，把思想政治工作贯穿学校工作各方面，密切联系、热忱服务师生员工，关心和维护他们的正当权益，统一思想、凝聚人心、化解矛盾、增进感情，激发教职工主人翁意识和工作热情。

家长委员会参与学校治理，发挥家校联系作用。学校有健全的家长委员会制度，一学期召开家委会全体成员会议至少两次。民主产生三级家委会，家长代表 25 人；各年级家委会人员 3～4 人，参与学校治理与监督，对学校工作提出建议；协调家校关系、促进家校沟通合作；担任客座教师，支持学校教学管理工作。家委会成为学校与家庭沟通联系、互相支持的重要纽带，为依法治校助力。

此外，学校还设有监事会，共同参与学校治理工作。

(3) 公开透明，提高学校治理的规范性

规范招生，接受监督。学校在义务教育招生工作中注重公平、公开、公正、规范、透明等原则的落实。学校专门设立招生监督小组，设有监督投诉电话，严格执行市教委关于招生工作的相关要求，规范招生。

财务资产，规范管理。学校制定了明确的收费、退费的标准及实施办法《风范中学财务管理制度》；制定了资产登记、建账、管理的资产管理规范制度《风范中学资产财务制度》；制定了其他财务资产管理相关的内部控制制度《风范中学内部稽核制度》等，学校财务资产管理严格按照相关制度执行，规范合理。

校务公开，信息透明。学校设有专职信息公开岗位：信息安全管理员。学校已形成信息公开具体的机制和工作方案：《风范中学意识形态工作责任制》。信息公开有专门的途径与方式：由部门撰稿，校长室审核，信息员发布；通过校务栏、支部栏、学校网上公告栏、学校公众号等进行发布。

3. 创新活动，实现文化育人

学校依法治理要真正落到实处，必须切实抓好对学生的法制教育，以校园活动为载体，形成依法治校的良好氛围，实现校园法治文化育人目标。

(1) 学法，奠学生法治意识之基

学校定期组织学生学习《中学生日常行为规范》、《中学生守则》等规章制度，开展形式多样的普法教育活动，如：思品课、主题班会课、法制教育专题讲座、向国旗敬礼、国家宪法月和宪法宣传周等集体宣传教育活动，以及参观展览等社会考察活动。每学年法制教育活动不少于 10 次。除了以上途径，学校还利用多种渠道——校园网、校报、广播、公告栏、黑板报等方式宣传法治理念。

通过教育和宣传，让学生了解什么是“法”，“法”与我们的关系，拓展学生的法制知识面，实现法制教育常态化，形成良好的学法氛围，为学生奠定了基本的法制意识基础。

(2) 践行，开学生法治精神之窗

组织学生参加“小小交管员”活动。活动中，学生臂戴红袖章，站立在校门口，协助学校老师维持来校接送学生上下学的家长的车辆秩序，或者在校门口不远处的十字路口，协助交警维持交通秩序。在活动中，学生志愿者不仅学习了交通法规的知识，而且培养了自己自觉遵守交通秩序的意识，为其他学生及家长树立了良好的榜样，宣传了法治精神。

班主任组织学生开展“制定班规”活动。活动中，学生根据班级自身存在的问题和面临的实际情况，参照班规制定的相关资料，对自己班级班规的制定提出意见和建议；班委根据同学们的意见和建议，起草方案，交由全班同学审议通过并实施，使班级管理有章可依，同时也提高了学生自我管理、自我教育的能力，增强学生的民主意识和法治精神。

(3) 创新，提升学生核心素养

我校在落实学校一日常规等活动中富有创新意识，用丰富多彩的形式和蕴含文化气息的方式反复强调行为规范的重要性，引起学生的重视，并反映在学生的日常学习生活中。

创新活动形式，举办学生喜闻乐见的校园活动。如“行为规范 100 天”自律活动主题升旗仪式，活动中不仅有行为规范小故事的分享、榜样生的表彰，还有庄重的宣誓，活动的仪式感更能让学生铭记活动的意义，重视行为规范的培养。如手绘中小学生守则、14 岁生日、梦想舞台、志愿者实践等活动，注重学生的参与度,增加参与的学生人数,起到广泛教育的作用。如开展思品法制教育课、法律知识竞赛、模拟法庭、辩论赛等活动,学生参与活动,学会用法律保护自己的合法权益。形式多样的法治教育活动,形成内涵丰富的校园法治文化氛围,潜移默化地影响师生。

与文化传承相结合,培育“风范”学生。学校大力开展中华经典阅读、传承中华优秀礼仪、诵读中华诗词、汉服文化探究等活动,弘扬我们民族的优秀文化,提升学生内心世界的修养,自觉成为气质儒雅、举止优雅的“风范”学子。

为扎实、持续推进学校的“风范教育”品牌建设,我校在广大师生中提出了“三范”(我“规范”—我“模范”—我“典范”)目标要求,从“规范”做起,向“模范”看齐,往“典范”迈进!这也成为我们依法治校的特色项目,在实践中形成了一定的工作经验,在区域内具有较大的影响力。

(4) 汲取,滋养学生行为规范成长

学校依法治理,重中之重,还是要坚持从抓好行为规范做起。在这方面,风范中学注重汲取优秀传统文化的养分,以其深刻的感染力,潜移默化,润物无声,不教而教,滋养学生行为规范成长。

学校的行为规范品牌“取传统文化养分,滋养学生行为规范成长”,就是经过多年培育、反复实践,精心提炼而形成体系的。

2011年,学校开发“悦读网”平台,编制阅读大纲和阅读手册,让学生“读以知之”,以经典阅读为载体,引导学生了解中华传统美德;学校开展活动,让学生“演以乐之”,以“梦想舞台”为平台,激发学生热爱并自觉传承优秀传统文化;“做以行之”,以实践体验为导向,实现知行结合的最佳化;“评以励之”,以评价为杠杆,激励学生修身养德自觉化。

学校根据学生认知和身心发展规律,确立渐进式的行为规范养成目标,将中华优秀传统文化与学校课程融合,以此陶冶学生情操,影响学生言行,提升学生修养,内省于心,外化于行,让言行优雅、品性高雅成为风范学子的一张名片。

学校创设各种载体,搭建多种平台,让学生在实践中感悟,在感悟中提高,通过各类活动体验自己不只是行为规范的践行者,更是行为规范的传播者,在优秀传统美德的熏陶下自我养成、自教教人,不断端正自己的言行,感染带动周围更多人来规范自己的行为举止。在生活习惯上,引导学生养成良好的作息习惯、卫生习惯和用餐习惯;积极锻炼身体,珍爱生命;坚持勤俭节约,践行低碳环保;不断增强生活自理能力,养成健康的生活方式。在学习习惯上,具有良好的上课、预习、复习和作业习惯,遵守考试规范;讲究学习方法,注重课外阅读。在人际交往方面,做到言行举止文明,态度温和;能够信守诺言,以诚待人;力行孝亲尊师,关爱他人。在公共规范方面,做到爱党、爱国、爱人民;遵纪守法,严于律己,严格遵守社会公德。

概言之,风范中学在学校治理中从制度、法规和文化入手,努力践行"让每一个生命得到充分发展"的办学理念,在制度设计、决策落实、多方协作中,始终贯彻依法治校理念,使学校治理工作有章可循,有法可依,活动开展特色凸显,教育教学改革创新,逐渐形成了法治文化氛围,开创了依法治校新局面。学校被认定为上海市社会组织评估5A级单位,多次被评为上海市安全文明校园、上海市行为规范示范校、区文明单位。学校行为规范教育在区域内具有较大的影响,2018年以来,各有关媒体的相关报道有20多篇,学生、教师、学校获得的相关奖项达20余项。特别是《中学生导报》2019年10月16日发表题为《践行"风范教育",弘扬"教育风范"》的报道,在全国具有一定影响,促成了学校与外省市学校的交流。

四、法治评价——提升治理水准

学校依法治理是学校的大政要政,因而建立和完善相应的评价机制是极为重要也是非常必要的。对此,我想粗线条地阐明几个要点。

(一)明确学校依法治理评价的主体

评价主体主要是政府教育督导部门、教育行政部门,以及有资质的专业评价机构,还要听取社会和学生家长的评价。

在依法治校工作中,教育行政部门应该担负起指导和协调作用。要制定相关政策,明确建设标准,依法实施推进,严格检查督促,切实保证落实。

(二)健全学校依法治理评价的机制

建立合理有效的评价机制,是推进依法治校、促进教育发展的重要环节,根本目的在于促进教育事业的健康发展。这就要求我们不仅要对依法治校的建设标准进行设计,还要对评价的目的、内容、依据、原则、方法等进行设计,更重要的是针对不同学校、不同地区、不同阶段的办学水平设计出适合学校特点的评价方案,使评价标准成为引导学校开展依法治校实践的行动指南。

健全合理有效的评价机制,并不断地丰富它、完善它,可以对促进学校发展、实现依法治校起到事半功倍的作用。依据一定的标准，对依法治校工作的开展情况以及取得的效果进行评价，能够激发办学主体依法治校的积极性。合理有效的评价标准标明了依法治校工作的价值取向，明确了依法治校的目的和任务，能够引导办学主体为实现办学目标努力奋斗。通过评价，使办学主体对自己确定的工作目标和决策进行审慎思考，从而在认真总结和深刻分析的基础上，调整和制定学校可持续发展规划，使学校不断向新的更高的目标努力。

（三）深入开展学校依法治理评价的研究

目前，关于学校依法治理评价的研究不是很多，有待教育行政、教育督导、教育科研、学校及相关评估机构等深入开展目标明确、任务具体的合作研究，确定主题，规划项目，拟订方案，以进一步完善学校依法治理评价的指标体系、评价标准、评价实施办法及相关细则，等等。

实践表明，明确依法治校的意义，强化依法治校的实践，实施科学评价，是依法治校的几项重要内容，必须高度重视，切实抓好。这样才能实现学校管理和运行机制的制度化、规范化，才有利于形成政府宏观管理，学校依法自主办学，社会依法监督的新格局。

总之，现代社会的运行和发展，离不开法律、法制的保障，教育自然不能例外。只有在法律的框架下，教育的大厦才能稳固坚实。治理之“治”，本质上是“法治”。就学校治理而言，在“法治”的轨道上，学校的发展就是“诗”，诗意盎然；在“法治”的轨道上，学校的发展就有了“远方”，远方风光无限！

主要参考文献

张俊华.教育领导学[M].上海：华东师范大学出版社，2008.
褚宏启，杨海燕等.走向校长专业化[M].上海：上海教育出版社，2009.
吴秀娟等.中国校长工作新论[M].沈阳：辽宁人民出版社，1996.
李广耀.从“学校管理”走向“学校治理”[J].江苏教育，2019(10).

图书在版编目(CIP)数据

学校治理悟与行 / 李惠琴著. —上海：文汇出版社，2021.10

ISBN 978-7-5496-3570-2

Ⅰ.①学… Ⅱ.①李… Ⅲ.①学校管理—研究 Ⅳ.①G47

中国版本图书馆 CIP 数据核字(2021)第 128046 号

学校治理悟与行

作　　者 / 李惠琴
责任编辑 / 鲍广丽
封面装帧 / 薛　冰

出版发行 / 文匯出版社
上海市威海路 755 号
(邮政编码 200041)
经　　销 / 全国新华书店
排　　版 / 南京展望文化发展有限公司
印刷装订 / 启东市人民印刷有限公司
版　　次 / 2021 年 10 月第 1 版
印　　次 / 2021 年 10 月第 1 次印刷
开　　本 / 720×1000　1/16
字　　数 / 293 千字
印　　张 / 18

ISBN 978-7-5496-3570-2
定　　价 / 68.00 元